高等教育财会类
创新应用型系列教材

会计学原理

张艳玲　主编　郭　江　钟清琪　副主编

化学工业出版社

·北京·

内容简介

《会计学原理》编写过程中,坚持马克思主义指导地位,旗帜鲜明地坚持以习近平新时代中国特色社会主义思想为指导,坚持社会主义办学方向,深入学习、全面贯彻党的教育方针,坚持为党育人,为国育才,全面落实立德树人根本任务。本教材从会计的基本概念入手,系统地阐述了会计的基本职能、会计基本假设、会计基础、会计信息质量要求、会计对象、会计要素、会计等式等基本理论,重点讲述了设置会计账户、复式记账、填制和审核会计凭证、登记账簿、财产清查和编制财务报表等会计核算方法,介绍了会计工作组织与规范体系及智能会计的有关内容,为后续专业课程的学习打下基础。

《会计学原理》可供高等院校会计学、审计学、财务管理等专业在校学生使用,也可供会计工作者、会计教师、经济管理者等人员进行自学、培训或继续教育使用。

图书在版编目（CIP）数据

会计学原理/张艳玲主编；郭江,钟清琪副主编. —北京：化学工业出版社,2022.8（2023.8重印）
高等教育财会类创新应用型系列教材
ISBN 978-7-122-41538-7

Ⅰ. ①会… Ⅱ. ①张…②郭…③钟… Ⅲ. ①会计学-高等学校-教材 Ⅳ. ①F230

中国版本图书馆 CIP 数据核字（2022）第 091814 号

责任编辑：王淑燕 金 杰　　　　　　　　　　装帧设计：张 辉
责任校对：宋 玮

出版发行：化学工业出版社（北京市东城区青年湖南街13号 邮政编码100011）
印　　装：北京印刷集团有限责任公司
787mm×1092mm　1/16　印张15¼　字数393千字　2023年8月北京第1版第2次印刷

购书咨询：010-64518888　　　　　　　　　　售后服务：010-64518899
网　　址：http://www.cip.com.cn
凡购买本书,如有缺损质量问题,本社销售中心负责调换。

定　价：55.00元　　　　　　　　　　　　　　　　　版权所有　违者必究

前言

会计学原理是会计初学者了解会计概念、会计核算方法和会计核算程序的入门课程，也是经济管理类学科各专业必修的一门专业基础课。本教材的主要特色如下：

（1）紧跟最新法规。近几年来，财政部相关会计政策变化较大，如增值税税率、一般企业财务报表格式、新收入准则、国地税合并、个税调整等。本教材根据《企业会计准则》和《中华人民共和国企业所得税法》修订的内容进行了及时更新，确保教材内容的新颖性。

（2）凸显思政元素。为了贯彻党的二十大精神，本教材将思政元素与会计知识点进行融合，将社会主义核心价值观和思政教育等学生思想素质培养贯穿教材之中，坚持以立德树人为根本任务，引导学生坚定会计文化自信，弘扬会计工匠精神，传承优秀传统文化，恪守会计职业道德，助力培养德智体美劳全面发展的高素质应用型人才。

（3）建立文化自信。本教材的编写指导专家杨良成教授创办了"人文会计"公众号，目前已结合哲学、文学、历史、人文等发表了人文会计类文章1000多篇。"人文会计"以更全面的视角观察经济活动，将其融入教材内容体系中，注重人文对会计的滋养、会计对人文的浸润，增强学生的会计文化自觉、文化自信和文化自强，满足学生的精神文化需求，促进学生的全面发展。

（4）配备实训教材。本教材同步编写了配套的《会计基本技能个人实训手册》《会计学原理模拟实训教程》《会计综合模拟实训教程》等实训教材，支撑会计学原理课程教学过程中多种实训内容的教学需求，形成了完整的教材体系，供学生进行实务训练与强化模拟，有效促进该课程的教与学。

（5）打造数字资源。本教材配有主要知识点的微课视频、第一～第十章巩固练习答案等资源，通过二维码形式进行展示，实现资源一体化，增强学生对理论基础、人文会计、思政教育的直观认知，便于学生线上学习与练习，实现线上和线下有机融合。

（6）实现校企合作。本教材吸纳长期担任会计学原理课程实践教学的外聘企业专家参与编写，他们结合多年的会计实务工作经验，将国家最新颁布的会计准则、税法等法律法规以及会计工作未来发展趋势等内容融入教材，为本书的编写提供了丰富的第一手业务资料，输入了不同于课堂教学的传统编写思维。

本教材由电子科技大学成都学院张艳玲担任主编，湖北省会计领军人才及长江大学客座教授杨良成、成都君创天成财税管理有限公司总经理吴冠绍担任教材编写的理论与实务指导专家，电子科技大学成都学院郭江、钟清琪担任副主编，程秋芳、刁顺桃、杜萌、曾婷婷、徐希晨、冉燕等参与编写。

本教材在编写过程中参考了相关的教材、论著等文献，在此一并向有关作者深表谢意！同时，衷心感谢杨良成、成都君创天成财税管理有限公司对本教材编写所提供的理论与业界方面的大力支持！由于编者水平有限，疏漏和不足之处在所难免，恳请同行专家和广大读者批评指正。

编　者

目录

第一章　总论 —— 001
- 教学目标 —— 001
- 思维导图 —— 001
- 第一节　会计概述 —— 002
  - 一、会计的概念 —— 002
  - 二、会计的基本特征 —— 003
  - 三、会计的产生与发展 —— 004
- 第二节　会计的职能与方法 —— 006
  - 一、会计的职能 —— 006
  - 二、会计的方法 —— 008
- 第三节　会计基本假设与会计基础 —— 010
  - 一、会计基本假设 —— 010
  - 二、会计基础 —— 012
- 第四节　会计信息的使用者及质量要求 —— 014
  - 一、会计信息的使用者 —— 014
  - 二、会计信息的质量要求 —— 016
- 本章小结 —— 018
- 巩固练习 —— 019

第二章　会计要素与会计等式 —— 023
- 教学目标 —— 023
- 思维导图 —— 023
- 第一节　会计要素 —— 024
  - 一、会计对象 —— 024
  - 二、会计要素的含义与分类 —— 024
  - 三、会计要素的确认 —— 025
  - 四、会计要素的计量 —— 031
- 第二节　会计等式 —— 032
  - 一、会计等式的表现形式 —— 032
  - 二、经济业务对会计等式的影响 —— 034
- 本章小结 —— 036
- 巩固练习 —— 037

第三章 会计科目与账户 —— 042

教学目标 —— 042
思维导图 —— 042
第一节 会计科目 —— 042
一、会计科目的概念与分类 —— 042
二、会计科目的设置 —— 046
第二节 账户 —— 048
一、账户的概念与分类 —— 048
二、账户的结构 —— 049
三、账户与会计科目的关系 —— 051
本章小结 —— 052
巩固练习 —— 052

第四章 会计记账方法 —— 055

教学目标 —— 055
思维导图 —— 055
第一节 会计记账方法的种类 —— 056
一、单式记账法 —— 056
二、复式记账法 —— 056
第二节 借贷记账法 —— 057
一、借贷记账法的概念 —— 057
二、借贷记账法下的账户结构 —— 057
三、借贷记账法的记账规则 —— 059
四、借贷记账法下的账户对应关系与会计分录 —— 061
五、借贷记账法下的试算平衡 —— 064
本章小结 —— 067
巩固练习 —— 068

第五章 企业主要经济业务核算 —— 074

教学目标 —— 074
思维导图 —— 074
第一节 企业的主要经济业务内容 —— 075
第二节 资金筹集业务的核算 —— 075
一、资金筹集业务的核算内容 —— 075
二、所有者权益筹资业务的核算 —— 076
三、负债筹资业务的核算 —— 078
第三节 材料采购业务的核算 —— 080
一、材料采购业务的核算内容 —— 080

二、材料采购成本的计算 ······ 081
　　三、材料采购业务核算应设置的账户 ······ 081
　　四、材料采购业务的账务处理 ······ 083
第四节　产品生产业务的核算 ······ **085**
　　一、产品生产业务的核算内容 ······ 085
　　二、产品生产成本的计算 ······ 086
　　三、产品生产业务核算应设置的账户 ······ 086
　　四、产品生产业务的账务处理 ······ 089
第五节　产品销售业务的核算 ······ **093**
　　一、产品销售业务的核算内容 ······ 093
　　二、产品销售业务核算应设置的账户 ······ 094
　　三、产品销售业务的账务处理 ······ 095
第六节　利润形成与分配业务的核算 ······ **097**
　　一、利润形成业务的核算 ······ 097
　　二、利润分配业务的核算 ······ 100
第七节　资金退出及其他业务的核算 ······ **102**
　　一、资金退出及其他业务的核算内容 ······ 102
　　二、资金退出及其他业务核算应设置的账户 ······ 102
　　三、资金退出及其他业务的账务处理 ······ 103
本章小结 ······ 104
巩固练习 ······ 104

第六章　会计凭证　　111

教学目标 ······ 111
思维导图 ······ 111
第一节　会计凭证概述 ······ **112**
　　一、会计凭证的概念与作用 ······ 112
　　二、会计凭证的种类 ······ 113
第二节　原始凭证 ······ **114**
　　一、原始凭证的种类 ······ 114
　　二、原始凭证的基本内容 ······ 117
　　三、原始凭证的填制要求 ······ 118
　　四、原始凭证的审核 ······ 120
第三节　记账凭证 ······ **121**
　　一、记账凭证的种类 ······ 121
　　二、记账凭证的基本内容 ······ 123
　　三、记账凭证的填制要求 ······ 123
　　四、记账凭证的审核 ······ 124
第四节　会计凭证的传递与保管 ······ **125**

一、会计凭证的传递 ·· 125
　　二、会计凭证的保管 ·· 125
本章小结 ·· 126
巩固练习 ·· 127

第七章　会计账簿 ——————————————————————— 130

教学目标 ·· 130
思维导图 ·· 130
第一节　会计账簿概述 ·· 131
　　一、会计账簿的概念与作用 ··· 131
　　二、会计账簿的基本内容 ·· 131
　　三、会计账簿的种类 ·· 133
第二节　会计账簿的启用与登记规则 ·· 137
　　一、会计账簿的启用规则 ·· 137
　　二、会计账簿的登记规则 ·· 137
第三节　会计账簿的格式和登记方法 ·· 139
　　一、日记账的格式和登记方法 ·· 139
　　二、总分类账的格式和登记方法 ··· 140
　　三、明细分类账的格式和登记方法 ·· 141
　　四、总分类账户与明细分类账户的平行登记 ·· 142
第四节　对账 ··· 144
　　一、账证核对 ··· 145
　　二、账账核对 ··· 145
　　三、账实核对 ··· 145
第五节　错账更正方法 ·· 146
　　一、划线更正法 ·· 146
　　二、红字更正法 ·· 146
　　三、补充登记法 ·· 147
第六节　结账 ··· 148
　　一、结账的程序 ·· 148
　　二、结账的方法 ·· 148
第七节　会计账簿的更换与保管 ·· 150
　　一、会计账簿的更换 ·· 150
　　二、会计账簿的保管 ·· 151
本章小结 ·· 151
巩固练习 ·· 152

第八章　账务处理程序 ——————————————————————— 157

教学目标 ·· 157

| 思维导图 | 157 |

第一节　账务处理程序概述　158
一、账务处理程序的概念与意义　158
二、账务处理程序的种类　158

第二节　记账凭证账务处理程序　159
一、记账凭证账务处理程序的基本内容　159
二、记账凭证账务处理程序的优缺点及适用范围　160

第三节　汇总记账凭证账务处理程序　160
一、汇总记账凭证账务处理程序的基本内容　160
二、汇总记账凭证账务处理程序的优缺点及适用范围　162

第四节　科目汇总表账务处理程序　162
一、科目汇总表账务处理程序的基本内容　162
二、科目汇总表账务处理程序的优缺点及适用范围　163
三、科目汇总表账务处理程序举例　163

本章小结　164
巩固练习　164

第九章　财产清查　168
教学目标　168
思维导图　168

第一节　财产清查概述　169
一、财产清查的概念与意义　169
二、财产清查的种类　170
三、财产清查的一般程序　171

第二节　财产清查的方法　172
一、货币资金的清查方法　172
二、实物资产的清查方法　174
三、往来款项的清查方法　175

第三节　财产清查结果的处理　176
一、财产清查结果的处理要求　176
二、财产清查结果的处理步骤　177
三、财产清查结果的账务处理　177

本章小结　181
巩固练习　181

第十章　财务报表　184
教学目标　184
思维导图　184

第一节	财务报表概述	185
	一、财务报表的概念与分类	185
	二、财务报表编制的基本要求	186
	三、财务报表编制前的准备工作	187
第二节	资产负债表	188
	一、资产负债表的概念与作用	188
	二、资产负债表的列示要求	188
	三、我国企业资产负债表的一般格式	188
	四、资产负债表编制的基本方法	190
第三节	利润表	194
	一、利润表的概念与作用	194
	二、利润表的列示要求	194
	三、我国企业利润表的一般格式	194
	四、利润表编制的基本方法	196
本章小结		199
巩固练习		199

第十一章 会计工作组织与规范体系 —— 205

教学目标		205
思维导图		205
第一节	会计工作组织	206
	一、会计机构	206
	二、会计人员	206
	三、会计职业道德	209
	四、会计档案管理	210
第二节	会计规范体系	213
	一、会计法律	213
	二、会计行政法规	213
	三、会计规章	214
本章小结		216

第十二章 智能会计 —— 217

教学目标		217
思维导图		217
第一节	智能会计概述	218
	一、智能会计的含义	218
	二、智能会计的发展趋势	218
	三、智能会计的政策背景	219

四、智能会计人员的转型 ………………………………………………………… 220
第二节　影响会计从业人员的十大信息技术 ……………………………………… 221
　　一、数字载体类 …………………………………………………………………… 221
　　二、智能自动化类 ………………………………………………………………… 222
　　三、数字处理类 …………………………………………………………………… 223
　　四、数字平台类 …………………………………………………………………… 224
　　五、支付类 ………………………………………………………………………… 225
第三节　智能会计信息系统的应用场景 …………………………………………… 225
　　一、智能会计信息系统框架 ……………………………………………………… 225
　　二、智能会计信息系统典型应用场景 …………………………………………… 226
本章小结 ………………………………………………………………………………… 228

附录　思政引领 — 229

参考文献 — 234

第一章 总 论

 教学目标

1. 知识传授目标

理解会计的概念和基本特征；了解会计的产生与发展；熟悉会计的基本特征、会计的基本职能与核算方法；掌握会计基本假设、权责发生制和会计信息质量要求。

2. 能力培养目标

树立学生的会计思维，使学生具有初步的会计意识，结合实际问题运用会计理论进行分析；结合实际经济业务理解会计核算与会计监督的关系；与实践相联系运用会计基本假设分析企业会计管理是否符合假设要求；运用权责发生制确认会计期间的收入和费用；在企业实践中运用会计信息八大质量要求分析会计信息质量。

3. 价值塑造目标

引导学生以诚信的态度自觉践行社会主义核心价值观；增强学生责任担当与社会责任感；引导学生树立正确的人生观、价值观和世界观；引导学生关注社会问题，树立宏观意识；培养学生的责任担当意识，并以此进行个人职业规划；培养学生坚持唯物史观和实事求是；鼓励学生传承中国优秀会计文化，建立文化自信、民族自信和会计职业情感。

思维导图

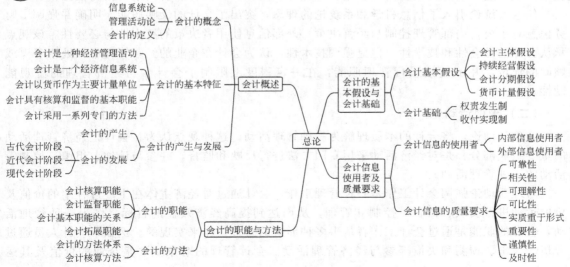

第一节　会计概述

当今社会,从个人到组织,从企业到政府,无不渗透着商业活动,而会计作为一门国际通用的商业语言,在社会经济活动中起着越来越重要的作用。正如马克思所说"经济越发展,会计越重要"。离开会计这门商业语言,一切商业活动都无法有效沟通。会计在现代经济生活中不可或缺,是现代经济生活中普遍使用、频繁出现的一个词语,泛指会计工作、会计人员、会计机构、会计职业、会计信息以及会计科学等。在本教材中,我们将"会计"界定为"会计工作"。

一、会计的概念

关于会计的概念,我国清代学者焦循在其所编著的《孟子正义》中解释为"零星算之为计,总和算之为会",即会计是计算和汇总的工作。随着会计实务与会计理论的发展,人们对会计的认知程度也在不断加深,对会计定义的讨论也愈来愈激烈。加之会计学属于社会科学的范畴,必然体现出社会科学的共同特性,即受个人思维方式、社会发展的需要等约束,对其定义总是难以取得完全统一。目前对于会计的概念,在学术层面,由于人们认识问题的角度不同,对于究竟什么是会计,至今仍有不同的看法。目前最有代表性的两种观点是信息系统论和管理活动论。

会计的概念、职能、方法

(一) 信息系统论

信息系统论,将会计的本质理解为一个经济信息系统,即"会计是一个以提供财务信息为主的经济信息系统"。这种观点把会计对各种经济活动的数据的识别、分类、汇集、记录、加工、整理和提供当成一个信息系统。具体来讲,会计就是将企业或单位所发生的各项经济活动,通过收集原始数据,并经过确认、计量、报告等工作程序,形成反映企业财务状况和经营成果的信息,向投资者、债权人、管理层等信息使用者提供相关信息,从而满足他们分析、评价、预测和决策等需要的信息系统。

会计作为一个信息系统,其主要功能是将企业经济活动产生的各种经济信息转换为货币化的信息,这些信息是企业内部管理者和外部利益相关者进行经济决策的重要依据。

信息系统论引入了信息科学和系统论的理念,突出了会计的反映职能,明确并强调了财务信息对于公司内部管理控制与经营决策、外部信息使用者决策的有用性与必要性。该观点承认会计的社会性和技术性,但更强调技术性,认为会计在企业的经营管理中只处于参谋或顾问的地位,并不直接履行管理职能,在一定程度上限制了会计参与经济管理的主观能动性。

(二) 管理活动论

管理活动论,将会计的本质理解为一种管理活动。这种观点认为,会计是经济管理活动的重要组成部分,是对经济活动采用专门方法进行反映和监督,并参与计划、组织、控制等活动的一种管理活动。

管理活动论强调会计工作是一种管理工作,会计通过对经济主体在生产过程中的价值及价值运动进行反映、监督、控制和管理,从而达到提高经济效益的目标。作为一种管理活动,会计的职能是通过会计工作者从事多种形式的管理工作来实现的。例如,会计人员通过分析、评价、预测和决策等参与经济管理活动。会计管理的对象主要是企业的价值及其运动,即企业在生产过程中以货币反映的资金及资金运动。

管理活动论从会计工作的角度定义了会计,强调会计人员的主观能动性,认定会计是经济管理的重要组成部分,明确了其在企业经营管理中的地位与作用。它吸收了最新的管理科学思想,从而成为当前国际、国内会计学界具有重要影响的观点。

(三) 会计的定义

由此可见,对会计立足于不同的考察角度,得出的结论是有所不同的。随着社会经济的发展和人们认识的不断深入,会计是一种管理活动的观点逐渐被更多人所接受和认可。

综合上述的信息系统论和管理活动论两种观点,本教材将会计定义为:会计是以货币为主要计量单位,运用一系列专门的方法,连续、系统、全面地核算和监督一个单位(国家机关、社会团体、公司、企业、事业单位和其他组织的统称)的经济活动,并在此基础上逐步开展预测、决策、控制和分析,向有关各方提供与决策相关的信息,旨在提高经济效益的一种经济管理活动,是经济管理的重要组成部分。

二、会计的基本特征

(一) 会计是一种经济管理活动

经济管理包括对人、物、财三大要素的管理。对人的管理是人力资源管理,主要是调动人的积极性,实现劳动最优组合;对物的管理是物资管理,主要是保护财产物资的安全完整,提高财产物资的利用效率;对财的管理是财务会计管理,主要是利用资金手段,对一个单位的经济活动进行价值管理、反映和监督。在实际工作中,会计不仅为会计信息使用者的决策提供信息,还在提供信息的过程中,对经济活动进行控制、预测与决策,这表明会计本身就是一种经济管理活动。

(二) 会计是一个经济信息系统

会计是一个以提供财务信息为主的经济信息系统,旨在提高企业和各单位活动的经济效益,加强经济管理。作为一个经济信息系统,它主要是通过提供客观而科学的会计信息,为管理提供咨询服务。同时,也比较准确地表达了自现代会计产生以来就始终存在提供信息、为经济管理服务的职能。

(三) 会计以货币作为主要计量单位

在经济活动中,通常使用三种计量单位:劳动计量单位、实物计量单位和货币计量单位。其中劳动计量单位以时间(如小时)为单位计算劳动消耗量;实物计量单位以财产物资的实物数量(如米、千克、升)作为计量单位。

在商品货币经济条件下,很难将物化劳动换算为时间计量单位,不同质的财产物资又不能用相同的实物计量单位进行汇总计量和比较,只有采用货币才便于将劳动和不同质的物化劳动消耗进行衡量比较,才能按统一的、同样的表现形式来综合计算各种不同的经济活动,取得经济管理上所需的各种综合核算资料,从而全面说明各种错综复杂的经济活动的过程和结果。但是货币计量单位并不排斥实物计量单位,在会计核算中也会应用到实物计量单位和劳动计量单位,它们是对货币计量单位的必要补充。

(四) 会计具有核算和监督的基本职能

会计的职能就是会计在经济管理中所具有的功能,会计的基本职能是对经济活动进行核算和监督。会计核算职能是指会计以货币为主要计量单位,通过确认、计量、报告等环节,对特定主体的经济活动进行记账、算账、报账,为各方面提供会计信息的功能。它是会计最基本的职能。会计监督职能指会计人员在进行会计核算的同时，对特定主体经济活动的真实性、合法性和合理性进行审查。

（五）会计采用一系列专门的方法

会计采用的一系列专门的方法，是其所特有的，具体包括设置账户、复式记账、填制和审核会计凭证、登记账簿、成本核算、财产清查、编制财务报表等。它通过这一系列专门方法，为企业经营管理提供必要的经济信息。这些专门方法相互联系、相互配合、各有所用，构成一整套核算经济活动过程和计量其结果的方法体系，从而有效地发挥着会计应有的作用，并成为经济管理的重要组成部分。

三、会计的产生与发展

（一）会计的产生

经济学的基本前提是资源的有限性和稀缺性。正因为如此，人类社会发展与需求存在矛盾，导致人们都要在事前和事后对有关人力、物力的投入和产出所取得的收益进行观察、计量、计算、记录和比较，做到以尽可能少的耗费，生产出尽可能多的成果，从而满足生活和生产的需要。由于要对社会生产实践活动进行观察、计量、计算、记录和比较，便产生了会计。因此，会计因人类社会生产实践和经济管理的需要而产生和发展，会计的产生和发展大体可分为三个阶段：古代会计、近代会计和现代会计。

（二）会计的发展

1. 古代会计阶段（原始社会末期至15世纪）

会计最初因其生产力极端低下被作为"生产职能的附带部分"，在生产时间之外附带把劳动成果等记录下来。随着生产力的提高和剩余产品的出现，会计从生产职能中被分离出来，成为一种专门职能，并产生了对生产活动进行专门计量与记录的古代会计。其主要特点或标志是以实物和货币共同作为主要计量单位。会计核算采用"就事论事"的单式记账方法，服务对象以反映奴隶主、封建王朝的赋税征收、财务收支及监管等情况的"官厅会计"和"庄园会计"为主。

2. 近代会计阶段（1494年至20世纪30年代末）

近代会计一般是指15世纪以后的会计，这一阶段生产力水平有所提高并产生了商品经济。与此经济环境相适应，其主要特点是以货币作为主要的计量单位，作为独立的管理职能，以企业会计为主，会计核算采用复式记账，具有一套完整的会计核算方法，从而形成现代会计的基本特征和发展基石。

近代会计主要标志是1494年意大利数学家卢卡·帕乔利在其出版的《算术、几何、比及比例概要》一书中论述的借贷复式簿记，标志着近代会计的产生，是会计发展史上第一个里程碑。1854年在苏格兰成立的世界上第一个会计师协会——爱丁堡会计师公会，是会计发展史上的第二个里程碑。19世纪末至20世纪初，美国经济迅速崛起，美国会计职业快速繁荣，世界会计发展的中心由英国转移到了美国。1886年，美国公共会计师协会成立；1897年，全美注册会计师协会成立；1899年，两会合并成立美国注册会计师协会；1916年，全美成本会计师联合会成立；1935年，美国会计学会成立。1938年，世界上第一个会计准则制定机构——美国会计程序委员会成立，并于1939年发布了第一份代表公认会计原则的《会计研究公报》。近代会计在美国得到不断改进、提高和完善。由此，会计进入了以准则为规范的新发展阶段。

综上所述，我们可以将近代会计的发展轨迹描述为：产生于意大利，发展于英国，提高于美国。

3. 现代会计阶段（20世纪50年代后）

现代会计一般是指20世纪50年代以后的会计，这一阶段是会计的跨越式发展时期。其主要标志有：会计目标发生了重大变化；管理会计形成并与财务会计分离；电子计算机、互联网等现代科学技术成果在会计上的应用；财务会计理论的形成及会计准则的国际趋同。

（1）会计目标的重大变化

20世纪30年代，现代经济的发展加速了企业组织形式的变革，股份公司这一新的组织形式在世界各地涌现。与此前的会计在独资企业、合伙企业主要服务于内部管理的目的不同，股份公司的会计目标发生了较大变化，转变为主要服务于企业外部的投资者等会计信息使用者。公司管理层既应承担有效地使用资金并保证其保值增值的责任，也应承担向投资者报告相关会计信息，并切实保证这些会计信息质量的义务。

（2）管理会计形成并与财务会计分离

20世纪以来，西方国家的生产社会化程度不断提高，经营规模不断扩大，市场竞争也日益加剧，传统会计已不能满足企业经营和发展的需要，受美国管理学家弗雷德里克·温斯洛·泰勒1911年出版的《科学管理原理》的影响，强化事前决策分析、事中日常控制和事后考核评价的管理职能，会计工作日益向基层单位、管理部门和生产经营技术领域渗透，会计与企业日常管理活动的结合越来越紧密。到20世纪30年代，科学管理对企业兴亡的重要作用日益凸显。如何利用会计提供的信息分析企业经营活动现状，预测经营活动前景，为经营决策提供依据等，成为会计研究的重要课题。为适应加强企业管理的需要，在传统会计中逐步分离出一个新的学科——管理会计，在企业会计中形成了财务会计与管理会计并驾齐驱的格局。会计分工的细化也增强了会计作为一项经济管理活动的功能。

管理会计主要承担向企业管理层提供有助于他们进行经营预测和决策的相关信息的职责，进而加强企业内部的经营管理。而财务会计主要承担向投资者等财务报告使用者提供企业相关信息的职责，进而有助于他们进行投资等决策。

（3）电子计算机、互联网等现代科学技术成果在会计上的应用

20世纪50年代以来，随着电子计算机、互联网等现代科学技术成果在会计工作中的广泛应用，为会计的发展提供了新的动力，从而引发了会计技术手段的巨大变革。电子计算机等在会计上的应用，不仅极大地提高了会计工作的效率和质量，而且把会计人员从繁重的手工簿记工作中解放出来，使现代会计在提供信息方面发挥了巨大作用。

近年来，人工智能、大数据、移动互联网、云计算、区块链、物联网等技术的不断发展及其在会计领域的广泛应用，对会计工作模式、会计核算程序、会计监督方式、审计抽样方法等产生了深远影响，同时也给会计带来了挑战。

（4）财务会计理论的形成及会计准则的国际趋同

进入21世纪后，为了适应国际经济的发展和国际资本的有效流动，会计在国际上得到了广泛交流并出现了国际趋同的趋势。特别是在国际会计师联合会的推动下，国际会计准则（国际财务报告准则）得到了大部分国家的认可，这也进一步推动了国际经济的发展。

近代以来，我国会计经历了四次大的变革。第一次变革是19世纪末20世纪初，西方的借贷复式记账法传入我国，并对传统中式会计进行了改良；第二次变革是中华人民共和国成立后，我国全面引入苏联会计模式，建立了适应计划经济体制的会计制度；第三次变革是改革开放后的20世纪90年代初，我国开始引进西方会计理论与方法，对计划经济体制会计模式进行改革和探索；第四次变革是2006年起，我国陆续发布了包括1项基本准则和42项具

体会计准则在内的企业会计准则体系，标志着我国会计进入了与国际会计准则趋同的历史发展新时期。

综上所述，会计的产生和发展与社会经济的发展是密不可分的，社会、经济、生产的发展是会计发展的内在动力。经济越发展，会计越重要。反之，会计发展得越好，也越能推动社会、经济、生产更好地发展。

第二节　会计的职能与方法

一、会计的职能

会计的职能是指会计工作在经济管理过程中所具有的功能，可以分为基本职能和拓展职能。《中华人民共和国会计法》（以下简称《会计法》）将会计的基本职能概括为会计核算和会计监督，这两项职能体现了会计的本质特征。同时会计还具有控制经济过程、分析经济效果、预测经济前景、参与经济决策等拓展职能。

（一）会计核算职能

会计核算职能又称会计反映职能，是指会计以货币为主要计量单位，对特定主体的经济活动进行确认、计量和报告，如实地反映特定主体的财务状况、经营成果和现金流量等信息。它是会计最基本的职能，具有以下特征：

1. 会计是以货币为主要计量单位，从价值量方面核算各单位的经济活动情况

会计在对各单位经济活动进行核算时，主要是从数量而不是从质量的方面进行核算。如企业对固定资产进行会计核算时，只记录其数量、成本、折旧等数量或金额变化，而并不核算其技术水平、运行状况等。会计在核算各单位经济活动时主要使用货币量度，实物量单位、其他指标及其文字说明等都处于附属地位。因为企业最初的投资总是用货币量度的，所以，对这些投资使用的追踪记录也只能使用货币量度。

2. 会计主要是核算过去已经发生的经济活动

会计核算经济活动就是要核算其事实，探索并说明其真相。因此，只有在每项经济业务发生或完成以后，才能取得该项经济业务完成的书面凭证，这种凭证具有可验证性，据以登记账簿，才能保证会计所提供的信息真实可靠。而这必须是在经济业务已经发生或完成之后，至少在传统会计上是这样的。虽然管理会计等具有预测职能，其核算的范围可能扩大到未来的经济活动，但从编制会计报表、对外提供会计信息来看仍然是面向过去的。

3. 会计核算具有连续性、系统性和全面性

会计核算的连续性，是指对经济业务的记录是连续的，逐笔、逐日、逐月、逐年，不能间断；会计核算的系统性，是指对会计对象要按科学的方法进行分类，进而系统地加工、整理和汇总，以便提供管理所需要的各类信息；会计核算的全面性，是指对每个会计主体所发生的全部经济业务都应该进行记录和核算，不能有任何遗漏。

会计核算职能是会计核算工作的基础。它通过会计信息系统所提供的信息，既服务于国家的宏观调控部门，又服务于会计主体的外部投资者、债权人和内部管理者，这种服务作用具有能动性。从这一角度来看，会计核算职能也在一定程度上体现了管理精神。

（二）会计监督职能

会计监督职能又称会计控制职能，指会计人员在进行会计核算的同时，对特定主体经济

活动和相关会计核算的真实性、合法性和合理性进行监督检查。会计监督职能具有以下特征：

1. 会计监督具有强制性和严肃性

会计监督是依据国家的财经法规和财经纪律来进行的，《会计法》不仅赋予会计机构和会计人员实行监督的权利，而且规定了监督者的法律责任，放弃监督，听之任之，情节严重的，给予行政处分，给公共财产造成重大损失，构成犯罪的依法追究刑事责任。因此，会计监督以国家的财经法规和财经纪律为准绳，具有强制性和严肃性。

2. 会计监督具有连续性

社会再生产过程不间断，会计核算就要不断地进行下去，在这整个持续过程中，始终离不了会计监督，各会计主体每发生一笔经济业务，都要通过会计进行核算，在核算的同时，就要审查它们是否符合法律、制度、规定和计划。会计核算具有连续性，会计监督也就具有连续性。

3. 会计监督具有完整性

会计监督不仅体现在已经发生或已经完成的业务方面，还体现在业务发生过程中及尚未发生之前，包括事前监督、事中监督和事后监督。事前监督是指会计部门或会计人员在参与制定各种决策以及相关的各项计划或费用预算时，依据有关政策、法规、准则等的规定对各项经济活动的可行性、合理性、合法性和有效性等进行审查，它是对未来经济活动的指导；事中监督是指在日常会计工作中，随时审查所发生的经济业务，一旦发现问题，及时提出建议或改进意见，促使有关部门或人员采取措施予以改正；事后监督是指以事先制定的目标、标准和要求依据，利用会计核算取得的资料对已经完成的经济活动进行考核、分析和评价。会计事后监督可以为制订下期计划、预算提供资料，也可以预测今后经济活动发展趋势。

会计监督职能在会计行为实施之前就发挥作用，同时又是会计工作的落脚点。它通过会计信息系统与会计控制系统的有机结合，突出地表现了会计在企业单位经营管理中的能动性作用，一定程度上体现了会计是一种管理活动的基本思想。

（三）会计基本职能的关系

会计核算与会计监督是会计的两个基本职能，两者相辅相成、不可分割，对经济活动进行会计核算的过程，也是实行会计监督的过程。会计核算是会计监督的前提和基础，没有会计核算提供的数据和信息，会计监督就没有客观依据，就失去了存在的根基；会计监督是会计核算质量的保证，没有会计监督对经济活动过程的控制，会计核算就不能正确有效地进行，就难以提供真实可靠的会计信息，更无法发挥会计的决策支持作用，会计核算也就失去了存在的意义。因此，会计的核算职能和监督职能是紧密结合、相辅相成的，同时又是辩证统一的。

（四）会计拓展职能

随着社会的发展、技术的进步、经济关系的复杂化和管理理论的提高，会计的基本职能得到了不断的发展和完善，会计的新职能不断出现。会计职能不但有核算和监督"两职能"学说，还有"三职能"甚至"九职能"学说。目前，在国内会计学界比较流行的是"六职能"学说。这一学说认为会计具有"反映经济情况、监督经济活动、控制经济过程、分析经济效果、预测经济前景、参与经济决策"等六项职能，并认为这六项职能也是密切结合、相辅相成的。其中，两项基本职能是四项新职能的基础，而四项新职能又是两项基本职能的延伸和提高。

以大数据、人工智能、移动互联网、云计算、物联网和区块链等为代表的信息技术已经全面融入社会生产生活，正在对社会经济发展、商业模式和企业管理等方面产生重大的影响，会计职能不再局限于核算与监督，决策支持职能将被强化，会计要为企业提高生产效率、提升市场竞争力以及监控运营风险等方面提供支持。

二、会计的方法

（一）会计的方法体系

会计方法是指用来核算和监督会计对象并实现会计目标的手段或工具，主要包括会计核算方法、会计分析方法和会计检查方法。

1. 会计核算方法

会计核算方法是指对会计主体的经济业务进行连续、系统、完整的核算和监督所运用的一系列手段或工具。

2. 会计分析方法

会计分析方法是指利用会计核算资料，对会计主体经济活动的效果进行分析和评价的方法。

3. 会计检查方法

会计检查方法是指根据会计核算过程与结果，检查经济活动是否合理合法、会计核算资料是否真实准确的方法。

这三种方法紧密联系，相互依存，构成了一个完整的方法体系。其中，会计核算方法是基础，会计分析方法是会计核算方法的继续和发展，会计检查方法是会计核算与会计分析方法的保证或必要的补充。

作为广义的会计方法，它们既相互联系，又有相对的独立性。它们所应用的具体方法各不相同，并有各自的工作和研究对象，形成了较独立的方法系统。学习会计首先应从基础开始，即要从掌握会计核算方法入手，而且通常所说的会计方法，一般是指狭义的会计方法，即会计核算方法。本教材重点介绍会计核算方法，至于会计分析方法、会计检查方法以及其他会计方法将在以后的专业课中陆续学习。

（二）会计核算七种方法

会计核算方法，是指会计对企业、事业、行政单位已经发生的经济活动进行连续、系统和全面的核算和监督所采用的方法。会计核算方法是用来核算和监督会计对象的，由于会计对象的多样性和复杂性，就决定了用来对其进行核算和监督的会计核算方法不能采用单一的方法形式，而应该采用方法体系的模式来进行。因此，会计核算方法具体由七种方法所构成，包括设置账户、复式记账、填制和审核会计凭证、登记账簿、成本计算、财产清查及编制财务报表。这七种方法构成了一个完整的、科学的方法体系。

1. 设置账户

设置账户是对会计核算和监督的具体内容进行科学的分类，是会计要素的细划分，是记录不同的会计信息资料的一种专门方法。会计所核算和监督的内容是多种多样的，如财产物资就有各种存在的形态：厂房建筑物、机器设备、各种材料、半成品等，它们在生产中各有作用，管理要求也不同；又如取得这些财产物资所需的经营资金来自不同的渠道，有银行贷款、投资人投入等。为了对各自不同的内容分别进行核算和记录，会计必须设置一系列的账户。每个会计账户只能核算一定的经济内容，将会计对象的具体内容划分为若干项目，即设置若干个会计账户，就可以使所设置的账户既有分工，又有联系地核算整个会计对象的内容，提供管理所需要的各种信息。

2. 复式记账

复式记账是指对每一项经济业务，都以相等的金额在相互关联的两个或两个以上账户中进行登记的一种专门方法。复式记账使每项经济业务所涉及的两个或两个以上的账户之间产生对应关系；同时，在对应账户中所记录的金额又相等。通过账户的对应关系，可以了解经济业务的内容；通过账户的相等关系，可以检查有关经济业务的记录是否正确。复式记账可以相互联系地反映经济业务的全貌，也便于检查账簿记录是否正确。例如，用银行存款5 000元购买原材料，这笔经济业务，一方面要在"银行存款"账户中记减少5 000元；另一方面又要在"原材料"账户中记增加5 000元。在"银行存款"账户和"原材料"账户中分别记下5 000元，既可以了解这笔经济业务具体内容，又可以反映该项经济活动的来龙去脉，完整、系统地记录资金运动的过程和结果。

3. 填制和审核会计凭证

填制和审核会计凭证是指为了审查经济业务是否合理合法，保证账簿记录正确、完整而采用的一种专门方法。会计凭证是记录经济业务，明确经济责任的书面证明，是登记账簿的重要依据。经济业务是否发生、执行和完成，关键看是否取得或填制了会计凭证。取得或填制了会计凭证，就证明该项经济业务已经发生或完成。对已经完成的经济业务还要经过会计部门、会计人员的严格审核，在保证符合有关法律、制度、规定而又正确无误的情况下，才能据以登记账簿。填制和审核会计凭证可以为经济管理提供真实可靠的会计信息。

4. 登记账簿

登记账簿亦称记账，就是把所有的经济业务按其发生的顺序，分门别类地记入有关账簿。账簿是用来全面、连续、系统地记录各项经济业务的簿籍，也是保存会计信息的重要工具。它具有一定的结构、格式，应该根据审核无误的会计凭证序时、分类地进行登记。在账簿中应该开设相应的账户，把所有的经济业务记入账簿中的账户里后，还应定期计算和累计各项核算指标，并定期对账和结账，使账证之间、账账之间、账实之间保持一致。账簿所提供的各种信息，是编制会计报表的主要依据。

5. 成本计算

成本计算是指按照成本核算对象归集生产经营活动中发生的各项费用，并确定该成本计算对象的总成本和单位成本的一种专门方法，通常是指对制造业产品进行的成本计算。例如，按制造业企业供应、生产和销售三个过程分别归集生产经营所发生的费用，并分别与其采购、生产和销售材料、产品的品种、数量联系起来，计算它们的总成本和单位成本。通过成本计算，可以考核和监督企业经营过程中所发生的各项费用是否节约，以便采取措施，降低成本，提高经济效益。通过成本计算，还可以为确定生产补偿尺度，正确计算和分配国民收入，确定价格政策等都具有重要作用。

6. 财产清查

财产清查是对各项财产物资、货币资金进行实物盘点，对各项往来款项进行核对，以查明其实有数，并查明实有数与账存数是否相符的一种专门方法。在日常会计核算过程中，为了保证会计信息真实正确，必须定期或不定期地对各项财产物资、货币资金和往来款项进行清查、盘点和核对。在清查中，如果发现账实不符，应查明原因，调整账簿记录，使账存数额同实存数额保持一致，做到账实相符。通过财产清查，还可以查明各项财产物资的保管和使用情况，以便采取措施挖掘物资潜力和加速资金周转。总之，财产清查对于保证会计核算资料的正确性和监督财产的安全与合理使用等都具有重要的作用，它是会计核算必不可少的方法之一。

7. 编制财务报表

财务报表是根据账簿记录，以一定的表格形式，定期总括地反映企业、事业单位一定时期的经济活动情况和期末财务状况的书面报告。编制财务报表是对日常会计核算资料的总结，就是将账簿记录的内容定期地加以分类、整理和汇总，形成经营管理所需要的各种指标，再报送给会计信息使用者，以便其据此进行决策。财务报表所提供的一系列核算指标，是考核和分析财务计划和预算执行情况以及编制下期财务计划和预算的重要依据，也是进行国民经济综合平衡所必不可少的资料。编制完成财务报表，就意味着这一期间会计核算工作的结束。

上述会计核算的各种方法是相互联系、密切配合的。在会计对经济业务进行记录和反映的过程中，不论是采用手工处理方式，还是使用计算机数据处理系统方法，对于日常所发生的经济业务，首先要取得或填制合法的会计凭证，按照所设置的账户，进行复式记账，根据账簿的记录，进行成本计算，在财产清查、账实相符的基础上编制财务报表。会计核算的七种方法相互联系，一环套一环，缺一不可，形成了一个完整的方法体系。

第三节　会计基本假设与会计基础

一、会计基本假设

会计核算的对象是资金运动，而在市场经济条件下，由于经济活动的复杂性，决定了资金运动也是一个复杂过程。因此，面对变化不定的经济环境，摆在会计人员面前的一系列问题必须首先得到解决。例如，会计核算的范围有多大，会计为谁核算，给谁记账；会计核算的资金运动能否持续不断地进行下去；会计应该在什么时候记账、算账、报账；在核算过程中应该采用什么计量手段等。这些都是进行会计核算工作的前提条件。

会计核算的基本前提是指为了保证会计工作的正常进行和会计信息的质量，对会计核算的范围、内容、基本程序和方法所做的基本假定。由于这些假定都是以合理推断或人为的规定而做出的，所以也称为会计基本假设。会计基本假设，是企业会计确认、计量和报告的前提，是人们在长期的会计实践中逐步认识和总结形成的。结合我国实际情况，企业在组织会计核算时，应遵循的会计基本假设包括会计主体假设、持续经营假设、会计分期假设和货币计量假设。

（一）会计主体假设

会计主体，是指企业会计确认、计量和报告的空间范围，即会计核算和监督的特定单位或组织。

在会计主体假设下，企业应当对其本身发生的交易或者事项进行会计确认、计量和报告，反映企业本身所发生的经济活动。也就是说，会计核算是反映一个特定企业的经济业务，只记本主体的账。尽管企业本身的经济活动总是与其他企业、单位或个人的经济活动相联系，但对于会计来说，其核算的范围既不包括企业所有者本人，也不包括其他企业的经济活动。明确、界定会计主体是开展会计确认、计量和报告工作的重要前提。

组织核算工作首先应该明确为谁核算的问题，这是因为会计的各种要素，如资产、负债、收入、费用等，都与特定的经济实体或者会计主体相联系，一切核算工作都站在特定会计主体的立场上进行。如果主体不明确，资产和负债就难以界定，收入和费用便无法衡量，以划清经济责任为准绳建立的各种会计核算方法的应用就无从谈起。因此,在会计核算中,必须将主体所有者的财务活动与主体自身的财务活动进行严格区分,以便我们能够正确地对会计主体自身的财务活动进行会计核算。由此可以看出,会计主体假设是对会计核算工作的一种空间界定。

需要说明的是,会计主体与法律主体不是同一概念。一般来说,法律主体必然是会计主体,但会计主体不一定就是法律主体。会计主体可以是一个有法人资格的企业,也可以是由若干家企业通过控股关系组织起来的集团公司,还可以是企业、单位下属的二级核算单位。例如,从法律上看,独资及合伙企业所有的财产和债务,在法律上视为所有者个人财产的延伸,独资及合伙企业在业务上的种种行为仍被视为个人行为,企业的利益与个人的利益是一致的。因此,独资及合伙企业不具备法人资格。但是,由于独资、合伙企业都是一个独立的经济实体,因而在会计上应该被作为一个会计主体看待,在会计处理上,要把企业的财务活动与企业所有者个人的财务活动区分。

会计主体假设是持续经营假设、会计分期假设和货币计量假设的基础。如果不划定会计的空间范围,则会计核算工作就无法进行,指导会计核算工作的原则也就失去了存在的意义。

(二)持续经营假设

持续经营,是指在可以预见的将来,企业将会按当前的规模和状态继续经营下去,不会停业,也不会大规模削减业务,亦即在正常情况下企业不会面临破产或清算。

持续经营假设是指会计核算应当以企业持续、正常的生产经营活动为前提,而不考虑企业是否破产清算等,在此前提下选择会计程序及会计处理方法,进行会计核算。尽管客观上企业会由于市场经济的竞争而面临被淘汰的危险,但只有假定作为会计主体的企业是持续、正常经营的,会计原则和会计程序及方法才有可能建立在非清算的基础之上,不采用破产清算的一套处理方法,这样才能保持会计信息处理的一致性和稳定性。持续经营假设明确了会计工作的时间范围。

会计核算所使用的一系列原则和方法都建立在会计主体持续经营假设的基础之上。只有在持续经营的前提下,企业的资产和负债才区分为流动的和长期的,企业的资产计价才能采用历史成本原则,企业才有必要确立会计分期假设、划分收益性支出和资本性支出、权责发生制等会计原则。持续经营假设为会计分期、权责发生制的存在提供了基础,为资产计价、费用分配提供了重要的理论依据。

(三)会计分期假设

会计分期,是指将一个企业持续经营的经济活动人为地划分为一个个连续的、长短相同的期间,即会计期间,以便分期结算账目和编制财务会计报告,从而及时地向有关方面提供反映财务状况和经营成果的会计信息,满足有关方面的需要。

会计分期假设是对会计工作时间范围的具体划分,主要是确定会计年度。中外各国所采用的会计年度一般都与本国的财政年度相同。例如,美国、泰国的会计年度是每年的10月1日至次年的9月30日;英国、加拿大、日本的会计年度是每年的4月1日至次年的3月31日;瑞典、澳大利亚的会计年度是每年的7月1日至次年的6月30日。我国以公历年度作为会计年度,即从每年公历的1月1日至12月31日为一个会计年度。会计年度确定后,一般按日历确定会计半年度、会计季度和会计月度。在此基础上,会计期间分为会计年度和会计中期,凡是短于一个完整的会计年度的报告期间均称为会计中期。

由于会计分期,产生了当期与以前期间、以后期间的差别,使不同类型的会计主体有了记账的基准（即权责发生制和收付实现制的区别），进而出现了折旧、摊销等会计处理方法。

只有设定一个会计主体能够持续经营下去，才有必要和有可能进行会计分期。会计分期依赖于持续经营，持续经营需要进行会计分期。持续经营和会计分期确定了会计核算的时间范围。

（四）货币计量假设

货币计量，是指会计主体在进行会计确认、计量和报告时以货币作为计量尺度，反映会计主体的经济活动。

企业使用的计量单位较多，为了全面、综合地反映企业的生产经营活动，会计核算客观上需要一种统一的计量单位作为计量尺度。货币作为商品的一般等价物，能用以计量一切资产、负债和所有者权益，以及收入、费用和利润，采用货币作为统一的计量单位可以全面反映企业的生产经营、业务收支等情况。因此，会计必须以货币计量为前提。需要说明的是，其他计量单位，如实物、劳动工时等，在会计核算中也要使用，但不占主要地位。

在我国，要求企业对所有经济业务采用同一种货币作为统一尺度来进行计量。若企业的经济业务有两种以上的货币计量，应该选用一种作为基准，称为记账本位币。记账本位币以外的货币则称为外币。《会计法》规定，我国企业会计核算以人民币为记账本位币；业务收支以人民币以外的货币为主的单位，也可以选定其中一种货币作为记账本位币，但是编制的财务报表应当折算为人民币反映；在境外设立的中国企业向国内报送的财务报表，也应当折算为人民币反映。

货币本身也有价值，它是通过货币的购买力或物价水平表现出来的，但在市场经济条件下，货币的价值也在发生变动，币值很不稳定，甚至有些国家出现比较恶劣的通货膨胀现象，对货币计量提出了挑战。因此，一方面，我们在确定货币计量假设时，必须同时确立币值稳定假设，假设币值是稳定的，不会有大的波动，或前后波动能够被抵消；另一方面，如果发生恶性通货膨胀，就需要采用特殊的会计原则（如物价变动会计原则）来处理有关的经济业务。

综上所述，会计基本假设虽然是人为确定的，但也是出于客观的需要，有充分的客观必然性，否则，会计核算工作就无法进行。这四项基本假设缺一不可，既有联系又有区别，共同为会计核算工作的开展奠定了基础。

二、会计基础

会计基础是指会计确认、计量和报告的基础，是确定一定会计期间的收入与费用，从而确定损益的标准。在会计核算中可以以本期款项的收到和支出作为基准来确认本期的收入和费用，也可以以本期收款权利的取得或者付款责任的发生为基准来确认本期的收入和费用，为此形成了权责发生制和收付实现制两种会计基础。

（一）权责发生制

权责发生制，也称应计制或应收应付制，是指收入、费用的确认应当以收入、费用的实际发生作为确认的标准，合理确认当期损益的一种会计基础。对于收入，不论款项是否实际收到，以收取权利的取得确定其归属期；对于费用，不论款项是否已经支付，以付款责任的发生确定其归属期。

在权责发生制下，凡是属于本期实现的收入和发生的费用，不论款项是否实际收到或实际支付，都应作为本期的收入和费用入账；凡是不属于本期的收入和费用，即使款项在本期收到或支付，也不作为本期的收入和费用处理。

例如：假设企业于某年6月8日销售商品一批，货款共计100 000元，其中，60 000

于当年6月8日收到（存入银行账户），其余40 000元于当年9月20日收到。按权责发生制进行分析：该批商品于6月份销售，取得收入100 000元的权利形成于6月。因此，该收入100 000元应当列作6月份的营业收入；与该项收入相关的货款是否在6月份实际收到，不影响6月份收入的确认。

假设该企业当年9月8日预支了同年10月至12月的房租费9 000元，以现金支票付款。按权责发生制进行分析：该企业尽管在9月份支付了9 000元的房租费，但该项费用的责任归属应当是10月、11月、12月三个月度。因此，该项费用应当由10月、11月、12月共同分摊，每月分摊3 000元，而不能将9 000元列作9月份的当期费用。

权责发生制的核心是根据权、责关系的实际发生的期间来确认收入和费用，其最大的优点是更加准确地反映企业特定会计期间真实的财务状况及经营成果。

我国《企业会计准则》规定，企业会计核算应采用权责发生制。

（二）收付实现制

收付实现制，也称现金制或现金收付制，是以收到或支付现金（包括库存现金和银行存款）作为确认收入和费用的标准，是与权责发生制相对应的一种会计基础。

在收付实现制下，凡是属于本期实际收到款项的收入和支付款项的费用，不管其是否应归属于本期，都应作为本期的收入和费用入账；反之，凡本期未实际收到款项的收入和未付出款项的支出，即使应归属于本期，也不应作为本期的收入和费用入账。

例如：按照收付实现制，如果企业在当月销售20 000元的商品，但下月才实际收到货款，则20 000元的收入应当计入下月而不是当月营业收入中。如果企业当月支付了上年度的短期借款利息7 000元，尽管该项利息费用的责任归属应当是上一年度，但由于该项利息在当月实际支付，因而应当计入当月的财务费用中。

目前，我国行政单位会计采用收付实现制；事业单位会计除经营业务可以采用权责发生制外，其他大部分业务采用收付实现制。

【例1-1】 甲公司在12月份发生如下经济业务，请分别以权责发生制和收付实现制确认收入和费用，并判断其归属的会计期间。

（1）本月销售产品一批，售价50 000元，按合同规定下年1月份收回货款。

业务序号	权责发生制	收付实现制
（1）	12月份确认收入50 000元	下年1月份才能确认收入50 000元，12月份不确认收入

（2）本月收回客户上月所欠的货款20 000元。

业务序号	权责发生制	收付实现制
（2）	11月份已确认收入20 000元，12月份不再确认收入	12月份可确认收入20 000元

（3）根据销售合同规定收到某客户的购货定金40 000元，款项已存入银行。

业务序号	权责发生制	收付实现制
（3）	货物发出的当月才能确认收入40 000元，12月份不能确认收入	12月即可确认收入40 000元

（4）以银行存款支付本季度短期借款利息9 000元。

业务序号	权责发生制	收付实现制
（4）	10月、11月、12月三个月各确认费用3 000元	12月确认费用9 000元

（5）以银行存款支付下一年度财产保险费12 000元。

业务序号	权责发生制	收付实现制
（5）	下年1—12月每个月各确认费用1 000元	12月确认费用12 000元

（6）计算确定本月管理部门应负担的设备租金2 000元。

业务序号	权责发生制	收付实现制
（6）	12月确认费用2 000元	在支付租金的当月确认费用2 000元

第四节　会计信息的使用者及质量要求

一、会计信息的使用者

会计信息的使用者可以分为内部会计信息使用者和外部会计信息使用者，不同的会计信息使用者使用会计信息的视角和要求有所不同，其关注会计信息的侧重点也有所区别。

（一）内部信息使用者

内部信息使用者是指需要了解会计信息的企业内部人员，主要包括企业的经营管理者和员工。

1. 企业经营管理者

企业经营管理者对于本单位的经济业务拥有决策权或者执行权。在当前市场竞争日益激烈的情况下，企业要完成既定的经营目标，经营管理者必须全方位地了解和掌握企业生产经营过程中的各种数据和信息，才能把握市场脉搏，做出符合实际的经营决策，而正确的决策必须以相关的、可靠的信息为依据。会计作为一个信息系统，必须能够及时按要求提供经营管理者所需要的数据和信息，满足他们的决策需求。当然，企业经营管理者在决策过程中，除利用财务会计信息外，还可通过其他途径获取外部使用者无法掌握的内部信息。

2. 企业员工

一般企业员工很少有机会获得公司的财务资料，有些公司会主动为员工提供特别准确的财务报告，这些报告被称为员工报告。员工及其代表组织（工会）关心有关其雇主的稳定性和获利能力的信息，以及能使他们评估企业如期提供报酬并能准许增加工资、退休福利和附加福利、就业机会的能力等方面的信息，这些信息影响他们未来职业生涯的规划和薪酬的多少。

按照有关法律规定，企业研究决定生产经营的重大问题、制定重要的规章制度，以及研究有关员工工资、福利、劳动保险等涉及员工切身利益的问题时，应当事先听取工会和员工的意见。企业员工在履行上述参与企业管理的权利和义务时，必然要了解相关的会计信息。

（二）外部信息使用者

外部信息使用者是指需要了解会计信息的企业外部人员，主要包括企业的投资者、债权人、政府部门以及社会公众等。由于企业经营管理者有权力和能力获得比企业公开的财务会计报告中更多的信息,所以企业公开的财务会计报告应重点服务外部会计信息使用者,特别是投资者和债权人。

1. 投资者

现代企业经营管理过程中所有权与经营权分离,投资者不参加企业的日常经营管理,但需要利用会计信息对经营管理者受托责任的履行情况进行评价,并对企业经营中的重大事项做出决策。例如,投资者通过对会计信息的分析,可以评价企业的财务状况和经营业绩,检查管理当局是否实现了企业的经营目标,可以分析企业所处行业的市场前景、在市场竞争中的地位、发展潜力和面临的风险,可以科学制定企业的长远发展目标以及做出维持现有投资、追加投资或转让投资的决策。

投资者除包括现有的投资者外,还包括潜在的投资者。对于潜在的投资者来说,主要是根据财务会计信息评价企业的各种投资机遇、估量投资的预期成本和收益以及投资风险的大小,做出是否对该企业投资的决策。

2. 债权人

企业的债权人主要包括向企业提供贷款的贷款债权人和以赊账方式提供商品或劳务给企业的商业债权人两类。

贷款债权人是信用的授出者(如银行等金融机构),主要关心其提供给企业的贷款本金与利息能否按期得到偿还和支付。基于此,贷款债权人通过了解企业资产与负债的总体结构,分析资产的流动性,评价企业的盈利能力、偿债能力以及产生现金流量的能力,从而做出向企业提供贷款、维持原贷款数额、追加贷款、收回贷款或改变信用条件的决策。

商业债权人是信用的供应商,为企业提供赊销商品或劳务,使用企业会计信息判断该企业的财务状况是否良好,以此来决定赊销的程度。商业债权人关注那些能使他们确定企业所欠款项能否按期支付的会计信息,如果对公司的偿债能力有所怀疑,可能就不会愿意进行赊销,或者会要求预收货款、钱货两讫。

3. 政府部门

政府部门基于整个社会经济资源优化配置的需要,对企业的经济活动实施有效的调节、控制和监督。通过企业提供的经济活动的全部会计信息,政府部门可以判别企业的经济行为是否合法、有效。因此,政府部门需要了解企业经济活动的整体情况,包括企业的盈利能力、偿债能力、资金运营能力等。

除监管企业的经济活动外,企业提供的会计信息还可以作为政府制定经济政策(如税收政策)、进行税收征管、统计国民收入、监管资本市场等的信息基础。例如,国家税务部门以企业财务会计数据为基础进行税收征管;企业会计核算资料是国家统计部门进行国民经济核算的重要资料来源;证券管理部门无论是对公司上市资格的审查,还是公司上市后的监管,都离不开对会计数据的审查和监督;证券监督管理机构对证券发行与交易进行监督管理中,财务会计信息的质量是其监管的内容,真实可靠的会计信息又是其对证券市场实施监督的重要依据。

4. 社会公众

社会公众主要关注的是企业的可持续发展能力,如企业有没有生产伪劣产品、是否对环境造成污染等。对于身处企业周围的社会公众及其代表组织来讲,企业的环境行为会直接使他们受害或受益,他们有了解企业环境信息的强烈意愿。社会公众也关注与企业生产经营活动相关的会计信息,包括企业对其所在地经济发展的贡献,如增加就业、刺激消费、提供社区服务等。从更广泛的意义上讲,社会公众的态度对于企业具有更深远的影响。一个企业的形象,将会影响到企业的劳动力供应,影响到企业的正常运营、销售等一系列环节。甚至可以说，社会公众的态度将决定着他们是否接受一个企业的存在。

二、会计信息的质量要求

会计信息质量要求是对企业财务会计报告中所提供高质量会计信息的基本规范，是使财务会计报告中所提供会计信息对投资者等使用者决策有用应具备的基本特征。其要求主要包括可靠性、相关性、可理解性、可比性、实质重于形式、重要性、谨慎性、及时性八项。会计人员在处理会计业务、提供会计信息时，必须遵循会计信息的质量要求，以便更好地为会计信息使用者服务。

会计信息质量要求

（一）可靠性

可靠性又称客观性或真实性，要求企业应当以实际发生的交易或者事项为依据进行会计确认、计量和报告，如实反映符合确认和计量要求的各项会计要素及其他相关信息，保证会计信息真实可靠、内容完整，即企业不得虚构、歪曲和隐瞒经济业务交易和事项。例如，某年度某上市公司一笔巨额销售收入1 000万元，年底记入收入，次年1月发生退货，冲减退货当月的销售收入，经查，对方单位根本就不存在。这种信息明显是不可靠的。

（二）相关性

相关性又称有用性，要求企业提供的会计信息应当与投资者等会计信息使用者的经济决策需要相关，有助于投资者等会计信息使用者对企业过去和现在情况作出评价，对未来情况作出预测。

不同类别的企业会计信息使用者（如投资者、债权人），由于其决策行为的内容不同，因而各自的信息需求存在差异。如果会计核算的信息不符合会计信息使用者的要求，即使客观真实地反映了企业经营情况的会计信息，也毫无价值。例如，银行等债权人在作出是否批准贷款决策时，更关注的是企业的资产、负债结构比例等情况，仅仅向其提供与利润有关的真实会计信息是不够的。

（三）可理解性

可理解性又称明晰性或清晰性，要求企业提供的会计信息应当清晰明了，便于会计信息使用者理解和使用。企业财务报告在全面、完整反映企业财务状况、经营业绩和现金流量情况的前提下，应当简明扼要、清晰易懂。现代会计信息中有许多是无法用数字来说明的，这就需要用文字在报表附注中加以说明，因此可理解性要求不仅要求会计信息书写工整、字迹便于辨认，更重要的是能够用文字清楚地表达企业的会计信息。只有这样，才能提高会计信息的有用性，实现财务会计报告的目标，满足向会计信息使用者提供对决策有用信息的要求。

（四）可比性

可比性要求企业提供的会计信息应当相互可比。主要包括两层含义：

1. 纵向可比性

会计信息质量的纵向可比性要求同一企业对于不同时期发生的相同或者相似的交易或者事项，应当采用一致的会计政策，不得随意变更。

企业在处理发出存货计价、固定资产计提折旧、坏账损失核算等经济业务时，存在多种会计政策方法可供选择，而不同的会计处理方法会造成反映出来的企业财务状况、经营成果和现金流量不完全一样。纵向可比性要求企业对不同时期发生的相同或相似经济业务，其会计处理方法、会计指标的计算口径、财务会计报告的编制标准等应当保持前后一致，不得随意变更。

强调会计信息的纵向可比性,并不意味着企业的会计政策一经实行以后就绝对不能变动。当企业经济业务的内容和性质发生较大变化,若继续采用原有会计政策已不足以真实地予以反映,或者经实践发现原有会计政策确实已不适应企业经济活动时,企业可以在下一个会计年度对会计政策进行变更。企业会计政策发生变更时,必须在财务会计报告中加以说明,以免误导会计信息使用者的经济决策。

2. 横向可比性

会计信息质量的横向可比性要求不同企业同一期间发生的相同或相似的交易或者事项,应当采用规定的会计政策,确保会计信息口径一致、相互可比,从而便于会计信息使用者在进行同一时期不同企业之间横向的比较分析时,能够据以有效地判断企业的财务状况、经营成果和现金流量,做出正确的经济决策;也便于国家综合管理部门汇总、比较和分析各个企业提供的会计信息,加强国民经济宏观调控和管理。

(五) 实质重于形式

实质重于形式要求企业应当按照交易或者事项的经济实质进行会计确认、计量和报告,不应仅以交易或者事项的法律形式为依据。

企业发生的经济业务在多数情况下其经济实质和法律形式是一致的,但在有些情况下也会出现不一致,此时如果企业仅仅以交易或者事项的法律形式为依据进行会计确认、计量和报告,那么就容易导致会计信息失真,无法如实反映经济现实和实际情况。例如,企业按照销售合同销售商品,但又签订了售后回购协议,虽然从法律形式上看实现了收入,但销售企业因同时签订了售后回购协议,所以实质上并没有将商品的控制权转移给购货方,没有满足收入确认的各项条件,即使签订了商品销售合同或者已将商品交付给购货方,也不应当确认为销售收入。

(六) 重要性

重要性要求财务报告在全面反映企业的财务状况和经营成果的同时,应当区别经济业务的重要程度,采用不同的会计处理程序和方法。具体来说,对于重要的经济业务,应单独核算、分项反映,力求准确,并在财务报告中做重点说明;对于不重要的经济业务,在不影响会计信息真实性的情况下,可适当简化会计核算或合并反映,以便集中精力抓好关键。

重要性要求的意义在于:对会计信息使用者来说,最需要的是对经营决策有重要影响的会计信息,如果会计信息不分主次,反而会不利于使用,甚至影响决策。同时,对不重要的经济业务简化核算或合并反映,可以节省人力、物力和财力,符合成本效益原则。

需要明确的是,重要性具有相对性,同样的业务对不同的企业来说,并不都是重要或不重要的事项。对某会计事项的重要性判断,在很大程度上取决于会计人员的职业判断。一般来说,重要性可以从质和量两个方面进行判断。从性质方面来说,如果某会计事项发生可能对决策产生重大影响,则该事项属于具有重要性的事项;从数量方面来说,如果某会计事项的发生达到一定数量或比例可能对决策产生重大影响,则该事项属于具有重要性的事项。

(七) 谨慎性

谨慎性又称稳健性,要求企业对交易或者事项进行会计确认、计量和报告时应当保持应有的谨慎,不应高估资产或者收益,不应低估负债或者费用。

谨慎性的应用不允许企业计提秘密准备,如果企业故意低估资产或者收益,或故意高估负债或者费用,将不符合会计信息的可靠性和相关性要求,损害会计信息质量,扭曲企业实际的财务状况和经营成果,从而对使用者的决策产生误导,这是会计准则所不允许的。

（八）及时性

及时性要求企业对于已经发生的交易或者事项，应当及时进行确认、计量和报告，不得提前或者延后。

会计信息具有一定的时效性，其价值往往随着时间的流逝而逐渐降低。因而，会计记录必须及时进行，会计报表必须及时报送有关部门，不得拖延、积压。及时性具体有如下三个方面的要求：

1. 及时收集会计信息

及时收集会计信息要求企业在经济业务发生后，及时收集整理各种原始单据，并且按照有关规定予以审核。

2. 及时处理会计信息

及时处理会计信息要求企业依据原始凭证及时编制记账凭证，及时登记账簿，并且按照编制报告的有关要求，将会计信息整理成系统、浓缩的会计报告。

3. 及时传递会计信息

及时传递会计信息要求企业在规定的时限内，及时将编制出的财务报告传递给会计信息使用者，并按规定及时提供（披露）会计信息。

为保证企业所提供会计信息的及时性，有利于会计信息使用者的经济决策，我国企业会计制度规定：企业月度、季度、半年度中期财务报告应当分别于会计期间终了后的 6 天、15 天、60 天内对外提供（披露），年度财务报告应当于年度终了后 4 个月内对外提供（披露）。

现阶段，高质量发展是全面建设社会主义现代化国家的首要任务。高质量发展需要高质量的会计信息供给，会计信息是资本市场资源配置的基础，高质量会计信息可以提升资源配置效率。以上八项会计信息质量要求相互联系、紧密配合，共同反映会计信息应具备的质量要求，企业在对经济交易或者事项进行会计确认、计量和报告时应当综合加以运用，确保会计信息的高质量。

本章小结

1. 对会计的定义，目前最有代表性的两种观点是信息系统论和管理活动论。会计是以货币为主要计量单位，运用一系列专门的方法，连续、系统、全面地核算和监督一个单位（国家机关、社会团体、公司、企业、事业单位和其他组织的统称）的经济活动，并在此基础上逐步开展预测、决策、控制和分析，向有关各方提供与决策相关的信息，是经济管理的重要组成部分旨在提高经济效益。

2. 会计是在人类社会生产力的进步和发展中产生并完善的，它经历了三个发展历程——古代会计、近代会计和现代会计。

3. 会计的基本职能是核算职能和监督职能。随着经济活动的繁荣、管理要求的发展，会计具有更多的拓展职能。

4. 会计核算方法主要包括设置账户、复式记账、填制与审核会计凭证、登记账簿、成本计算、财产清查和编制财务报表。

5. 会计基本假设包括会计主体假设、持续经营假设、会计分期假设和货币计量假设。

6. 会计基础包括权责发生制和收付实现制。

7. 会计信息的使用者可以分为内部会计信息，使用者和外部会计信息使用者。

8. 会计信息质量要求包括可靠性、相关性、可理解性、可比性、实质重于形式、重要性、谨慎性和及时性。

9. 新中国成立以来我国企业会计改革发展立足中国特色社会主义伟大实践，以中国化的马克思主义理论体系为基础，创造了企业会计改革发展的中国道路。新时代创新、协调、绿色、开放、共享的发展理念，持续创新的商业模式和日新月异的智能科技深刻影响着会计的内涵、外延及其改革发展进程。

10. 2023 年 2 月 9 日，中共中央办公厅、国务院办公厅印发《关于进一步加强财会监督工作的意见》，这是做好新时代财会监督工作的纲领性文件和行动指南，是习近平新时代中国特色社会主义思想在财会监督领域的具体体现和生动实践。

巩固练习

一、单项选择题

1. 会计的基本职能是（　　）。
   A. 分析和考核　　B. 预测和决策　　C. 核算和监督　　D. 核算和决策

2. 由于有了（　　）假设，才产生了本期和其他期间的差别，从而出现了权责发生制和收付实现制的区别。
   A. 会计主体　　B. 配比原则　　C. 会计分期　　D. 持续经营

3. 会计是以（　　）为主要计量单位。
   A. 实物　　B. 货币　　C. 劳动量　　D. 价格

4. 下列不属于会计基本假设的是（　　）。
   A. 持续经营　　B. 实质重于形式　　C. 会计分期　　D. 货币计量

5. 企业不同时期的固定资产采用相同的方法计提折旧，遵循的是会计信息质量要求的（　　）。
   A. 谨慎性　　B. 可靠性　　C. 相关性　　D. 可比性

6. 下列各项中，不属于会计核算专门方法的是（　　）。
   A. 成本计算　　B. 财产清查　　C. 会计分析　　D. 编制财务报表

7. （　　）是对会计核算时间无限性的假定。
   A. 会计主体　　B. 持续经营　　C. 会计分期　　D. 货币计量

8. 下列符合会计信息质量基本要求的有（　　）。
   A. 企业提供的会计信息应当清晰明了，便于理解
   B. 对于相似的交易或事项，不同企业应当采用一致的会计政策
   C. 会计信息根据交易或事项的经济实质和法律形式进行确认、计量和报告
   D. 企业可以通过计提秘密准备来规避估计到的各种风险和损失

9. 不同企业发生的相同或相似的交易或者事项，应当采用规定的会计政策、确保会计信息口径一致，体现了（　　）要求。
   A. 可靠性　　B. 可比性　　C. 可理解性　　D. 及时性

10. （　　）不属于会计信息质量要求。
    A. 可比性　　B. 权责发生制　　C. 实质重于形式　　D. 重要性

11. 会计是以货币为主要计量单位，反映和监督一个单位经济活动的一种（　　）。
    A. 方法　　B. 手段　　C. 信息工具　　D. 经济管理活动

12. 在会计核算的基本前提中，确定会计核算空间范围的是（　　）。
    A. 会计主体　　B. 持续经营　　C. 会计分期　　D. 货币计量

13. 甲企业5月份购入了一批原材料，会计人员在当年7月份才入账，该事项违背的会计信息质量要求是（　　）要求。

　　A. 相关性　　　　　B. 客观性　　　　　C. 及时性　　　　　D. 明晰性

14. 下列说法中，能够保证同一企业会计信息前后各期可比的是（　　）。

　　A. 为了提高会计信息质量，要求企业所提供的会计信息能够在同一会计期间不同企业之间进行相互比较

　　B. 存货的计价方法一经确定，不得随意改变，如需变更，应在财务报告中说明

　　C. 对于已经发生的交易或事项，应当及时进行会计确认、计量和报告

　　D. 对于已经发生的交易或事项进行会计确认、计量和报告时，不应高估资产或者收益，不应低估负债或者费用

15. 某企业12月份发生下列支出：(1) 年初支付本年度保险费2 400元，本月摊销200元；(2) 支付下年第一季度房屋租金3 000元；(3) 支付本月办公开支800元，按照权责发生制要求，本月费用为（　　）元。

　　A. 1 000　　　　　B. 800　　　　　C. 3 200　　　　　D. 3 000

二、多项选择题

1. 权责发生制的要求有（　　）。

　　A. 本期已经实现的收入无论款项是否收到，都作为本期收入处理

　　B. 凡是在本期收到和付出的款项，都作为本期收入和费用处理

　　C. 本期已经发生的费用无论款项是否实际支付，都作为本期费用处理

　　D. 凡是本期发生的收入或费用，只要没有实际收到或付出款项，都不作为本期收入或费用处理

2. 下列各项属于会计事前监督的是（　　）。

　　A. 为未来经济活动制定金额、编制预算

　　B. 对正在发生的经济活动过程及其核算资料进行审查

　　C. 对未来经济活动在经济上是否可行进行分析判断

　　D. 对已经发生的经济活动及其核算资料进行审查

3. 下列各项中，属于会计中期的会计期间有（　　）。

　　A. 年度　　　　　B. 半年度　　　　　C. 季度　　　　　D. 月度

4. 下列叙述中正确的有（　　）。

　　A. 会计主体与法律主体并非对等

　　B. 法律主体可作为会计主体

　　C. 企业会计确认、计量和报告应当以持续经营为前提

　　D. 会计主体不一定是法律主体

5. 以权责发生制为基础，下列各项不属于本期收入或费用的是（　　）。

　　A. 本期支付下期的房租费　　　　　B. 本期预收的货款

　　C. 本期预付的货款　　　　　D. 本期售出商品但尚未收到的货款

6. 本月收到上月销售产品的货款存入银行，下列表述中，正确的有（　　）。

　　A. 现金收付制下，应当作为本月收入　　　　　B. 权责发生制下，不能作为本月收入

　　C. 现金收付制下，不能作为本月收入　　　　　D. 权责发生制下，应当作为本月收入

7. 谨慎性要求会计人员在选择会计处理方法时（　　）。

　　A. 不高估资产和收益　　　　　B. 不低估负债和费用

　　C. 高估资产和收益　　　　　D. 低估资产和收益

8. 下列各项中属于企业会计核算方法的有（　　）。
   A. 复式记账　　　　　　　　　　　B. 填制和审核会计凭证
   C. 登记账簿　　　　　　　　　　　D. 编制财务报表
9. 下列项目中，可以作为一个会计主体进行核算的有（　　）。
   A. 母公司　　　　　　　　　　　　B. 子公司
   C. 母公司和子公司组织的企业集团　D. 销售部门
10. 下列会计处理方法中，符合权责发生制基础的有（　　）。
    A. 销售产品的收入只有在收到款项时才予以确认
    B. 产品已销售，货款未收到也应确认收入
    C. 本期应付职工薪酬即使本期未付给职工也应计入本期费用
    D. 职工薪酬只能在支付给职工时计入当期费用
11. 下列各项中，不属于会计信息质量要求的有（　　）。
    A. 会计核算方法一经确定不得变更
    B. 会计核算应当注重交易或事项的实质
    C. 会计核算应当以实际发生的交易或事项为依据
    D. 企业会计核算应当以权责发生制为基础
12. 以收付实现制为核算基础，下列各项属于6月份收入或费用的是（　　）。
    A. 6月份支付下期的房租　　　　　B. 6月份预收的款项
    C. 6月份预付的款项　　　　　　　D. 6月份采购设备尚未支付的款项
13. 根据我国《企业会计准则》的规定，会计期间分为（　　）。
    A. 月度　　　　B. 季度　　　　C. 半年度　　　　D. 年度
14. 谨慎性原则要求会计人员在选择会计处理方法时（　　）。
    A. 不高估资产　　　　　　　　　　B. 不低估负债
    C. 预计任何可能的收益　　　　　　D. 确认一切可能发生的损失
15. 下列业务发生后，按照权责发生制，应计入本期费用的有（　　）。
    A. 预付下季度报纸杂志费6 000元　　B. 摊销本月负担的报纸杂志费2 000元
    C. 本月发生房屋租金1 000元，尚未支付　D. 支付上月水电费3 200元

三、判断题

1. 没有会计核算，会计监督就失去存在的基础，但没有会计监督，会计核算依然正常进行。（　　）
2. 权责发生制基础要求以收到或支付的现金作为确认收入和费用等的依据。（　　）
3. 会计是以货币为唯一计量单位，反映和监督一个单位经济活动的一种经济管理工作。（　　）
4. 会计监督是会计工作的基础，会计核算是会计工作的质量保证。（　　）
5. 同一企业不同时期发生的相同或相似的交易或者事项，应当采用一致的会计政策，不得变更。（　　）
6. 企业对交易或者事项进行会计确认、计量和报告应当保持谨慎，因此可以低估资产或收益，高估负债或费用。（　　）
7. 会计主体所核算的生产经营活动也包括其他企业或投资者个人的其他生产经营活动。（　　）
8. 会计中期是指短于一个完整的会计年度的报告期间，包括半年度、季度和月度等。（　　）

9. 权责发生制基础下,企业本期付出的现金或银行存款一定与本期费用相关。(   )

10. 法律主体可作为会计主体,但会计主体不一定是法人。(   )

11. 权责发生制要求企业应当在收入已经实现或费用已经发生时就进行确认,而不必等到实际收到或支付现金时才确认。(   )

12. 在我国,会计年度一般采用公历年度,即从每年的1月1日至12月31日为一个会计年度。(   )

13. 会计在选择货币作为统一的计量尺度的同时,要以实物量度和时间量度等作为辅助的计量尺度。(   )

14. 会计信息质量的谨慎性要求,凡是不属于当期的收入和费用,即使款项已在当期收付,也不应当作为当期的收入和费用。(   )

15. 会计核算的各种方法是互相独立的,一般按会计部门分工,由不同的会计人员来独立处理。(   )

四、计算分析题

1. 某企业12月份发生如下经济业务,请分别根据权责发生制和收付实现制的要求,确定当月的收入和费用。

(1) 销售产品一批,售价50 000元,款项已存入银行。

(2) 预付从本月开始负担的半年租金12 000元。

(3) 本月应计提短期借款利息3 000元。

(4) 收到上月销售商品应收的销货款6 000元。

(5) 收到购货单位预付货款15 000元,下月交货。

(6) 计提本月设备折旧费22 000元。

(7) 销售产品一批,销售价款100 000元,货款尚未收到。

(8) 计提本月无形资产摊销费1 300元。

2. 某企业1月份发生如下表所示经济业务,请分别以权责发生制和收付实现制确认当月的收入和费用。

序号	业务	权责发生制		收付实现制	
		收入	费用	收入	费用
(1)	本月预收下月销货款5 000元				
(2)	本月预付全年的水电费2 400元				
(3)	本月销售货物8 000元,实际收到货款5 000元,余款下月收到				
(4)	本月购入办公用品1 000元,款项尚未支付				

第二章
会计要素与会计等式

教学目标

1. 知识传授目标

理解会计要素的含义与特征；熟悉会计要素的确认条件与构成；了解常用的会计计量属性；掌握会计等式的表现形式；掌握基本经济业务的类型及其对会计等式的影响原理。

2. 能力培养目标

通过学习让学生明确会计对象、会计要素和会计等式的基本内容，以及三者之间的密切联系；运用会计要素的特征分析经济业务涉及的会计要素类别，并通过具体业务分析会计等式的平衡关系，为深入学习会计的基础方法奠定理论基础。

3. 价值塑造目标

强化学生责任意识，引导学生以高度的责任心和担当精神反哺社会或家庭；培养学生树立正确的人生追求目标，以实际行动贡献社会；宣扬励志典范鼓励学生学习，并且保持初心，砥砺前行。

思维导图

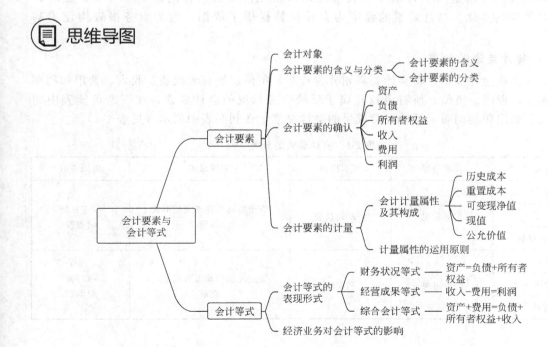

第一节　会计要素

一、会计对象

会计对象是会计核算和监督的内容，具体是指社会再生产过程中能以货币表现的经济活动，即资金运动或价值运动。

以工业企业为例，企业的资金运动表现为资金进入、资金运用和资金退出三个过程（见图2-1）。

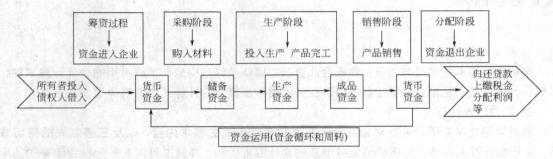

图2-1　工业企业资金运动

二、会计要素的含义与分类

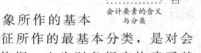

（一）会计要素的含义

会计要素是指根据交易或者事项的经济特征对会计对象所作的基本分类，即：会计要素是对会计对象（资金运动）按经济特征所作的最基本分类，是对会计核算对象的具体化。会计要素的确定为会计核算提供了依据，也为财务报表构建了基本框架。

（二）会计要素的分类

我国《企业会计准则》将会计要素划分为资产、负债、所有者权益、收入、费用和利润六类。其中，资产、负债、所有者权益属于反映财务状况的会计要素，在资产负债表中列示；收入、费用和利润属于反映经营成果的会计要素，在利润表中列示（见表2-1）。

表2-1　会计要素的分类

会计要素	反映内容	列示报表	表现形式	时间表示
资产	财务状况	资产负债表	资金运动的静态表现形式 存量	一定日期 时点数
负债				
所有者权益				
收入	经营成果	利润表	资金运动的动态表现形式 流量	一定期间 时期数
费用				
利润				

三、会计要素的确认

（一）资产

1. 资产的含义与特征

资产是指由企业过去的交易或者事项形成的、企业拥有或者控制的、预期会给企业带来经济利益的资源。

资产具有以下特征：

（1）资产是由企业过去的交易或者事项形成的。

只有过去的交易或者事项才能形成资产，企业预期在未来发生的交易或者事项不形成资产。例如，企业有购买某项设备的意愿或者计划，但是购买行为尚未发生，就不符合资产的定义，不能将这项设备确认为企业的资产。

（2）资产是企业拥有或者控制的资源。

拥有表明企业对某项资源享有所有权；控制则表明企业虽然对某项资源不享有所有权，但能掌握其使用权。例如，企业从银行借入的资金，其所有权属于银行，但企业拥有这笔资金的使用权，可以在一段时间内支配使用这笔资金，因而可以将这笔资金确认为企业的资产。如果企业既不拥有也不控制某项资源所带来的经济利益，就不能将其确认为企业的资产。

（3）资产预期会给企业带来经济利益

资产预期会给企业带来经济利益，是指资产直接或者间接导致现金和现金等价物流入企业的潜力。例如，企业购置的固定资产、采购的原材料等可以用于生产产品，对外出售后收回货款，货款即是企业所获得的经济利益。如果一项资源预期不能给企业带来经济利益，也就不能将其确认为企业的资产；前期已经确认为资产的资源，如果不能继续为企业带来经济利益，如企业报废的厂房和设备等，也不能再确认为企业的资产。

2. 资产的确认条件

将一项资源确认为资产，需要符合资产的定义，并同时满足以下两个条件：

（1）与该资源有关的经济利益很可能流入企业。

如果有证据表明与资源有关的经济利益很可能流入企业，就应当将其作为资产予以确认；反之，则不能确认为资产。

（2）该资源的成本或者价值能够可靠地计量。

可计量性是会计要素确认的重要前提，只有当有关资源的成本或者价值能够可靠地计量时，才能作为资产予以确认。

3. 资产的分类

资产按其流动性的强弱，可分为流动资产和非流动资产两大类（见图2-2）。

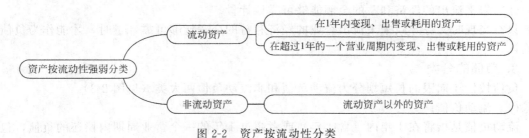

图 2-2　资产按流动性分类

(1) 流动资产

流动资产是指可以在1年内或者超过1年的一个营业周期内变现、出售或耗用的资产，主要包括库存现金、银行存款、交易性金融资产、应收及预付款项、存货等。有些企业经营活动比较特殊，其经营周期可能长于1年。例如，造船和大型机械制造，其从生产准备到销售商品再到收回货款，周期比较长，往往超过1年。在这种情况下，就不能把1年内变现作为划分流动资产的标志，而是将经营周期作为划分流动资产的标志。

(2) 非流动资产

非流动资产是指不能在1年内或超过1年的一个营业周期内变现、出售或耗用的资产，主要包括长期股权投资、固定资产、无形资产、其他非流动资产等。

(二) 负债

1. 负债的含义与特征

负债是指由企业过去的交易或者事项形成的，预期会导致经济利益流出企业的现时义务。

负债要素的确认

负债具有以下特征：

(1) 负债是由企业过去的交易或者事项形成的。

导致负债的交易或事项必须已经发生，未来发生的承诺、签订的合同或借款意向书等，不形成企业的负债。

(2) 负债是企业承担的现时义务。

现时义务是指企业在现行条件下已承担的义务，未来发生的交易或者事项形成的义务，不属于现时义务，不应当确认为负债。

与现时义务相对应的是潜在义务。潜在义务是指结果取决于不确定未来事项的可能义务。例如企业的运输司机，将货车开到路上行驶，就有可能发生交通事故，可能就会有赔偿，这种义务取决于未来不确定事项的发生与否，就是一种潜在义务。潜在义务不能确认为企业的负债。

(3) 负债预期会导致经济利益流出企业。

无论采用哪种方式清偿负债，企业都要付出相应代价，从而导致经济利益流出企业。如果不会导致企业经济利益流出，如债权人放弃债权，就不符合负债的定义。

2. 负债的确认条件

将一项现时义务确认为负债，需要符合负债的定义，并同时满足以下两个条件：

(1) 与该义务有关的经济利益很可能流出企业。

如果有确凿证据表明与现时义务有关的经济利益很可能流出企业，就应当将其作为负债予以确认；反之，现时义务导致企业经济利益流出的可能性很小，就不应将其作为负债予以确认。

(2) 未来流出的经济利益的金额能够可靠地计量。

只有当现时义务导致未来流出企业的经济利益的金额能够可靠计量时，才能作为负债予以确认。

3. 负债的分类

负债按偿还期限的长短划分为流动负债和非流动负债两大类（见图2-3）。

(1) 流动负债。

流动负债是指将在1年内（含1年）或者超过1年的一个营业周期内偿还的负债，包括短期借款、应付票据、应付账款、预收账款、应付职工薪酬、应付股利、应交税费、其他应

```
                                    ┌─── 在1年内偿还的负债
                        ┌─ 流动负债 ─┤
                        │           └─── 在超过1年的一个正常营业周期内偿还的负债
负债按偿还期限长短分类 ─┤
                        │
                        └─ 非流动负债 ─── 流动负债以外的负债
```

图 2-3　负债按偿还期限长短分类

付款和 1 年内到期的非流动负债等。

（2）非流动负债。

非流动负债是指偿还期在 1 年内或超过 1 年的一个营业周期以上的负债，包括长期借款、应付债券、长期应付款等。当一项非流动负债的到期日越来越近，直至变为 1 年之内到期时，则需重新划分为流动负债。例如，企业向银行借入一笔 10 年期的借款，在借入后的前 9 年内均属于非流动负债，但在最后 1 年，则应划分为流动负债。

（三）所有者权益

1. 所有者权益的含义及特征

所有者权益又称为净资产，是企业资产扣除负债后由所有者享有的剩余权益。股份公司的所有者权益又称为股东权益。所有者权益是所有者对企业资产的剩余索取权。

视频扫一扫

所有者权益要素的确认

所有者权益具有以下特征：

（1）除非发生减资、清算或分派现金股利，企业不需要偿还所有者权益。

（2）企业清算时，只有在清偿所有的负债后，所有者权益才返还给所有者。

（3）所有者凭借所有者权益能够参与企业利润的分配。

2. 所有者权益的确认条件

由于所有者权益体现的是所有者在企业中的剩余权益，因此，所有者权益的确认、计量主要取决于资产、负债、收入、费用等其他会计要素的确认和计量。

所有者权益在数量上等于企业资产总额扣除债权人权益（即负债）后的净额，即为企业的净资产，反映所有者（股东）在企业资产中享有的经济利益。

3. 所有者权益的来源及构成

所有者权益来源于所有者投入的资本、直接计入所有者权益的利得和损失、留存收益等（见表2-2），通常由实收资本（或股本）、资本公积、其他综合收益、盈余公积和未分配利润等项目构成。

表 2-2　所有者权益的来源及构成

来源	构成
所有者投入的资本	①实收资本(有限责任公司)或股本(股份有限公司)
	②资本公积(资本溢价或股本溢价)
直接计入所有者权益的利得和损失	③其他综合收益
留存收益	④盈余公积
	⑤未分配利润

(1) 所有者投入的资本。

所有者投入的资本是指所有者投入企业的资本部分，它既包括构成企业注册资本或者股本部分的金额，也包括投入资本超过注册资本或者股本部分的金额，即资本溢价或者股本溢价。企业注册资本或者股本形成所有者权益的"实收资本（或股本）"项目；资本溢价或者股本溢价计入所有者权益的"资本公积"项目。

(2) 直接计入所有者权益的利得和损失。

直接计入所有者权益的利得和损失是指不应计入当期损益、会导致所有者权益发生增减变动的、与所有者投入资本或者向所有者分配利润无关的利得或者损失，形成所有者权益的"其他综合收益"项目。

利得是指由企业非日常活动所形成的、会导致所有者权益增加的、与所有者投入资本无关的经济利益的流入。

损失是指由企业非日常活动所发生的、会导致所有者权益减少的、与向所有者分配利润无关的经济利益的流出。

(3) 留存收益。

留存收益是企业历年实现的净利润留存于企业的部分，包括累计计提的盈余公积和未分配利润。

盈余公积是指企业从税后利润（即净利润）中提取形成的、存留于企业内部、具有特定用途的收益积累，可用于企业职工福利设施支出，如购建职工宿舍、托儿所、理发室等支出，也可用于弥补亏损、转增资本等。

盈余公积一般分为法定盈余公积和任意盈余公积。法定盈余公积的提取以国家的法律或行政规章为依据，通常按照企业当年净利润的10%比例提取。当法定盈余公积累计金额达到企业注册资本的50%以上时，可以不再提取。任意盈余公积由公司自行决定是否提取及提取比例，通常由股东大会进行决议。

未分配利润是企业留待以后年度进行分配的结存利润，其金额计算如下：

期末未分配利润＝期初未分配利润＋本期实现的净利润－本期提取的盈余公积－向所有者分配的利润

可见，盈余公积和未分配利润都属于净利润的一部分，留存在企业，合称留存收益，属于所有者权益的组成部分。

（四）收入

1. 收入的含义与特征

收入是指企业在日常活动中形成的、会导致所有者权益增加的、与所有者投入资本无关的经济利益的总流入。

收入要素的确认

收入具有以下特征：

(1) 收入是企业在日常活动中形成的。

日常活动是指企业为完成其经营目标所从事的经常性活动以及与之相关的活动。例如，工业企业制造并销售产品、商业企业销售商品、保险公司签发保单、咨询公司提供咨询服务、软件公司为客户开发软件、金融企业的存款及贷款业务等都属于这些企业的日常活动。而企业接受捐赠、收取的合同违约金、罚款等与日常活动无直接关系，是非日常活动形成的，是一种利得，不应确认为企业的收入。

(2) 收入会导致所有者权益的增加。

收入增加会导致利润增加（假设费用不变），形成利润不再分配就是未分配利润，未分配利润属于所有者权益，因此收入增加会导致所有者权益增加。

（3）收入是与所有者投入资本无关的经济利益的总流入。

如股东追加投资会导致经济利益流入，但不属于收入，应计入所有者权益；同时收入是经济利益的总流入，如一批商品的进货成本100万元，全部销售收到250万元货款（经济利益总流入），利润150万元（经济利益净流入），则应把总流入250万元确认为收入。

2. 收入的确认条件

企业收入的来源渠道多种多样，不同收入来源的特征虽然有所不同，但其收入确认条件却是相同的。当企业与客户之间的合同同时满足下列条件时，企业应当在客户取得相关商品控制权时确认收入：

（1）合同各方已批准该合同并承诺将履行各自义务。

（2）该合同明确了合同各方与所转让商品或提供劳务（以下简称转让商品）相关的权利和义务。

（3）该合同有明确的与所转让商品相关的支付条款。

（4）该合同具有商业实质，即履行该合同将改变企业未来现金流量的风险、时间分布或金额。

（5）企业因向客户转让商品而有权取得的对价很可能收回。

符合收入定义和收入确认条件的项目，应当列入利润表。

3. 收入的分类

收入一般包括主营业务收入和其他业务收入。

（1）主营业务收入。

主营业务收入是指企业通过主要生产经营活动所取得的收入。工业企业主营业务收入主要包括销售商品、对外提供劳务等所取得的收入。

（2）其他业务收入。

其他业务收入是指企业主营业务以外的、企业附带经营的业务所取得的收入。工业企业的其他业务收入主要包括出售原材料、出租固定资产、出租包装物、出租无形资产等取得的收入。

出售、处置固定资产和无形资产等非流动资产的净收益，接受捐赠，收取的罚金、违约金等，是非日常活动带来的经济利益流入，形成企业的利得，计入"资产处置损益"或"营业外收入"。

（五）费用

1. 费用的含义与特征

费用，是指企业在日常活动中发生的、会导致所有者权益减少的、与向所有者分配利润无关的经济利益的总流出。

费用要素的确认

费用具有以下特征：

（1）费用是企业在日常活动中发生的。

日常活动产生的费用通常包括营业成本（主营业务成本和其他业务成本）、税金及附加、销售费用、管理费用、财务费用等。如日常活动中发生的工资、办公费、房租、广告费等，均为企业的费用。界定日常活动是为了对费用与损失进行区分，企业非日常活动形成的经济利益的流出不能确认为费用，而应当计入损失。

（2）费用会导致所有者权益的减少。

费用增加会导致利润减少（假设收入不变），即会导致未分配利润减少，最终导致所有者权益减少。

(3) 费用是与向所有者分配利润无关的经济利益的总流出。

费用是计算利润的依据之一,而形成利润之后才有可能向所有者分配者利润,费用发生在向所有者分配利润之前。即扣除费用后才分配利润,分配利润的多少与费用无关。

2. 费用的确认条件

费用的确认除了应当符合费用定义外,至少还应符合以下条件:

(1) 与费用相关的经济利益很可能流出企业。

(2) 经济利益流出企业的结果会导致资产的减少或者负债的增加。

(3) 经济利益的流出额能够可靠计量。

符合费用定义和费用确认条件的项目,应当列入利润表。

3. 费用的分类

费用按其归属对象和归属期的不同,可分为生产费用和期间费用(见表2-3)。

表 2-3 费用的分类

分类	性质	包括	举例
生产费用	应先计入产品的生产成本,产品销售出去后,再转入当期损益(利润)	直接费用	生产产品领用的原材料、生产工人的工资等
		间接费用	生产车间水电费等
期间费用	不影响产品的生产成本,直接计入当期损益(利润)	管理费用	行政管理部门人员的工资
		销售费用	销售人员的工资、广告费
		财务费用	借款利息、存款利息、手续费

(1) 生产费用。

生产费用是指企业生产产品而发生的费用支出,其归属对象是企业所生产和制造的产品。生产费用一般包括直接费用和间接费用。直接费用是指企业直接计入某产品成本或劳务成本中的费用,如企业为生产产品直接消耗的材料费、人工费等。间接费用是指企业发生的与生产产品相关,但不能直接计入产品成本,而应通过分配的形式计入产品成本的各项费用,如各生产单位为组织和管理生产所发生的管理人员工资、福利费、固定资产折旧费、办公费、差旅费、水电费等。

(2) 期间费用。

期间费用是指与会计期间相关、与产品生产无直接关系的费用,包括管理费用、销售费用和财务费用。期间费用直接计入当期损益。

(六) 利润

1. 利润的含义与特征

利润是指企业在一定会计期间的经营成果,反映的是企业的经营业绩情况,是业绩考核的重要指标。通常情况下,如果企业实现了利润,表明企业的所有者权益将增加,业绩得到了提升;反之,如果企业发生了亏损(即利润为负数),表明企业的所有者权益将减少,业绩下降。

2. 利润的确认条件

利润反映为收入要素减去费用要素、直接计入当期利润的利得减去损失后的净额。因此,利润的确认主要依赖于收入要素和费用要素以及直接计入当期利润的利得和损失的确认,其金额的确定也主要取决于收入、费用、利得、损失金额的计量。

3. 利润的构成

利润包括收入要素减去费用要素后的净额、直接计入当期利润的利得和损失等（见图 2-4）。其中，收入要素减去费用要素后的净额反映的是企业日常活动的业绩，直接计入当期利润的利得和损失反映的是企业非日常活动的业绩。

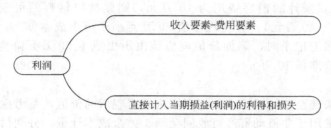

图 2-4　利润的具体构成

反映企业利润的指标包括营业利润、利润总额和净利润，它们的计算公式如下：

营业利润＝营业收入－营业成本－税金及附加－销售费用－管理费用－研发费用－财务费用－信用减值损失－资产减值损失＋其他收益＋投资收益＋公允价值变动收益＋资产处置收益

利润总额＝营业利润＋营业外收入－营业外支出

净利润＝利润总额－所得税费用

其中：

营业收入＝主营业务收入＋其他业务收入

营业成本＝主营业务成本＋其他业务成本

四、会计要素的计量

企业在将符合确认条件的会计要素登记入账并列报于财务报表时，应当按照规定的会计计量属性进行计量，确定其入账及列报金额。

会计要素的计量

（一）会计计量属性及其构成

会计计量属性反映了会计要素金额的确定基础，主要包括：历史成本、重置成本、可变现净值、现值、公允价值。

1. 历史成本

历史成本是过去发生的金额，又称为实际成本，是指为取得或制造某项财产物资实际支付的现金或其他等价物。历史成本是基本计量属性。

历史成本要求对企业资产、负债和所有者权益等项目的计量，应当基于经济业务的实际交易成本，而不考虑随后市场价格变动的影响。例如，购买一台设备的价款 300 万元，同时支付运输费 2 万元、安装调试费 13 万，则固定资产入账成本为 315 万元（300 万元＋2 万元＋13 万元）。

2. 重置成本

重置成本又称现行成本，是指按照当前市场条件，重新取得同样一项资产所需要支付的现金或者现金等价物金额。重置成本常用于固定资产盘盈业务。例如，企业在年末财产清查中，发现八成新的未入账的设备一台，其同类固定资产的市场价格为 4 万元，则企业对这台设备按重置成本计价为 3.2 万元（4 万元×80％）。

3. 可变现净值

可变现净值是指在正常生产经营过程中，以预计售价减去进一步加工成本和预计销售费用以及相关税费后的净值。可变现净值常用于存货减值业务。例如，月末甲企业拥有某一批原材料，历史成本为 90 万元。此原材料用于加工生产的商品估计售价为 100 万元，预计的加工成本为 10 万元，预计的销售费用为 10 万元，则此批原材料的可变现净值为 80 万元（100 万元－10 万元－10 万元）。可变现净值 80 万元小于历史成本 90 万元，表明原材料已经发生减值，其在账上记录时，账面价值就应该由历史成本 90 万元降为可变现净值 80 万元，需计提存货跌价准备 10 万元。

4. 现值

现值是指对未来现金流量以恰当的折现率进行折现后的价值，是考虑货币时间价值的一种计量属性。现值常用于非流动资产可收回金额、摊余成本计量、分期付款购买、分期收款销售等业务。例如，20×2 年 11 月 1 日存入银行 100 000 元，1 年期利率为 3.87%，1 年后，即 20×3 年 10 月 31 日账户本利和为 103 870 元。简单说，100 000 元即为 103 870 元的一年期现值。

5. 公允价值

公允价值是指在公平交易中，熟悉情况的交易双方自愿进行资产交换或者债务清偿的金额。公允价值常用于交易性金融资产、其他权益工具投资、投资性房地产计量。例如，某年 8 月 10 日，A 公司以 5 元/股购入 B 公司股票 5 万股作为交易性金融资产核算，则 8 月 10 日入账时，该交易性金融资产的账面价值为 25 万元。同年 12 月 31 日，该股票尚未出售，收盘价为 4 元/股。则该交易性金融资产在 12 月 31 日的账面价值应调整为公允价值 20 万元，而不再是 25 万元。

（二）计量属性的运用原则

企业在对会计要素进行计量时，一般应当采用历史成本。

当采用重置成本、可变现净值、现值、公允价值计量时，应当保证所确定的会计要素金额能够持续取得并可靠地计量。

第二节 会计等式

企业发生的每一项交易或事项，都是资金运动的一个具体过程，资金运动过程必然涉及相应的会计要素。在资金运动过程中，会计要素之间存在一定的相互联系，会计要素之间的这种内在关系，可以通过会计等式表现出来。

会计等式，又称会计恒等式、会计方程式或会计平衡公式，它是表明各会计要素之间基本关系的等式。会计等式的类型如图 2-5 所示。

从形式上看，会计等式反映了各项会计要素之间的内在联系；从本质上看，会计等式揭示了会计主体的产权关系、财务状况和经营成果。

会计等式是设置账户、复式记账和编制财务报表的理论依据。

一、会计等式的表现形式

（一）财务状况等式

财务状况等式，亦称基本会计等式、静态会计等式、会计恒等式，用

会计等式的表现形式

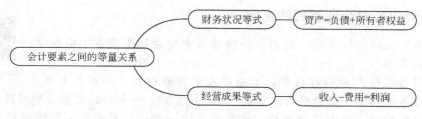

图 2-5 会计等式的类型

以反映企业某一特定时点资产、负债和所有者权益三者之间平衡关系。即：

$$资产＝负债＋所有者权益$$

企业要从事生产经营活动，一方面，必须拥有一定数量的资产，这些资产以各种不同的形态分布于企业生产经营活动的各个阶段，成为企业生产经营活动的基础。另一方面，这些资产要么来源于债权人，形成企业的负债；要么来源于投资者，形成企业的所有者权益。由此可见，资产和负债与所有者权益，实际上是同一价值运动的两个方面，一个是"来龙"，一个是"去脉"，这两方面之间必然存在着恒等关系。即一定数额的资产必然对应着相同数额的负债与所有者权益，而一定数额的负债与所有者权益也必然对应着相同数额的资产。所以，"资产＝负债＋所有者权益"的恒等关系是必然存在的。

如果把企业的负债称作债权人权益，那么，会计恒等式就变化为：

$$资产＝债权人权益＋所有者权益$$

将等式右边的两项权益合并在一起，则等式变为：

$$资产＝权益$$

会计恒等式是设置账户、复式记账法的理论基础，也是编制资产负债表的依据。

（二）经营成果等式

经营成果等式，亦称动态会计等式，是用以反映企业一定时期收入、费用和利润之间恒等关系的会计等式。即：

$$收入－费用＝利润$$

这一等式反映了利润的实现过程，利润会随着收入和费用的变化而发生相应的变化，表明了企业在某一会计期间所取得的经营成果，是编制利润表的依据。

（三）综合会计等式

企业的生产经营成果必然影响所有者权益，即企业获得的利润将使所有者权益增加，资产也会随之增加；企业发生的亏损将使所有者权益减少，资产也会随之减少。资金运动的结果最终要以相对静止的形式表现出来，资金运动的动态状况最后必然反映到各项静态会计要素的变化上。因此，企业生产经营活动产生收入、费用和利润后，基本会计等式就会演变为：

$$资产＝负债＋所有者权益＋（收入－费用）$$
$$\underbrace{}_{利润}$$

移项可得：

$$资产＋费用＝负债＋所有者权益＋收入$$

可以看出，会计等式"资产＝负债＋所有者权益＋（收入－费用）"反映了会计主体的财务状况与经营成果之间的相互关系，揭示了企业资金运动的内在规律，也构成了资产负债表和利润表的联系纽带，那就是利润表中的净利润最终会归属到资产负债表的所有者权益项目中去，变成使所有者权益变动的因素。

二、经济业务对会计等式的影响

经济业务,又称会计事项,是指在经济活动中使会计要素发生增减变动的交易或者事项。

企业在日常的生产经营过程中,不断地发生着各种各样的经济业务。每一笔经济业务的发生,都会对会计要素产生一定影响。一项会计要素发生增减变动,其他有关要素也必然会随之发生等额变动,或者是在同一会计要素中某一具体项目发生增减变动,其他有关项目也会随之发生等额变动,但不管如何增减变动,都不会破坏会计等式中各要素的平衡关系(见图 2-6)。

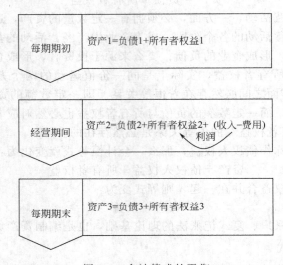

图 2-6　会计等式的平衡

经济业务按其对会计等式的影响,可归类为四大类、九小类。具体经济业务类型对会计等式的影响见表 2-4。

表 2-4　经济业务类型对会计等式的影响

四大类经济业务	九小类经济业务	资产	=	负债	+	所有者权益
1. 资产与权益同增	(1)资产与负债同增,增加金额相等	＋		＋		
	(2)资产与所有者权益同增,增加金额相等	＋				＋
2. 资产与权益同减	(3)资产与负债同减,减少金额相等	－		－		
	(4)资产与所有者权益同减,减少金额相等	－				－
3. 资产内部有增有减	(5)资产内部有增有减,增减金额相等	＋(－)				
4. 权益内部有增有减	(6)负债内部有增有减,增减金额相等			＋(－)		
	(7)所有者权益内部有增有减,增减金额相等					＋(－)
	(8)负债增加,所有者权益减少,增减金额相等			＋		－
	(9)所有者权益增加,负债减少,增减金额相等			－		＋

【例 2-1】　甲公司 4 月份发生如下经济业务,请分析各笔经济业务对会计等式的影响。

(1) 从银行提取现金2万元。

项目	资产	=	负债	+	所有者权益
4月初	9 000万元		4 000万元		5 000万元
业务(1)的发生	资产(库存现金)增加2万元				
	资产(银行存款)减少2万元				
对会计等式的影响	9 000万元		4 000万元		5 000万元

(2) 从银行借入期限为3个月的短期借款8 000万元。

项目	资产	=	负债	+	所有者权益
接业务(1)	9 000万元		4 000万元		5 000万元
业务(2)的发生	资产(银行存款)增加 8 000万元		负债(短期借款)增加 8 000万元		
对会计等式的影响	17 000万元		12 000万元		5 000万元

(3) 收到投资者投入的机器设备一台,价值5 000万元。

项目	资产	=	负债	+	所有者权益
接业务(2)	17 000万元		12 000万元		5 000万元
业务(3)的发生	资产(固定资产)增加 5 000万元				所有者权益(实收资本)增加 5 000万元
对会计等式的影响	22 000万元		12 000万元		10 000万元

(4) 以银行存款2 000万元偿还前欠货款。

项目	资产	=	负债	+	所有者权益
接业务(3)	22 000万元		12 000万元		10 000万元
业务(4)的发生	资产(银行存款)减少 2 000万元		负债(应付账款)减少 2 000万元		
对会计等式的影响	20 000万元		10 000万元		10 000万元

(5) 股东大会决定减少注册资本3000万元,以银行存款向投资者退回相应投入资本。

项目	资产	=	负债	+	所有者权益
接业务(4)	20 000万元		10 000万元		10 000万元
业务(5)的发生	资产(银行存款)减少 3 000万元				所有者权益(实收资本)减少 3 000万元
对会计等式的影响	17 000万元		10 000万元		7 000万元

(6) 已到期的应付票据2500万元因无力支付转为应付账款。

项目	资产	=	负债	+	所有者权益
接业务(5)	17 000 万元		10 000 万元		7 000 万元
业务(6)的发生			负债(应付票据)减少 2 500 万元		
			负债(应付账款)增加 2 500 万元		
对会计等式的影响	17 000 万元		10 000 万元		7 000 万元

（7）宣布向投资者分配利润 1 000 万元。

项目	资产	=	负债	+	所有者权益
接业务(6)	17 000 万元		10 000 万元		7 000 万元
业务(7)的发生			负债(应付股利)增加 1 000 万元		所有者权益(未分配利润)减少 1 000 万元
对会计等式的影响	17 000 万元		11 000 万元		6 000 万元

（8）经批准公司已发行的债券 5 000 万元转为实收资本。

项目	资产	=	负债	+	所有者权益
接业务(7)	17 000 万元		11 000 万元		6 000 万元
业务(8)的发生			负债(应付债券)减少 5 000 万元		所有者权益(实收资本)增加 5 000 万元
对会计等式的影响	17 000 万元		6 000 万元		11 000 万元

（9）经批准用资本公积 3 000 万元转为实收资本。

项目	资产	=	负债	+	所有者权益
接业务(8)	17 000 万元		6 000 万元		11 000 万元
业务(9)的发生					所有者权益(实收资本)增加 3 000 万元
					所有者权益(资本公积)减少 3 000 万元
对会计等式的影响	17 000 万元		6 000 万元		11 000 万元

综上所述，每一项经济业务的发生，都必然会引起会计等式的一边或两边有关项目相互联系的发生等量变化。经济业务类型对会计等式的影响可总结如下。

规律 1：只涉及等式一边（左边或右边）会计要素变化的，只能是一增一减，变动方向相反。增减金额相等，不会引起资金总额的变化。

规律 2：涉及等式两边的会计要素变化的，要么同增，要么同减，变动方向相同。增减金额相等，会引起资金总额的变化。

规律 3：任何经济业务的发生，都不会破坏基本会计等式的平衡关系。

本章小结

1. 会计对象是会计核算和监督的内容，即社会再生产过程中的资金运动。
2. 会计要素是对会计对象按其经济特征的基本分类，是反映会计主体财务状况和经营成果的基本单位。

3. 我国《企业会计准则》将会计要素分为资产、负债、所有者权益、收入、费用、利润六类。它们又可以分为反映财务状况的资产负债表要素和反映经营成果的利润表要素。

4. 会计等式是描述各会计要素之间基本关系的恒等式，揭示了企业财务状况和经营成果的本质。静态会计等式"资产＝负债＋所有者权益"反映企业的财务状况，是复式记账和编制资产负债表的依据；动态会计等式"收入－费用＝利润"反映企业的经营成果，是编制利润表的依据。

5. 经济业务也称会计事项，是在经济活动中使会计要素发生增减变动的交易或事项。经济业务按其对会计等式的影响，可以分为四大类和九小类。企业发生各种类型的经济业务，会引起会计等式发生变动，但会计等式的恒等关系保持不变。

巩固练习

一、单项选择题

1. 资产、负债、所有者权益是资金运动的（　　）。
   A. 存在形态　　　　　B. 动态表现　　　　　C. 静态表现　　　　　D. 来源渠道
2. 企业计划在年底购买一批机器设备，7月份与销售方达成购买意向，8月份签订了购买合同，但实际购买的行为发生在10月份，则企业应该在（　　）将该批设备确认为资产。
   A. 7月　　　　　　　B. 10月　　　　　　　C. 11月　　　　　　　D. 8月
3. 下列各项表述中不属于资产特征的是（　　）。
   A. 资产是企业拥有或控制的经济资源　　　B. 资产预期会给企业带来经济利益
   C. 资产的成本或价值能够可靠地计量　　　D. 资产是由企业过去的交易或事项形成的
4. 下列各项表述中，不符合资产定义的是（　　）。
   A. 产成品　　　　　　　　　　　　　　　B. 生产过程中的在产品
   C. 待处理财产损失　　　　　　　　　　　D. 尚待加工的半成品
5. 下列不属于流动负债的是（　　）。
   A. 应付账款　　　　　　　　　　　　　　B. 预付账款
   C. 在1年的一个营业周期内偿还的债务　　D. 将于1年内到期的长期借款
6. 所有者权益在数量上等于（　　）。
   A. 所有者的投资　　　　　　　　　　　　B. 实收资本与未分配利润之和
   C. 实收资本与资本公积之和　　　　　　　D. 全部资产减去全部负债后的净额
7. 下列属于所有者权益的是（　　）。
   A. 长期股权投资　　　B. 应付股利　　　　　C. 盈余公积　　　　　D. 投资收益
8. 下列各项中，不属于收入的是（　　）。
   A. 提供劳务的收入　　　　　　　　　　　B. 销售材料的收入
   C. 营业外收入　　　　　　　　　　　　　D. 固定资产租金收入
9. 下列各项会引起收入增加的是（　　）。
   A. 销售库存商品　　　　　　　　　　　　B. 变卖报废设备
   C. 出售专有技术所有权　　　　　　　　　D. 取得投资人投入资金
10. 依据我国《企业会计准则》的规定，下列有关收入和利得的表述中，正确的是（　　）。

A. 收入源于日常活动，利得源于非日常活动
B. 收入会影响利润，利得也一定会影响利润
C. 收入会导致经济利益的流入，利得不一定会导致经济利益的流入
D. 收入会导致所有者权益的增加，利得不一定会导致所有者权益的增加

11. 下列关于会计要素的表述中，正确的是（　　）。
A. 负债的特征之一是企业承担潜在义务
B. 资产的特征之一是预期能给企业带来经济利益
C. 利润是企业一定期间内收入减去费用后的净额
D. 收入是所有导致所有者权益增加的经济利益的净流入

12. 下列各项中，最终不能作为企业收入确认的是（　　）。
A. 销售原材料的收入　　　　　　　B. 出租包装物取得的收入
C. 销售商品的收入　　　　　　　　D. 处置固定资产的收入

13. 下列费用不应计入产品成本，而应列作期间费用的是（　　）。
A. 车间水电费用　　　　　　　　　B. 行政管理部门费用
C. 直接人工费用　　　　　　　　　D. 直接材料费用

14. 企业在对会计要素进行计量时，一般应当采用（　　）。
A. 现值　　　　B. 重置成本　　　　C. 历史成本　　　　D. 公允价值

15. 下列关于会计计量属性的表述中，不正确的是（　　）。
A. 历史成本反映的是资产过去的价值
B. 重置成本是取得相同或相似资产的现行成本
C. 现值是取得某项资产在当前需要支付的现金或现金等价物
D. 公允价值是在公平交易中，熟悉情况的交易双方自愿进行资产交换或者债务清偿的金额

16. 某公司月初资产总额为1 000万元，本月发生下列业务：
（1）以银行存款购买原材料100万元；
（2）向银行借款600万元，款项存入银行；
（3）以银行存款归还前欠货款300万元；
（4）收回应收账款200万元，款项已存入银行。
则月末该公司资产总额为（　　）万元。
A. 1 000　　　　B. 1 100　　　　C. 1 300　　　　D. 1 600

17. 一项资产增加，一项负债增加的经济业务发生后，会使资产与权益原来总额（　　）。
A. 发生同减的变动　　　　　　　　B. 发生同增的变动
C. 发生不等额的变动　　　　　　　D. 不会变动

18. 在下列经济业务中，只能引起同一个会计要素内部增减变动的业务是（　　）。
A. 用银行存款归还前欠货款　　　　B. 取得借款存入银行
C. 赊购原材料　　　　　　　　　　D. 用银行存款购买材料

19. 下列各项中，符合会计要素中收入定义的是（　　）。
A. 出售材料收入　　　　　　　　　B. 出售无形资产收入
C. 出售固定资产收入　　　　　　　D. 向购货方收回的销货代垫运费

20. 下列不属于流动资产的是（　　）。
A. 预收账款　　　B. 预付账款　　　C. 应收账款　　　D. 应收票据

21. 下列经济业务中，会引起企业的资产和所有者权益变化的是（   ）。
    A. 企业以银行存款购买原材料   B. 企业以银行存款支付应付现金股利
    C. 投资者以现金投资企业   D. 企业将资本公积转增资本
22. 某企业资产总额为 100 万元，负债为 20 万元，在以银行存款 30 万元购进原材料，并以银行存款 10 万元偿还借款后，资产总额为（   ）。
    A. 60 万元   B. 90 万元   C. 50 万元   D. 40 万元
23. 企业以银行存款偿还债务，表现为（   ）。
    A. 一项资产减少，一项负债增加   B. 一项资产减少，一项负债减少
    C. 一项负债增加，另一项负债减少   D. 一项资产增加，另一项资产减少
24. 下列经济业务中，能够使企业资产总额减少的是（   ）。
    A. 从银行借款存入开户银行   B. 从银行借款直接偿还应付账款
    C. 以银行存款偿还借款   D. 接受投资者投入的现金
25. 下列会计业务中会使企业月末资产总额发生变化的是（   ）。
    A. 从银行提取现金   B. 购买原材料，货款未付
    C. 购买原材料，货款已付   D. 预付货款

二、多项选择题

1. 下列事项属于流动资产的是（   ）。
   A. 库存商品   B. 长期股权投资   C. 预付账款   D. 交易性金融资产
2. 关于会计要素，下列说法中正确的有（   ）。
   A. 收入可能表现为企业负债的减少   B. 费用可能表现为企业负债的减少
   C. 收入会导致所有者权益增加   D. 收入是日常活动所形成的
3. 下列项目中，属于资产要素特征的有（   ）。
   A. 必须是预期能给企业带来未来经济利益的资源
   B. 必须是过去的交易或事项形成的
   C. 必须是企业拥有或控制的
   D. 必须是有形的
4. 下列各项中，企业能够确认为资产的有（   ）。
   A. 赊购的设备   B. 已经收到发票，但尚在运输途中的原材料
   C. 预付的购货款   D. 尚未加工完工的在产品
5. 下列项目中，属于非流动资产的有（   ）。
   A. 存货   B. 无形资产   C. 固定资产   D. 长期股权投资
6. 下列各项中，属于收入会计要素内容的有（   ）。
   A. 销售商品收入   B. 出租固定资产取得的租金收入
   C. 购买国库券取得的利息收入   D. 出售固定资产取得的净收益
7. 下列各项中，正确的经济业务类型有（   ）。
   A. 一项资产增加，一项所有者权益减少   B. 资产与负债同时增加
   C. 一项负债减少，一项所有者权益增加   D. 负债与所有者权益同时增加
8. 留存收益是企业历年实现的净利润留存于企业的部分，主要包括（   ）。
   A. 本年利润   B. 资本公积   C. 盈余公积   D. 未分配利润
9. 下列属于会计计量属性的有（   ）。
   A. 历史成本   B. 权责发生制   C. 可变现净值   D. 公允价值

10. 期间费用是指企业在日常活动中发生的，应当计入当期损益的费用，包括（　　）。
   A. 管理费用　　　　B. 销售费用　　　　C. 财务费用　　　　D. 制造费用
11. 利润按构成可分为（　　）。
   A. 所得税费用　　　B. 营业利润　　　　C. 利润总额　　　　D. 净利润
12. 计入产品成本的费用包括（　　）。
   A. 财务费用　　　　B. 制造费用　　　　C. 管理费用　　　　D. 直接人工费用
13. 下列属于资产类科目的是（　　）。
   A. 原材料　　　　　B. 存货跌价准备　　C. 坏账准备　　　　D. 固定资产清理
14. 在资产负债表中，资产按照其流动性排列时，下列排列方法不正确的是（　　）。
   A. 存货、无形资产、货币资金、交易性金融资产
   B. 交易性金融资产、存货、无形资产、货币资金
   C. 无形资产、货币资金、交易性金融资产、存货
   D. 货币资金、交易性金融资产、存货、无形资产
15. 下列各项经济业务中，会使企业资产总额和权益总额同时发生增加变化的有（　　）。
   A. 赊购设备一台，设备已经交付使用　　　B. 用资本公积转增实收资本
   C. 收到某投资者投资，款项已存入银行　　D. 向银行借入半年期的借款，已存入银行

三、判断题

1. 所有者权益体现的是所有者在企业中的剩余权益，其确认和计量主要依赖于资产、负债等其他会计要素的确认和计量。（　　）
2. 收入是导致所有者权益增加的经济利益的净流入。（　　）
3. 企业发生的各项利得或损失，均应计入当期损益。（　　）
4. 所有者权益是指投资者对企业资产的所有权。（　　）
5. 所有者权益简称为权益。（　　）
6. 资产既可以由过去的交易或者事项所产生形成，也可以由未来交易可能产生的结果所形成。（　　）
7. 企业发生收入往往表现为货币资产的流入，但是并非所有货币资产的流入都是企业的收入。（　　）
8. 资产、负债与所有者权益的平衡关系是企业资金运动处于相对静止状态下出现的，如果考虑收入、费用等动态要素，则资产与权益总额的平衡关系必然被破坏。（　　）
9. 资产、负债和所有者权益反映企业在一定时期内的财务状况，是对企业资金运动的静态反映，属于静态要素。（　　）
10. 费用是资产的耗费，它与一定的会计期间相联系，而与生产哪一种产品无关。（　　）
11. 资产和权益在数量上始终是相等的。（　　）
12. 经济业务的发生可能破坏"资产＝负债＋所有者权益"的平衡关系。（　　）

四、计算分析题

某企业3月31日的资产总额500万元，负债总额300万元，所有者权益总额200万元，资产与权益总额相等。假设该企业4月份发生以下经济业务：

(1) 向银行借入三个月的短期借款2万元，存入银行。
(2) 以银行存款偿还上月所欠的材料款2万元。
(3) 收到投资者投入资金10万元，款项已存入银行。
(4) 因缩小经营规模经批准减少注册资本5万元，并以银行存款返还给投资者。

(5) 到银行提取现金 12 万元。
(6) 向银行借入 10 万元直接用于归还拖欠的货款。
(7) 经批准将盈余公积 8 万元转增资本。
(8) 经研究决定，向投资者分配利润 3 万元，款项未付。
(9) 经与材料供应商协商并获有关部门批准，将所欠 4 万元债务转为资本。

要求：

(1) 分析上述各项经济业务所引起的资产、负债、所有者权益有关项目的增减变动情况，指出其属于何种类型的经济业务。

(2) 计算该企业 4 月份发生上述经济业务后的资产、负债、所有者权益的总额，验证会计等式是否成立。

第三章 会计科目与账户

 教学目标

1. 知识传授目标

了解会计科目与账户的概念及分类；熟悉会计科目设置的原则及常用的会计科目；掌握账户的结构及账户与会计科目的关系。

2. 能力培养目标

通过研究账户的分类，加深学生对账户之间内在联系的深刻认识；明确各账户在整体账户体系中的地位和作用，掌握各种账户在提供会计核算指标上的规律，进一步提高学生运用账户处理各种经济业务的能力。

3. 价值塑造目标

培养学生理性消费观念，以防盲目攀比追求奢靡；树立学生的社会主义核心价值观，增强诚信意识，树立诚信观念，坚持不做假账，坚决不偷逃税款，诚信纳税；提高学生的宪法意识和法治观念；塑造学生德法兼修的良好职业素养。

思维导图

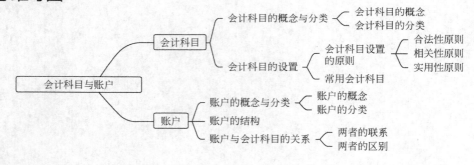

第一节 会计科目

一、会计科目的概念与分类

会计科目的概念与分类

（一）会计科目的概念

会计科目，简称科目，是对会计要素的具体内容进行分类核算的项目。尽管企业会计对象已经分为资产、负债、所有者权益、收入、费用和利润六大要素，但是由于企业发生的经济业务纷繁复杂，会计对象只划分到会计要素层次，对于具体的核算和管理仍显得比较粗略，不能满足企业经济管理的实际需要，特别是不能满足会计最终信息使用者的要求，为此就需要将会计要素进一步分类，从而产生了会计科目的概念。例如，企业的资产形态复杂多样，机器设备和房屋类资产具有供本企业使用、使用时间较长、实物形态相对不变的特点，因而将其归为一类，设置"固定资产"科目进行业务核算；将企业存放在银行的款项设置为"银行存款"科目等。

每个会计要素都可以分解成若干个会计科目，通过对会计要素的具体内容进行科学分类，可以为会计信息使用者提供科学、详细的分类指标体系。从这个角度看，会计是一种分类的艺术，它将企业所发生的经济活动分解归类为六大会计要素，并且在此基础上，又将六大会计要素进一步分解为若干会计科目（见图 3-1）。

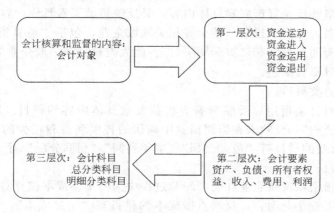

图 3-1　会计对象的不同层次内容

会计科目是进行会计核算和提供会计信息的基础，设置会计科目在会计核算中具有重要的意义。

1. 会计科目是复式记账的基础

复式记账要求每一笔经济业务在两个或两个以上相互联系的账户中进行登记，以反映资金运动的来龙去脉，而会计科目即是账户的名称。

2. 会计科目是编制记账凭证的基础

在我国，会计凭证是确定所发生的经济业务应记入何种会计科目以及分门别类登记账簿的依据。

3. 会计科目为成本计算与财产清查等提供了前提条件

会计科目的设置，有助于成本核算，使各成本计算成为可能；而通过账面记录与实际结存的核对，又对财产清查、保证账实相符提供了必要的条件。

4. 会计科目为编制会计报表提供了方便

会计科目是提供会计信息的主要手段，为了保证会计信息的质量及其提供的及时性，会计报表中的许多项目与有关会计科目是一致的，并要根据会计科目的本期发生额和余额填列。

（二）会计科目的分类

1. 按反映的经济内容分类

按照所反映的经济内容（即所属会计要素）进行划分，会计科目可分为资产类科目、负债类科目、共同类科目、所有者权益类科目、成本类科目和损益类科目。

(1) 资产类科目。

资产类科目是指用以反映资产要素具体内容的会计科目。反映流动资产的科目有"库存现金""原材料""库存商品""应收账款"等；反映非流动资产的科目有"长期股权投资""固定资产""无形资产""长期待摊费用"等。

(2) 负债类科目。

负债类科目是指用于反映负债要素具体内容的会计科目。反映流动负债的科目有"短期借款""应付账款""应交税费"等；反映非流动负债的科目有"长期借款""应付债券""长期应付款"等。

(3) 共同类科目。

共同类科目是指既反映资产要素具体内容，又反映负债要素具体内容的会计科目。共同类科目多适用于金融、保险、投资、基金等相关领域企业，包括"清算资金往来""货币兑换""衍生工具""套期工具"和"被套期项目"。此大类科目在一般企业应用得较少，因此，本教材对这一类科目不做阐述。

(4) 所有者权益类科目。

所有者权益类科目是指用以反映所有者权益要素具体内容的科目。反映资本的科目有"实收资本""资本公积"；反映未在当期损益中确认的各项利得和损失的科目有"其他综合收益"；反映留存收益的科目有"盈余公积""本年利润""利润分配"等。

(5) 成本类科目。

成本类科目是指用以反映企业在生产经营过程中为归集各成本核算对象所发生的各项耗费的会计科目。就工业企业而言，反映直接成本的科目有"生产成本"；反映间接成本的科目有"制造费用"等。

(6) 损益类科目。

损益类科目是指用以反映企业在一定时期内取得的各项收入和发生的各项费用的科目。反映收入的科目有"主营业务收入""其他业务收入"等；反映费用的科目有"主营业务成本""管理费用""销售费用"等。

会计要素与会计科目的对应关系见图 3-2，核算费用要素的会计科目见图 3-3。

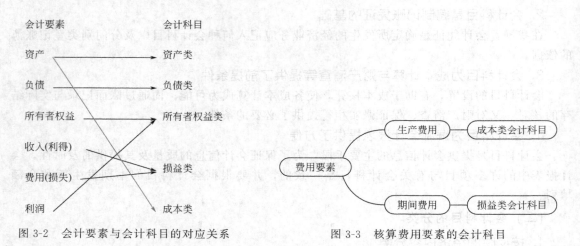

图 3-2　会计要素与会计科目的对应关系　　　图 3-3　核算费用要素的会计科目

核算所有者权益要素的会计科目见图 3-4，损益类科目核算的内容见图 3-5。

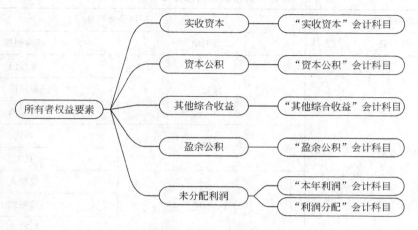

图 3-4 核算所有者权益要素的会计科目

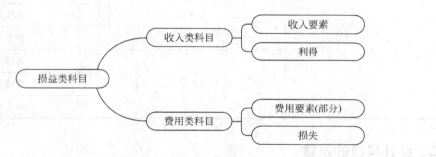

图 3-5 损益类科目核算的内容

2. 按所提供信息的详细程度分类

为了满足企业会计核算与内部管理需要,企业在按照经济内容对会计科目进行分类的基础上,可以再按照提供指标的详细程度对会计科目进行分类。会计科目按提供指标的详细程度,可分为总分类科目和明细分类科目。

(1) 总分类科目。

总分类科目又称总账科目或一级科目,是对会计要素具体内容进行总括分类,用以提供总括信息的会计科目。总分类科目原则上由财政部统一制定,我国《企业会计准则——应用指南》中对企业应设置的总分类科目进行了规范。

(2) 明细分类科目。

明细分类科目又称明细科目,是对总分类科目所含内容作进一步分类的科目,提供更加详细和具体的会计信息。企业可以在总分类科目下,根据本单位的实际情况和经营管理的需要,自行设置明细科目,如"应收账款"一级科目,再按具体债务人单位分设明细科目,具体反映应收哪个单位的货款。

在实际工作中,当某个总分类科目下属的明细分类科目较多时,为满足企业内部管理的需要,可在总分类科目下分设多级明细科目,即在总分类科目和明细分类科目之间设置二级或多级科目,二级或多级科目所提供的指标或信息介于总分类科目与明细分类科目之间。一般地,没有三级科目的企业,二级科目即是明细科目,举例见表 3-1。

表 3-1 会计科目按提供信息详细程度分类举例

总分类科目	明细分类科目	
一级科目	二级明细	三级明细
库存商品	冰箱	单开门
		对开门
		多开门
	空调	柜式
		挂式
	洗衣机	波轮式
		滚筒式
		搅拌式
生产成本	A产品	直接材料
		直接人工
		制造费用
	B产品	直接材料
		直接人工
		制造费用

二、会计科目的设置

（一）会计科目设置的原则

1. 合法性原则

为了保证会计信息的可比性，所设置的会计科目应当符合国家统一的会计制度的规定。总分类科目一般由财政部统一制定；除会计制度规定设置的以外，明细分类科目可以根据本单位经济管理的需要和经济业务的具体内容自行设置，例如，"应交税费——应交增值税（进项税额）"属于会计准则规定设置的明细分类科目，"库存商品——A产品"是可由企业的经营管理需求自行设置的明细分类科目。

2. 相关性原则

会计科目的设置，应当为提供有关各方所需要的会计信息服务，满足对外报告与对内管理的要求。

3. 实用性原则

企业的组织形式、所处行业、经营内容及业务种类等的不同，在会计科目的设置上亦应有所区别。在合法性基础上，根据企业自身特点，设置符合企业需要的会计科目。

常用的会计科目

（二）常用会计科目

在实务中，为了便于查阅和使用，企业一般将所设置的会计科目编制成会计科目表，列明会计科目的类别、名称、编号。企业常用会计科目表如表 3-2 所示。

表 3-2　企业常用会计科目表

编号	会计科目名称	编号	会计科目名称	编号	会计科目名称
	一、资产类	1701	无形资产	4002	资本公积
1001	库存现金	1702	累计摊销	4003	其他综合收益
1002	银行存款	1703	无形资产减值准备	4101	盈余公积
1012	其他货币资金	1711	商誉	4103	本年利润
1101	交易性金融资产	1801	长期待摊费用	4104	利润分配
1121	应收票据	1811	递延所得税资产	4201	库存股
1122	应收账款	1901	待处理财产损溢	4301	专项储备
1123	预付账款		二、负债类		五、成本类
1131	应收股利	2001	短期借款	5001	生产成本
1132	应收利息	2101	交易性金融负债	5101	制造费用
1221	其他应收款	2201	应付票据	5201	劳务成本
1231	坏账准备	2202	应付账款	5301	研发支出
1321	代理业务资产	2203	预收账款		六、损益类
1401	材料采购	2211	应付职工薪酬	6001	主营业务收入
1402	在途物资	2221	应交税费	6051	其他业务收入
1403	原材料	2231	应付利息	6101	公允价值变动损益
1404	材料成本差异	2232	应付股利	6111	投资收益
1405	库存商品	2241	其他应付款	6115	资产处置损益
1406	发出商品	2314	代理业务负债	6117	其他收益
1471	存货跌价准备	2401	递延收益	6301	营业外收入
1501	债权投资	2501	长期借款	6401	主营业务成本
1502	债权投资减值准备	2502	应付债券	6402	其他业务成本
1503	其他债权投资	2701	长期应付款	6403	税金及附加
1511	长期股权投资	2801	预计负债	6601	销售费用
1512	长期股权投资减值准备	2901	递延所得税负债	6602	管理费用
1521	投资性房地产		三、共同类	6603	财务费用
1531	长期应收款	3001	清算资金往来	6701	资产减值损失
1601	固定资产	3002	货币兑换	6702	信用减值损失
1602	累计折旧	3101	衍生工具	6711	营业外支出
1603	固定资产减值准备	3201	套期工具	6801	所得税费用
1604	在建工程	3202	被套期项目	6901	以前年度损益调整
1605	工程物资		四、所有者权益类		
1606	固定资产清理	4001	实收资本		

第二节 账　户

一、账户的概念与分类

（一）账户的概念

账户是根据会计科目设置的，具有一定格式和结构，用于连续、系统、分类核算和监督会计要素增减变动情况及其结果的载体。

会计账户的概念、分类与结构

会计科目只是对会计对象具体内容进行分类的项目或名称，还不能进行具体的会计核算。为了全面、序时、连续、系统地反映和监督会计要素的增减变动，还必须设置账户。设置账户是会计核算的重要方法之一。

（二）账户的分类

1. 根据账户反映的经济内容分类

根据账户反映的经济内容不同可分为资产类、负债类、共同类、所有者权益类、成本类和损益类六大类账户。其中，损益类账户又可分为收入类账户和费用类账户。

2. 根据账户所提供信息的详细程度分类

根据账户所提供信息的详细程度不同分为总分类账户、明细分类账户两大类。总分类账户是指根据总分类科目设置的，用于对会计要素具体内容进行总括分类核算的账户，简称总账。明细分类账户是根据明细分类科目设置的，用来对会计要素具体内容进行明细分类核算的账户，简称明细账。

账户的分类见表3-3，账户按提供信息详细程度分类举例见表3-4。

表3-3　账户的分类

分类标准	科目分类	账户分类
核算的经济内容	资产类	资产类
	负债类	负债类
	共同类	共同类
	所有者权益类	所有者权益类
	成本类	成本类
	损益类	损益类
提供信息的详细程度	总分类科目	总分类账户
	明细分类科目	明细分类账户

表3-4　账户按提供信息详细程度分类举例

总分类账户	明细分类账户	
一级账户	二级账户	三级账户
库存商品	冰箱	单开门
		对开门
		多开门

续表

总分类账户	明细分类账户	
一级账户	二级账户	三级账户
库存商品	空调	柜式
		挂式
	洗衣机	波轮式
		滚筒式
		搅拌式
生产成本	A产品	直接材料
		直接人工
		制造费用
	B产品	直接材料
		直接人工
		制造费用

二、账户的结构

账户结构要解决的是账户应由哪几部分组成以及如何在账户上记录会计要素金额的增加、减少及其余额情况等问题。简略地说，账户的结构是指账户的组成部分及其相互关系。

账户的结构是由它所反映的经济内容决定的。经济业务的发生，必然引起相关会计要素金额发生增、减变动，尽管表现形式复杂多样，但从数量上看，不外乎增加和减少两种情况。因此，用来分类记录经济业务的账户在结构上也应分为两个基本部分，即左、右两方，以一方登记增加，另一方登记减少。

在会计实务中，账户通常由以下内容组成：

(1) 账户名称，即会计科目。
(2) 日期，即经济业务的发生时间。
(3) 凭证字号，即账户记录所依据的记账凭证编号。
(4) 摘要，即经济业务的简要说明。
(5) 金额，即经济业务发生后引起会计要素的增加额、减少额和余额。

【例3-1】 企业4月份"银行存款"账户记录的内容如表3-5所示。

表3-5 "银行存款"账户　　　　　　　　　　　单位：元

202×年		凭证字号	摘要	增加	减少	余额
月	日					
4	1		月初结余			900 000
4	1	(略)	将现金存入银行	200 000		1 100 000
4	7	(略)	支付设备修理费用		40 000	1 060 000
4	10	(略)	购买办公用品		50 000	1 010 000
4	11	(略)	归还短期借款		20 000	990 000
4	18	(略)	支付环保费用		60 000	930 000

续表

202×年		凭证字号	摘要	增加	减少	余额
月	日					
4	21	（略）	支付材料买家		30 000	900 000
4	26	（略）	支付罚款		10 000	890 000
4	30	（略）	支付本月水费		10 000	880 000
4	30	（略）	支付员工加班津贴		30 000	850 000
4	30		本月合计	200 000	250 000	850 000

实际工作中所用账户格式如图 3-6 所示。

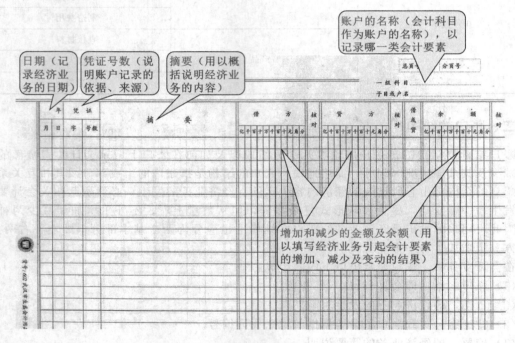

图 3-6 实际工作中所用账户格式

为便于教学，常用 T 字型表示账户的基本结构，称为 T 型账户（或丁字型账户），简化后的 T 型账户只包括账户的名称、四个金额要素（增加额、减少额、期初余额、期末余额）。经济业务的发生会引起会计要素具体项目金额上的增加、减少变动，在 T 型账户中以左方、右方来体现这一增、减相反的数量变动。T 型账户的基本结构如图 3-7 所示。

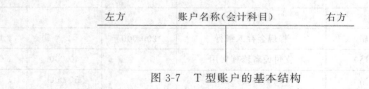

图 3-7 T 型账户的基本结构

在 T 型账户的基本结构中，账户的左、右两方按相反方向记录增加额和减少额。如果左方登记增加额，则右方登记减少额，如图 3-8 所示；如果账户的右方登记增加额，则左方登记减少额，如图 3-9 所示。究竟账户的哪一方登记增加额，哪一方登记减少额，取决于记账的方法和账户反映的经济内容。通常账户若有余额，无论是期初余额，还是期末余额，都与增加额在同一方，但也有特殊情况，如"本年利润""利润分配""应收账款""应付账款"等账户。

左方	账户名称（会计科目）	右方
期初余额		
本期增加额		本期减少额
期末余额		

左方	账户名称（会计科目）	右方
		期初余额
本期减少额		本期增加额
		期末余额

图 3-8 T 型账户的基本结构（左方登记增加额） 图 3-9 T 型账户的基本结构（右方登记增加额）

【例 3-2】 承【例 3-1】的资料，"银行存款"的 T 型账户表示如图 3-10 所示。

左方	银行存款	右方	
期初余额	900 000		
本期增加额	200 000	本期减少额	40 000
			50 000
			20 000
			60 000
			30 000
			10 000
			10 000
			30 000
本期增加发生额	200 000	本期减少发生额	250 000
期末余额	850 000		

图 3-10 "银行存款"的 T 型账户

根据账户的基本结构可以了解到，会计账户包含四个金额要素：期初余额、本期增加额、本期减少额和期末余额。本期增加额、本期减少额称为本期发生额，反映会计要素的增减变动；期初余额、期末余额称为余额，反映会计要素的变动结果。

在每个会计期末，会计人员需要结出账户的本期增加额、本期减少额和期末余额。从时间的连续性上看，本期的期末余额转入下一期，就是下一期的期初余额。同一账户的四个金额要素关系表示为：

期末余额＝期初余额＋本期增加额－本期减少额

三、账户与会计科目的关系

会计科目与账户既密切联系又相互区别。

1. 两者的联系

二者都是对会计要素具体内容的科学分类，口径一致，性质相同；会计科目是账户的名称，也是设置账户的依据，账户是会计科目的具体运用；没有会计科目，账户便失去了设置的依据；没有账户，会计科目就无法发挥作用。

2. 两者的区别

会计科目仅仅是账户的名称，没有结构，而账户具有一定的格式和结构，用来系统地记录经济业务；会计科目仅说明反映的经济内容是什么，而账户不仅说明反映的经济内容是什么，而且系统反映和控制其增减变化及结余情况。

由于二者经济内容一致，所以在实际工作中，往往不严加区分会计科目和账户，两者相互通用。

本章小结

1. 会计要素是对会计对象的基本分类。会计要素包括资产、负债、所有者权益、收入、费用和利润。

2. 会计要素之间的内在联系表现为会计等式，即"资产＝负债＋所有者权益""收入－费用＝利润"。会计等式是设置账户、复式记账和编制会计报表的理论依据。

3. 会计科目是对会计对象的具体内容进行分类核算所规定的项目。会计科目按其经济内容分类，可分为资产类、负债类、共同类、所有者权益类、成本类和损益类六大类。会计科目按其提供信息的详略程度不同分类，可分为总分类科目和明细分类科目两种。

4. 账户是根据会计科目开设的、具有一定格式和结构的记账实体。账户的结构是指账户的组成部分及其相互关系。

5. 会计科目与账户既有联系又有区别，在实务工作中两者相互通用。

巩固练习

一、单项选择题

1. 会计科目是对（　　）的具体内容进行分类核算的项目。
   A. 经济业务　　　B. 会计要素　　　C. 会计对象　　　D. 会计主体

2. 下列各项中，不属于损益类科目的是（　　）。
   A. 公允价值变动损益　　　　　　B. 财务费用
   C. 累计折旧　　　　　　　　　　D. 资产减值损失

3. 科目按会计要素分类，"本年利润"科目属于（　　）。
   A. 资产类科目　　　　　　　　　B. 所有者权益类科目
   C. 成本类科目　　　　　　　　　D. 损益类科目

4. 会计科目按其所提供信息的详细程度，分为（　　）。
   A. 一级科目和二级科目　　　　　B. 一级科目和明细科目
   C. 总账科目和二级科目　　　　　D. 二级科目和三级科目

5. "其他业务成本"科目按其所归属的会计要素不同，属于（　　）类科目。
   A. 成本　　　　B. 资产　　　　C. 损益　　　　D. 所有者权益

6. "预付账款"科目按其所归属的会计要素不同，属于（　　）类科目。
   A. 资产　　　　B. 负债　　　　C. 所有者权益　　　　D. 成本

7. 下列各项中，（　　）属于损益类的科目。
   A. 制造费用　　　B. 长期待摊费用　　　C. 销售费用　　　D. 应交税费

8. 会计科目是（　　）的名称。
   A. 会计账户　　　B. 会计凭证　　　C. 会计报表　　　D. 会计要素

9. 对会计要素具体内容进行总括分类、提供总括信息的会计科目称为（　　）。
   A. 总分类科目　　　B. 明细分类科目　　　C. 二级科目　　　D. 备查科目

10. 账户是根据（　　）设置的，具有一定格式和结构，用于分类反映会计要素增减变动情况及其结果的载体。
    A. 会计要素　　　B. 会计对象　　　C. 会计科目　　　D. 会计信息

11. 一个账户的增加发生额与该账户的期末余额一般都应在该账户的（　　）。
   A. 左方　　　　　B. 右方　　　　　C. 相同方向　　　　　D. 相反方向
12. 根据明细分类科目设置的，用来对会计要素具体内容进行明细分类核算的账户称为（　　）。
   A. 总分类账户　　　B. 明细分类账户　　　C. 备查账户　　　D. 综合账户
13. 有关会计科目与账户的关系，下列说法中不正确的是（　　）。
   A. 两者口径一致，性质相同
   B. 账户是设置会计科目的依据
   C. 没有账户，就无法发挥会计科目的作用
   D. 会计科目不存在结构，而账户则具有一定的格式和结构
14. 会计科目与账户之间的区别在于（　　）。
   A. 内容不同　　　　　　　　　　　　B. 性质不同
   C. 账户无结构而会计科目有结构　　　D. 账户有结构而会计科目无结构
15. 账户的余额按照表示的时间不同，分为（　　）。
   A. 期初余额　　　　　　　　　　　　B. 期末余额
   C. 本期增加发生额和本期减少发生额　D. 期初余额和期末余额

二、多项选择题
1. 下列关于会计账户和会计科目的说法中，正确的有（　　）。
   A. 会计科目是开设账户的依据，账户的名称就是会计科目
   B. 两者都是对会计对象具体内容的科学分类，口径一致、性质相同
   C. 没有账户，会计科目就无法发挥作用
   D. 会计科目不存在结构，账户则具有一定的格式和结构
2. 按经济内容分类，下列科目属于损益类科目的有（　　）。
   A. 主营业务成本　　B. 生产成本　　　C. 制造费用　　　D. 管理费用
3. 下列属于资产类会计科目的有（　　）。
   A. 应收账款　　　　B. 在途物资　　　C. 预收账款　　　D. 预付账款
4. 关于"明细分类科目"的下列说法中正确的有（　　）。
   A. 属于一级科目
   B. 是进行明细分类核算的依据
   C. 是对总分类科目的核算内容进行详细分类的科目
   D. 提供更加详细具体的指标
5. 下列各项中，属于所有者权益类科目的有（　　）。
   A. 长期股权投资　　B. 实收资本　　　C. 资本公积　　　D. 利润分配
6. 下列会计科目中，属于资产类科目的有（　　）。
   A. 坏账准备　　　　B. 待处理财产损溢　C. 累计折旧　　　D. 资本公积
7. 下列账户的四个金额要素中，属于本期发生额的是（　　）。
   A. 期初余额　　　　B. 本期增加金额　　C. 本期减少金额　D. 期末余额
8. 账户一般可以提供的金额指标有（　　）。
   A. 期初余额　　　　B. 本期增加发生额　C. 期末余额　　　D. 本期减少发生额
9. 下列等式中错误的有（　　）。
   A. 期初余额=本期增加发生额+期末余额－本期减少发生额
   B. 期末余额=本期增加发生额+期初余额－本期减少发生额

C. 期初余额＝本期减少发生额＋期末余额－本期增加发生额
D. 期初余额＝本期增加发生额－期末余额－本期减少发生额

10. 下列表述中，正确的有（　　）。
A. 所有总账都要设置明细账　　　　B. 账户是根据会计科目开设的
C. 账户有一定的格式和结构　　　　D. 账户和会计科目性质相同

三、判断题

1. 会计科目的设置必须完全符合国家统一的会计制度，企业不得自行增加、减少或合并。（　　）
2. 总分类科目对所属的明细分类科目起着统驭和控制作用，明细分类科目是对其总分类科目的详细和具体说明。（　　）
3. 明细分类科目就是二级科目。（　　）
4. "财务费用"核算企业产生的利息费用，因此其属于负债类科目。（　　）
5. 除了《企业会计准则——应用指南》予以明确的明细科目外，企业可以根据本单位的实际需要设置明细科目。（　　）
6. 对于明细科目较多的总账科目，可在总分类科目与明细分类科目之间设置二级或多级科目。（　　）
7. 账户分为左右两方，左方登记增加，右方登记减少。（　　）
8. 会计科目是账户的名称，账户是会计科目的载体和具体运用。（　　）
9. 账户基本结构的内容仅包括增减金额及余额。（　　）
10. 生产成本及主营业务成本都属于成本类科目。（　　）

第四章
会计记账方法

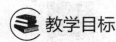 **教学目标**

1. 知识传授目标

了解复式记账法的概念与种类；理解会计分录的编制步骤；熟悉借贷记账法的原理；掌握借贷记账法下的账户结构；掌握借贷记账法下的试算平衡。

2. 能力培养目标

重点培养学生对借贷记账法和平行登记的运用能力，要求学生能正确地编制试算平衡表；运用借贷记账法核算经济业务，通过多笔业务的练习明确会计账户借方与贷方的使用，从而能够熟练写出会计分录，为下一章节的学习奠定基础。

3. 价值塑造目标

弘扬中华民族优秀传统文化，将优秀传统文化与专业相结合，增强民族文化自信心；引导学生自觉践行社会主义核心价值观；培养学生家国情怀意识，担当民族复兴的大任；引导学生遵循因果关系和客观规律，认识时间、空间的作用必然使事物的原有状态和性质发生变化这一原理。

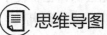 **思维导图**

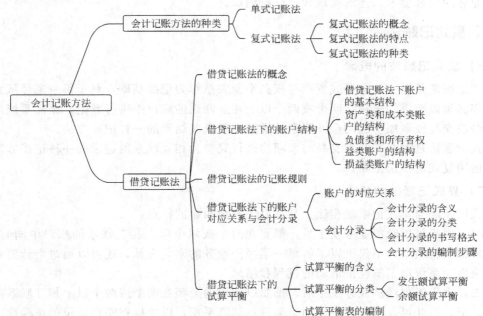

第一节　会计记账方法的种类

记账方法是指对发生的经济业务，根据一定的记账原理、记账符号、记账规则，采用一定的计量单位，利用文字和数字在账户中予以记录的方法。记账方法按其登记经济交易与事项方式的不同（即记账方式不同），可分为单式记账法与复式记账法两种。

一、单式记账法

单式记账法是指对发生的每一项经济业务，只在一个账户中加以登记的记账方法。它在记账时，一般只记录现金、银行存款的收付款业务以及债权债务等经济业务，因此它是一种比较简单、不完整的记账方法。

【例 4-1】　请运用单式记账法对下列业务进行处理。

（1）购入一批材料 10 000 元，材料已验收入库，款项以银行存款支付。

分析：采用单式记账法时只在"银行存款"账户中作"减少 10 000 元"的记录，而材料的增加则不予记录。

（2）购入一批材料 5 000 元，材料已验收入库，款项尚未支付。

分析：采用单式记账法时只在"应付账款"账户中作"增加 5 000 元"的记录，而材料的增加则不予记录。

（3）企业生产车间领用原材料 20 000 元，用于生产产品。

分析：采用单式记账法时会计上不作任何处理。

单式记账法没有一套完整的账户体系，账户之间的记录没有直接联系和相互平衡的关系。它不能全面、系统地反映各会计要素的增减变动情况和经济业务的来龙去脉，也不便于检查、核对账户记录的正确性和完整性。单式记账法因不能适应高度发展的经济社会中对复杂经济业务的处理要求，逐渐被现代会计所淘汰。

二、复式记账法

（一）复式记账法的概念

复式记账法是以会计恒等式资产与权益平衡关系作为记账基础，对于每一笔经济交易或事项，都必须以相等的金额在两个或两个以上相互联系的账户中进行登记，全面系统地反映每一项经济交易或事项引起的会计要素的增减变化及其结果的一种记账方法。

复式记账法是对全部经济交易与事项均进行完整且相互联系的记录的一种记账方法。现代会计运用复式记账法记账。

（二）复式记账法的特点

复式记账法与单式记账法相比，具有以下两个明显的特点：

第一，由于每项经济业务发生后，都要在两个或两个以上相互联系的账户中同时登记，根据账户记录的结果，不仅可以了解每一项经济业务的来龙去脉，还可以通过会计要素的增减变动全面、系统地了解经济活动的过程和结果。

第二，由于每项经济业务发生后，都要以相等的金额在两个或两个以上相互联系的账户中同时登记，因此可以对账户记录的结果进行试算平衡，以便检查账户记录的正确性。

（三）复式记账法的种类

根据记账符号、记账规则的不同，复式记账法可分为借贷记账法、增减记账法、收付记账法等。其中，增减记账法于 20 世纪 60 年代曾广泛应用于我国的商业企业，收付记账法也在中华人民共和国成立后普遍应用于我国行政事业单位的预算会计实务中。但由于这两种记账方法自身的一些缺陷，20 世纪 90 年代在我国被停止使用，目前我国普遍使用的是借贷记账法。借贷记账法是世界各国普遍采用的记账方法，我国《企业会计准则——基本准则》第十一条明确规定："企业应当采用借贷记账法记账。"《政府会计准则——基本准则》第十条也规定："政府会计核算应当采用借贷记账法记账。"

第二节　借贷记账法

一、借贷记账法的概念

借贷记账法是以会计恒等式为理论依据，以"借"和"贷"作为记账符号，用以记录会计要素增减变动情况的一种复式记账法。

借贷记账法的概念及通用结构

记账符号是在某一种记账方法下用来表示"增加"或"减少"方向的符号，记账方法不同，记账符号也不同。借贷记账法以"借"和"贷"二字为记账符号，"借"（英文简写 Dr）表示记入账户的借方；"贷"（英文简写 Cr）表示记入账户的贷方。在 T 型账户下，左方称为借方，右方称为贷方，但并不确切地表示哪一方登记增加或者减少，究竟"借"表示增加还是"贷"表示增加，取决于会计账户的性质和结构。因此，作为记账符号，"借"和"贷"二字已经失去其字面含义，仅仅是一种单纯的记账符号，在不同的账户有相反的含义，是两个对立的记账部位和方向。针对某一账户，如果"借"表示"增加"，则"贷"表示"减少"；针对另一账户，如果"借"表示"减少"，则"贷"表示"增加"。

二、借贷记账法下的账户结构

（一）借贷记账法下账户的基本结构

借贷记账法下，T 型账户的左方称为借方，右方称为贷方。

所有账户的借方和贷方按相反方向记录增加数和减少数，即一方登记增加额，另一方就登记减少额。至于"借"表示增加，还是"贷"表示增加，则取决于账户的性质与所记录的经济内容。

借贷记账法下账户的基本结构如图 4-1 所示。

图 4-1　借贷记账法下账户的基本结构

（二）资产类和成本类账户的结构

资产类和成本类账户的借方表示增加，贷方表示减少，余额一般在借方，如图 4-2 所示。

资产类、成本类、负债类、所有者权益类账户结构

借方	银行存款		贷方
期初余额	1 000		
本期增加额	600	本期减少额	400
期末余额	1 200		

图 4-2 "银行存款"账户结构

资产类、成本类账户的金额要素关系表示为：

期末借方余额＝期初借方余额＋本期借方发生额－本期贷方发生额

（三）负债类和所有者权益类账户的结构

负债类和所有者权益类账户的借方表示减少，贷方表示增加，余额一般在贷方，如图 4-3 所示。

借方	短期借款		贷方
		期初余额	2 000
本期减少额	1 000	本期增加额	3 000
		期末余额	4 000

图 4-3 "短期借款"账户结构

负债类和所有者权益类账户的金额要素关系表示为：

期末贷方余额＝期初贷方余额＋本期贷方发生额－本期借方发生额

（四）损益类账户的结构

1. 收入类账户的结构

收入类账户的借方表示减少，贷方表示增加，期末无余额，如图 4-4 所示。期末时需将全部收入类账户金额转入"本年利润"账户的贷方，以计算当期损益。

损益类账户结构

借方	主营业务收入		贷方
本期减少额	2 000	本期增加额	2 000

图 4-4 "主营业务收入"账户结构

收入类账户的金额要素关系表示为：

本期借方发生额＝本期贷方发生额

2. 费用类账户的结构

费用类账户的借方表示增加，贷方表示减少，期末无余额，如图 4-5 所示。期末时需将全部费用类账户金额转入"本年利润"账户的借方，以计算当期损益。

借方	主营业务成本		贷方
本期增加额	1 000	本期减少额	1 000

图 4-5 "主营业务成本"账户结构

费用类账户的金额要素关系表示为：

本期借方发生额＝本期贷方发生额

借贷记账法下的账户结构如表 4-1 所示。

表 4-1 借贷记账法下的账户结构

账户类别	借方	贷方	余额
资产类账户	登记增加额	登记减少额	一般在借方
成本类账户	登记增加额	登记减少额	一般在借方
负债类账户	登记减少额	登记增加额	一般在贷方
所有者权益类账户	登记减少额	登记增加额	一般在贷方
损益类账户：收入类账户	登记减少额	登记增加额	无余额
损益类账户：费用类账户	登记增加额	登记减少额	无余额

三、借贷记账法的记账规则

记账规则是指当运用某种记账方法记录经济业务时应当遵循的特有规律。借贷记账法的记账规则是"有借必有贷，借贷必相等"，即对于每一笔经济业务，都要在两个或两个以上相互联系的账户中以借方和贷方相等的金额进行登记。某一金额记入一个账户的借方，同时必须记入另一个账户或几个账户的贷方；某一金额记入一个账户的贷方，同时必须记入另一个账户或几个账户的借方。借贷记账法必须符合"资产＝负债＋所有者权益"的要求，如表 4-2 所示。

借贷记账法的记账规则

表 4-2 借贷记账法下经济业务类型对会计等式的影响

序号	类型	资产	＝	负债	＋	所有者权益
1	资产与负债同增，增加金额相等	＋（借方）		＋（贷方）		
2	资产与所有者权益同增，增加金额相等	＋（借方）				＋（贷方）
3	资产与负债同减，减少金额相等	－（贷方）		－（借方）		
4	资产与所有者权益同减，减少金额相等	－（贷方）				－（借方）
5	资产内部有增有减，增减金额相等	＋（借方） －（贷方）				
6	负债内部有增有减，增减金额相等			＋（贷方） －（借方）		
7	所有者权益内部有增有减，增减金额相等					＋（贷方） －（借方）
8	负债增加所有者权益减少，增减金额相等			＋（贷方）		－（借方）
9	所有者权益增加负债减少，增减金额相等			－（借方）		＋（贷方）

【例 4-2】 企业 4 月初的总分类账户余额如表 4-3 所示。

表 4-3　期初余额表

4月1日　　　　　　　　　　　　　　　　　　　　　　　单位：元

账户	借方余额	贷方余额
银行存款	200 000	
应收账款	20 000	
原材料	60 000	
固定资产	400 000	
短期借款		50 000
应付账款		80 000
实收资本		300 000
盈余公积		250 000
合计	680 000	680 000

4月发生如下经济业务，请运用借贷记账法以T型账户进行记录。

(1) 4月5日，某股东追加投资50 000元，存入开户银行。

借方	实收资本	贷方	借方	银行存款	贷方
	期初余额 300 000		期初余额 200 000		
	(1) 50 000	⇐⇒	(1) 50 000		

(2) 4月11日，购入原材料一批，价值30 000元，货款暂欠，材料已验收入库。

借方	应付账款	贷方	借方	原材料	贷方
	期初余额 80 000		期初余额 60 000		
	(2) 30 000	⇐⇒	(2) 30 000		

(3) 4月12日，以银行存款支付所欠购原材料款30 000元。

借方	银行存款	贷方	借方	应付账款	贷方
期初余额 200 000					期初余额 80 000
(1) 50 000		(3) 30 000	⇐⇒ (3) 30 000		(2) 30 000

(4) 4月15日，按法定程序减少注册资本80 000元，用银行存款向所有者支付。

借方	银行存款	贷方	借方	实收资本	贷方
期初余额 200 000					期初余额 300 000
(1) 50 000		(3) 30 000			(1) 50 000
		(4) 80 000	⇐⇒ (4) 80 000		

(5) 4月26日，支付银行存款70 000元购入生产用设备一台。

借方	银行存款	贷方	借方	固定资产	贷方
期初余额 200 000			期初余额 400 000		
(1) 50 000		(3) 30 000			
		(4) 80 000			
		(5) 70 000	⇐⇒ (5) 70 000		

(6) 4月28日，以前购货所欠的应付账款60 000元到期，但公司暂无款支付，向银行借入短期借款60 000元用于归还货款。

借方	短期借款	贷方	借方	应付账款	贷方
		期初余额 50 000			期初余额 80 000
			(3) 30 000		(2) 30 000
		(6) 60 000	⟵⟶	(6) 60 000	

(7) 4月30日，以盈余公积90 000元向所有者分配利润。

借方	应付股利	贷方	借方	盈余公积	贷方
					期初余额 250 000
		(7) 90 000	⟵⟶	(7) 90 000	

(8) 4月30日，收回某公司原欠货款20 000元存入银行。

借方	应收账款	贷方	借方	银行存款	贷方
期初余额 20 000			期初余额 200 000		
			(1) 50 000		(3) 30 000
		(8) 20 000	⟵⟶	(8) 20 000	(4) 80 000
					(5) 70 000

(9) 4月30日，经批准企业用盈余公积50 000元转增资本。

借方	实收资本	贷方	借方	盈余公积	贷方
		期初余额 300 000			期初余额 250 000
		(1) 50 000			(7) 90 000
(4) 80 000		(9) 50 000	⟵⟶	(9) 50 000	

四、借贷记账法下的账户对应关系与会计分录

账户对应关系、会计分录

（一）账户的对应关系

账户的对应关系是指采用借贷记账法对每笔交易或事项进行记录时，相关账户之间形成的应借、应贷的相互关系，存在对应关系的账户称为对应账户。例如，"用银行存款购买原材料10 000元"这项经济业务，银行存款减少记贷方，原材料增加记借方，使"银行存款"和"原材料"这两个账户发生了应借应贷的对应关系，这两个账户互称为对方的对应账户，它们借贷方向相反、金额相等，遵循了借贷记账法的记账规则。通过账户的这种对应关系，一方面可以清晰了解经济业务的来龙去脉，同时可以检查会计人员对经济业务的处理是否合理恰当。

（二）会计分录

1. 会计分录的含义

会计分录，简称分录，是对每项经济业务列示出应借、应贷的账户名称及其金额的一种记录。

会计分录包含三个要素：

(1) 账户的名称：会计科目。
(2) 记账方向的符号：借方、贷方。
(3) 记录的金额。

在我国，会计分录记载于记账凭证中。

【例 4-3】 到银行提取现金 10 000 元，请编制会计分录。

应编制如下会计分录并填制到记账凭证（图 4-6）上。

借：库存现金　　　　　　　　　10 000
　　贷：银行存款　　　　　　　　10 000

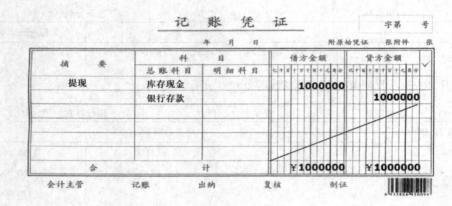

图 4-6　记账凭证

2. 会计分录的分类

按照所涉及账户的多少，会计分录分为简单会计分录和复合会计分录。

（1）简单会计分录

只涉及两个对应账户所组成的会计分录，账户对应关系为一借一贷。

借：库存现金　　　　　　　　　10 000
　　贷：银行存款　　　　　　　　10 000

（2）复合会计分录

涉及两个以上对应账户所组成的会计分录，账户对应关系可以是一借多贷、一贷多借和多借多贷，如表 4-4 所示。

表 4-4　复合会计分录类型　　　　　　　　　　　　　单位：万元

复合会计分录类型	示例	
一借多贷	借：银行存款 　　贷：主营业务收入 　　　　应交税费——应交增值税(销项税额)	22 600 20 000 2 600
一贷多借	借：银行存款 　　　库存现金 　　贷：应收账款	2 000 100 2 100
多借多贷	借：银行存款 　　　应收账款 　　贷：主营业务收入 　　　　应交税费——应交增值税(销项税额)	22 000 600 20 000 2 600

【例 4-4】 企业购买一批材料，金额为 28 000 元，其中 10 000 元用银行存款支付，余下 18 000 元货款尚未支付。请编制会计分录。

分析：该业务可分开编制两笔简单会计分录，即：

借：原材料　　　　　　　　　　10 000
　　贷：银行存款　　　　　　　　10 000
借：原材料　　　　　　　　　　18 000
　　贷：应付账款　　　　　　　　18 000

也可以将上述简单会计分录合并编制一笔复合会计分录，即：

借：原材料　　　　　　　　　　28 000
　　贷：银行存款　　　　　　　　10 000
　　　　应付账款　　　　　　　　18 000

为了保持账户对应关系清晰，一般不应把不同经济业务合并在一起编制多借多贷的会计分录。例如，企业在某一日同时发生两项经济业务"到银行提取现金 1 000 元"及"收回客户所欠货款 2 000 元"，不应编制如下的复合会计分录：

借：库存现金　　　　　　　　　1 000
　　银行存款　　　　　　　　　1 000
　　贷：应收账款　　　　　　　　1 000
　　　　银行存款　　　　　　　　1 000

则应将两笔不同经济业务分别编制对应的会计分录：

借：库存现金　　　　　　　　　1 000
　　贷：银行存款　　　　　　　　1 000
借：银行存款　　　　　　　　　1 000
　　贷：应收账款　　　　　　　　1 000

3. 会计分录的书写格式

(1) 先借后贷，即借方在上一行，贷方在下一行。
(2) 贷方的文字和金额都要比借方后退两格书写。
(3) 在一借多贷、一贷多借、多借多贷的情况下，应先写完所有的借方再写贷方，借方或贷方文字要左对齐，金额应保持个位数字右对齐。

借：原材料——甲材料　　　　　30 640
　　　　　　——乙材料　　　　　57 960
　　　　　　——丙材料（A 型）　15 200
　　贷：材料采购——甲材料　　　30 640
　　　　　　　　——乙材料　　　57 960
　　　　　　　　——丙材料（A 型）15 200

4. 会计分录的编制步骤

(1) 分析经济业务所涉及的会计科目。
(2) 确定会计科目受影响的方向是增加还是减少。
(3) 根据会计科目的性质和其增减方向，明确会计科目应借、贷的方向及其金额。
(4) 按正确的格式编制会计分录，并检查是否符合记账规则。

【例 4-5】 企业 4 月发生如下经济业务，请编制各个业务的会计分录。

(1) 收到投资人 30 000 元的投资款，存入银行。

借：银行存款　　　　　　　　30 000
　　贷：实收资本　　　　　　　　30 000
(2) 向银行借款 60 000 元，偿还期限为 3 年，款项已存入银行存款账户。
借：银行存款　　　　　　　　60 000
　　贷：长期借款　　　　　　　　60 000
(3) 用银行存款 8 000 元偿还短期借款。
借：短期借款　　　　　　　　8 000
　　贷：银行存款　　　　　　　　8 000
(4) 以银行存款 5 000 元购买材料。
借：原材料　　　　　　　　　5 000
　　贷：银行存款　　　　　　　　5 000
(5) 将已到期但无力支付的应付票据 3 000 元转入应付账款。
借：应付票据　　　　　　　　3 000
　　贷：应付账款　　　　　　　　3 000

五、借贷记账法下的试算平衡

借贷记账法下的
试算平衡

(一) 试算平衡的含义

试算平衡，是指根据借贷记账法的记账规则和资产与权益的恒等关系，通过对所有账户的发生额和余额的汇总计算和比较，来检查记录是否正确、完整的一种方法。

(二) 试算平衡的分类

1. 发生额试算平衡

发生额试算平衡依据借贷记账法"有借必有贷，借贷必相等"的记账规则，来判断一定时期内会计记录是否正确，即根据全部账户本期借方发生额合计与全部账户本期贷方发生额合计的恒等关系，来检验本期发生额记录是否正确。用公式表示为：

全部账户本期借方发生额合计＝全部账户本期贷方发生额合计

2. 余额试算平衡

余额试算平衡基于会计恒等式原理来检验本期会计记录是否正确。根据余额时间的不同，余额试算平衡又分为期初余额试算平衡和期末余额试算平衡两类。公式分别为：

全部账户期初借方余额合计＝全部账户期初贷方余额合计
全部账户期末借方余额合计＝全部账户期末贷方余额合计

(三) 试算平衡表的编制

在实务工作中，试算平衡是通过编制试算平衡表进行的。试算平衡表通常是在期末结出各账户的本期发生额合计和期末余额后进行编制。

需要说明的是：试算平衡只是通过借贷金额是否平衡来检查账户记录是否正确的一种方法。如果借贷双方发生额相等或余额相等，可以表明账户记录基本正确，但不是百分百正确。因为，有些错误并不影响借贷双方的平衡。因此，试算不平衡，表示记账一定有错误；但试算平衡时，不能表明记账一定正确。

不会影响借贷双方的平衡关系的错误通常有：
(1) 漏记某项经济业务，使借贷双方的发生额等额减少。
(2) 重记某项经济业务，使借贷双方的发生额等额增加。
(3) 某项经济业务记录的应借应贷科目正确，但借贷双方金额同时多记或少记，且金额一致。

(4) 某项经济业务记错账户，如应记入"银行存款"账户的借方，却记入了"库存现金"账户的借方。

(5) 某项经济业务颠倒了账户方向，应记借方的记入了贷方，应记贷方的记入了借方。

(6) 某借方或贷方发生额中，偶然同时发生多记和少记，并相互抵消。

【例 4-6】 借贷记账法的综合运用。

资料一：企业1月初各账户的余额如表 4-5 所示。

表 4-5　期初余额表

1月1日　　　　　　　　　　　　　　　　　　　　　　　　单位：元

会计科目	期初借方余额	会计科目	期初贷方余额
库存现金	10 000	短期借款	130 000
银行存款	160 000	应付票据	120 000
原材料	200 000	应付账款	100 000
固定资产	11 000 000	实收资本	11 020 000
合计	11 370 000	合计	11 370 000

资料二：该企业1月发生如下经济业务，请编制各经济业务的会计分录。

(1) 收到投资者按投资合同交来的资本金 420 000 元，已存入银行。

借：银行存款　　　　　　　　420 000
　　贷：实收资本　　　　　　　　420 000

(2) 向银行借入期限为 3 个月的借款 600 000 元存入银行。

借：银行存款　　　　　　　　600 000
　　贷：短期借款　　　　　　　　600 000

(3) 从银行提取现金 8 000 元作为备用。

借：库存现金　　　　　　　　8 000
　　贷：银行存款　　　　　　　　8 000

(4) 购买材料 60 000 元（假定不考虑增值税因素）已验收入库，款未付。

借：原材料　　　　　　　　　60 000
　　贷：应付账款　　　　　　　　60 000

(5) 签发 3 个月到期的商业汇票 50 000 元抵付上月所欠货款。

借：应付账款　　　　　　　　50 000
　　贷：应付票据　　　　　　　　50 000

(6) 用银行存款 100 000 元偿还所欠的短期借款。

借：短期借款　　　　　　　　100 000
　　贷：银行存款　　　　　　　　100 000

(7) 用银行存款 300 000 元购买无须安装的机器设备一台（假定暂不考虑增值税），设备已交付使用。

借：固定资产　　　　　　　　300 000
　　贷：银行存款　　　　　　　　300 000

(8) 购买材料 40 000 元（假定暂不考虑增值税），其中用银行存款支付 30 000 元，其余货款暂欠，材料已验收入库。

借：原材料　　　　　　　　　　　　40 000
　　贷：银行存款　　　　　　　　　　　　　30 000
　　　　应付账款　　　　　　　　　　　　　10 000
（9）以银行存款偿还短期借款 100 000 元，偿还应付账款 60 000 元。
借：短期借款　　　　　　　　　　100 000
　　应付账款　　　　　　　　　　　60 000
　　贷：银行存款　　　　　　　　　　　　　160 000

资料三：根据期初余额表和会计分录登记各个账户的 T 型账户，结算出本期发生额合计和期末余额。

借方	库存现金		贷方
期初余额	10 000		
(3) 8 000			
本期借方发生额合计	8 000	本期贷方发生额合计	0
期末余额	18 000		

借方	银行存款		贷方
期初余额	160 000		
(1) 420 000		(3)	8 000
(2) 600 000		(6)	100 000
		(7)	300 000
		(8)	30 000
		(9)	160 000
本期借方发生额合计	1 020 000	本期贷方发生额合计	598 000
期末余额	582 000		

借方	原材料		贷方
期初余额	200 000		
(4) 60 000			
(8) 40 000			
本期借方发生额合计	100 000	本期贷方发生额合计	0
期末余额	300 000		

借方	固定资产		贷方
期初余额	11 000 000		
(7) 300 000			
本期借方发生额合计	300 000	本期贷方发生额合计	0
期末余额	11 300 000		

借方	短期借款		贷方
		期初余额	130 000
(6) 100 000		(2)	600 000
(9) 100 000			
本期借方发生额合计	200 000	本期贷方发生额合计	600 000
		期末余额	530 000

借方	应付票据		贷方
		期初余额	120 000
			(5)50 000
本期借方发生额合计	0	本期贷方发生额合计	50 000
		期末余额	170 000

借方	应付账款		贷方
		期初余额	100 000
(5)	50 000	(4)	60 000
(9)	60 000	(8)	10 000
本期借方发生额合计	110 000	本期贷方发生额合计	70 000
		期末余额	60 000

借方	实收资本		贷方
		期初余额	11 020 000
		(1)	420 000
本期借方发生额合计	0	本期贷方发生额合计	420 000
		期末余额	11 440 000

资料四：根据各个账户的 T 型账户编制总分类账户本期发生额及余额试算平衡表，见表 4-6。

表 4-6　总分类账户本期发生额及余额试算平衡表

1月31日　　　　　　　　　　　　　　　　　单位：元

账户名称	期初余额		本期发生额		期末余额	
	借方	贷方	借方	贷方	借方	贷方
库存现金	10 000		8 000		18 000	
银行存款	160 000		1 020 000	598 000	582 000	
原材料	200 000		100 000		300 000	
固定资产	11 000 000		300 000		11 300 000	
短期借款		130 000	200 000	600 000		530 000
应付票据		120 000		50 000		170 000
应付账款		100 000	110000	70000		60 000
实收资本		11 020 000		420 000		11 440 000
合计	11 370 000	11 370 000	1 738 000	1 738 000	12 200 000	12 200 000

本章小结

1. 复式记账法是指对每项经济业务，都必须以相等的金额在相互关联的两个或两个以上的账户进行全面登记的记账方法。复式记账法包括借贷记账法、增减记账法、收付记账法等。其中，借贷记账法是世界各国通用的一种记账方法。

2. 借贷记账法是以"借"和"贷"作为记账符号的一种复式记账方法。借贷记账法的记账规则是：有借必有贷，借贷必相等。

3. 运用借贷记账法记录每项经济业务时，在有关账户之间产生了应借、应贷的对应关系，具有对应关系的账户称为对应账户。

4. 在记账凭证中指明某项经济业务应借、应贷账户的名称和应计入的金额的记录叫会计分录。编制会计分录是将经济业务信息转化成会计语言的起点，是保证会计记录正确可靠的重要环节。

5. 在借贷记账法下，可以通过编制"总分类账户本期发生额及余额试算平衡表"来检查账户记录的正确性。

巩固练习

一、单项选择题

1. （　　）不符合借贷记账法的记账规则。
   A. 一项资产增加，另一项资产减少
   B. 一项资产增加，另一项负债减少
   C. 一项资产增加，另一项所有者权益增加
   D. 一项负债增加，另一项所有者权益减少

2. 在借贷记账法下，期末没有余额的账户类别是（　　）账户。
   A. 资产类
   B. 损益类
   C. 负债类和所有者权益类
   D. 成本类

3. 借贷记账法的理论依据是（　　）。
   A. 借贷平衡
   B. 有借必有贷，借贷必相等
   C. 资产＝负债＋所有者权益
   D. 复式记账法

4. 复式记账法的理论基础是（　　）。
   A. 历史成本计量
   B. 资产与权益的恒等关系
   C. 权责发生制
   D. 收付实现制

5. 关于复式记账法，下列各项中不正确的是（　　）。
   A. 以资产与权益平衡关系作为记账依据
   B. 不能全面系统地反映各会计要素的增减变动情况以及经济业务的来龙去脉
   C. 对于发生的每一项经济业务，都要在两个或两个以上相互联系的账户中进行登记
   D. 可以对账户记录的结果进行试算平衡，以便检查账户记录的正确性

6. 各账户发生额进行试算平衡的依据是（　　）。
   A. 经济业务的内容
   B. 借贷记账法的记账规则
   C. 会计恒等式
   D. 经济业务的类型

7. 符合资产类账户记账规则的是（　　）。
   A. 增加记借方
   B. 增加记贷方
   C. 减少记借方
   D. 期末若有余额，在贷方

8. 应付账款账户期初贷方余额为1 000元，本期贷方发生额为5 000元，本期贷方余额为2 000元，该账户借方发生额为（　　）。
   A. 借方4 000元
   B. 借方3 000元
   C. 借方2 000元
   D. 贷方2 000元

9. 某企业"累计折旧"科目的年初余额为600万元，假设该企业"累计折旧"当年的借方发生额为200万元，贷方发生额为300万元，则该企业"累计折旧"的年末余额为（　　）。
   A. 贷方500万元
   B. 借方500万元
   C. 贷方700万元
   D. 借方700万元

10. 年末所有损益类科目的余额均为零，表明（　　）。
A. 当年利润一定是负数
B. 当年利润一定是正数
C. 损益类科目发生额在结账时均已转入"本年利润"科目
D. 当年利润一定是零
11. 在借贷记账法下，一般有借方余额的会计科目是（　　）。
A. 成本类会计科目　　B. 负债类会计科目　　C. 损益类会计科目　　D. 费用类会计科目
12. 通常一借多贷或一贷多借的会计分录对应（　　）。
A. 一笔经济交易与事项　　　　　　　　B. 一笔或多笔经济交易与事项
C. 两笔以上经济交易与事项　　　　　　D. 多笔经济交易与事项
13. 余额试算平衡法下的平衡关系有（　　）。
A. 全部会计科目的本期借方发生额合计＝全部会计科目的本期贷方发生额合计
B. 全部会计科目的期初借方余额合计＝全部会计科目的期末贷方余额合计
C. 借方科目金额＝贷方科目金额
D. 全部会计科目的期末借方余额合计＝全部会计科目的期末贷方余额合计
14. 下列错误事项能通过试算平衡查找的有（　　）。
A. 某项经济业务未入账　　　　　　　　B. 某项经济业务重复记账
C. 应借应贷账户中借贷方向颠倒　　　　D. 应借应贷账户中金额不等
15. 下列错误不能通过试算平衡发现的是（　　）。
A. 漏记某个会计科目　　　　　　　　　B. 重记某个会计科目
C. 错用某个会计科目　　　　　　　　　D. 某个会计科目少计金额
16. 甲企业"应收账款"科目期初借方余额 40 000 元，本期收回应收的货款 15 000 元，该科目期末为借方余额 60 000 元，则企业本期必定还发生了（　　）。
A. 应收账款增加 20 000 元　　　　　　B. 应收账款减少 20 000 元
C. 应收账款增加 35 000 元　　　　　　D. 应收账款减少 35 000 元
17. 公司月初短期借款余额为 80 万元，本月份向银行借入 5 个月的借款 20 万元，归还到期的短期借款 60 万元，则本月末短期借款的余额为（　　）万元。
A. 借方 40　　　　B. 贷方 40　　　　C. 借方 120　　　　D. 贷方 120
18. 公司月末编制的试算平衡表中，全部账户的本月贷方发生额合计为 120 万元，除银行存款以外的本月借方发生额合计 104 万元，则银行存款账户（　　）万元。
A. 本月借方余额为 16　　　　　　　　B. 本月贷方余额为 16
C. 本月贷方发生额为 16　　　　　　　D. 本月借方发生额为 16
19. 根据资产与权益的恒等关系以及借贷记账法的记账规则，检查所有账户记录是否正确的过程称为（　　）。
A. 复式记账　　　B. 对账　　　C. 试算平衡　　　D. 查账
20. 下列关于借贷记账法的表述中，正确的是（　　）。
A. 在借贷记账法下，"借"代表增加，"贷"代表减少
B. 在借贷记账法下，资产增加记借方，负债减少记贷方
C. 在借贷记账法下，可以利用试算平衡检查出所有记账错误
D. 借贷记账法是复式记账法的一种

二、多项选择题
1. 下列各项中，符合借贷记账法记账规则的有（　　）。

A. 资产类账户增加额记贷方，减少额记借方
B. 负债类账户增加额记贷方，减少额记借方
C. 收入类账户增加额记贷方，减少额记借方
D. 费用类账户增加额记贷方，减少额记借方

2. 资产、负债及所有者权益的平衡关系是（　　）的理论依据。
A. 成本核算　　　　B. 复式记账　　　　C. 编制资产负债表　　D. 利润分配

3. 在借贷记账法下，账户期末余额的列示，下列表述中正确的有（　　）。
A. 资产类账户期末余额一般在借方，表示期末资产的结存数
B. 负债类账户期末余额在借方，表示期末负债的结存数
C. 所有者权益类账户的期末余额一般在贷方，表示期末所有者权益的结存数
D. 成本类账户期末余额在借方，表示完工产品的生产成本或在途物资的采购成本

4. 关于账户的试算平衡，下列表述中正确的有（　　）。
A. 所有账户的余额和发生额均须填入试算平衡表
B. 试算平衡表是平衡的，说明账户记录绝对正确
C. 试算平衡表借贷不相等，说明账户记录肯定有错误
D. 试算平衡的方法包括发生额试算平衡法和余额试算平衡法两种

5. 下列关于复式记账法观点正确的有（　　）。
A. 以会计等式作为记账基础
B. 不能全面系统地反映各会计要素的增减变动情况以及经济业务的来龙去脉
C. 对于发生的每一项经济业务，都要在两个账户中登记
D. 可以对账户记录的结果进行试算平衡，以便检查账户记录的正确性

6. 所有者权益类账户的期末余额根据（　　）计算。
A. 贷方期末余额＝贷方期初余额＋贷方本期发生额－借方本期发生额
B. 贷方期末余额＝贷方期初余额＋借方本期发生额－贷方本期发生额
C. 借方本期发生额＝贷方期初余额＋贷方本期发生额－贷方期末余额
D. 借方期末余额＝借方期初余额＋借方本期发生额－贷方本期发生额

7. 借方登记本期减少发生额的账户有（　　）。
A. 资产类账户　　　B. 负债类账户　　　C. 收入类账户　　　D. 费用类账户

8. 下列账户内部关系中，正确的是（　　）。
A. 资产类账户期末余额＝借方期初余额＋本期借方发生额－本期贷方的发生额
B. 资产类账户期末余额＝借方期初余额＋本期贷方发生额－本期借方的发生额
C. 权益类账户期末余额＝贷方期初余额＋本期借方发生额－本期贷方的发生额
D. 权益类账户期末余额＝贷方期初余额＋本期贷方发生额－本期借方的发生额

9. 下列关于会计分录表述正确的是（　　）。
A. 会计分录是指对每项经济业务标明应借、应贷会计科目名称及金额的记录
B. 会计分录有简单分录和复杂分录两种
C. 每笔分录中，借方会计科目与贷方会计科目之间互为对应科目
D. 复合分录一般不能编制多借多贷分录，但某些特殊情况例外

10. 用公式表示试算平衡关系正确的是（　　）。
A. 全部账户本期借方发生额合计＝全部账户本期贷方发生额合计
B. 全部账户本期借方余额合计＝全部账户本期贷方余额合计
C. 负债类账户借方发生额合计＝负债类账户贷方发生额合计

D. 本期借方发生额合计＝本期贷方发生额合计

11. 下列错误中能通过试算平衡发现的是（　　）。
A. 某项经济业务未入账　　　　　　　B. 漏记某个会计科目
C. 借贷方向颠倒　　　　　　　　　　D. 借贷金额不等

12. 损益类会计账户的结构表述正确的有（　　）。
A. 收入类会计账户的贷方登记收入的增加额
B. 费用类会计账户的贷方登记费用的减少额或转销额
C. 收入类会计账户的余额在贷方，费用类的余额在借方
D. 收入类和费用类会计账户期末没有余额

13. 下列关于借贷记账法的说法中正确的有（　　）。
A. 应该根据账户反映的经济业务的性质确定记入账户的方向
B. 可以进行发生额试算平衡和余额试算平衡
C. 以"有借必有贷，借贷必相等"作为记账规则
D. 以"借""贷"作为记账符号

14. 用公式表示试算平衡关系，正确的是（　　）。
A. 全部账户本期借方发生额合计＝全部账户本期贷方发生额合计
B. 全部账户的借方期初余额合计＝全部账户的贷方期初余额合计
C. 负债类账户借方发生额合计＝负债类账户贷方发生额合计
D. 资产类账户借方发生额合计＝资产类账户贷方发生额合计

15. 下列记账错误，能通过试算平衡检查发现的有（　　）。
A. 将某一科目的发生额500元，误写为5 000元
B. 漏记了某一科目的发生额
C. 将应记入"管理费用"科目的借方发生额，误记入"销售费用"科目的借方发生额
D. 重复登记了某一科目的发生额

16. 下列错误不会影响借贷双方的平衡关系的是（　　）。
A. 漏记某项经济业务　　　　　　　　B. 重记某项经济业务
C. 记错方向，把借方计入贷方　　　　D. 借贷错误巧合，正好抵消

17. 会计分录的基本要素包括（　　）。
A. 记账符号　　　B. 记账时间　　　C. 记账金额　　　D. 账户名称

18. 借贷记账法的试算平衡方法包括（　　）。
A. 发生额试算平衡法　　　　　　　　B. 增加额试算平衡法
C. 减少额试算平衡法　　　　　　　　D. 余额试算平衡法

三、判断题

1. 资产与所有者权益的恒等关系是复式记账法的理论基础和编制资产负债表的依据。（　　）
2. 在借贷记账法下，账户的借方是增加方，贷方是减少方。（　　）
3. 复式记账法的记账规则是"有借必有贷，借贷必相等"。（　　）
4. 借贷记账法下，只要是资产类账户，期末余额一定在借方。（　　）
5. 企业可以将不同类型的经济业务合并在一起，这样可以形成复合会计分录。（　　）
6. 在借贷记账法下发生额试算平衡的公式为全部账户本期借方发生额之和等于全部账户本期贷方发生额之和。（　　）

7. 资产类账户进行期末试算平衡时，全部资产类账户的本期借方发生额合计必须等于其本期贷方发生额合计。（   ）

8. 记账时，将借贷方向记错，不会影响借贷双方的平衡关系。（   ）

9. "预付账款"账户和"应付账款"账户在结构上是相同的。（   ）

10. 借贷记账法的特点是以"借""贷"作为记账符号，借方表示资产和费用的增加，贷方表示负债、所有者权益的减少。（   ）

11. 发生额试算平衡是根据资产与所有者权益的恒等关系，检验本期发生额记录是否正确的方法。（   ）

12. 在账户中，登记本期增加的金额称为本期借方发生额，登记本期减少的金额称为本期贷方发生额。（   ）

四、计算分析题

练习借贷记账法的具体运用。

资料一：企业4月初有关账户余额如表4-7所示。

表 4-7 期初账户余额
4月1日   单位：元

账户名称	期初余额	
	借方	贷方
银行存款	400 000	
原材料	100 000	
固定资产	1 200 000	
短期借款		280 000
应付账款		180 000
实收资本		1 000 000
资本公积		240 000
合计	1 700 000	1 700 000

资料二：该企业4月份发生下列经济业务。

(1) 收到某单位投入的资本 600 000 元存入银行。

(2) 用银行存款 80 000 元偿还前欠某企业账款。

(3) 用银行存款 300 000 元购入一台全新机器设备。

(4) 将资本公积 120 000 元按法定程序转增资本。

(5) 签发一张为期两个月的、面额为 40 000 元的商业汇票，用以抵付应付账款。

(6) 购进原材料 45 000 元，其中 30 000 元货款已用银行存款付讫，其余 15 000 元货款尚未支付（暂不考虑增值税）。

(7) 以银行存款 75 000 元，偿还银行短期借款 60 000 元和前欠某单位货款 15 000 元。

要求：

(1) 根据上述业务编制会计分录。

(2) 将上述会计分录计入有关账户。

(3) 根据账户记录编制发生额及余额试算平衡表如表4-8所示。

表 4-8　总分类账户发生额及余额试算平衡表

4 月 30 日　　　　　　　　　　　　　　　　　　　单位：元

账户名称	期初余额		本期发生额		期末余额	
	借方	贷方	借方	贷方	借方	贷方
银行存款						
原材料						
固定资产						
短期借款						
应付账款						
应付票据						
实收资本						
资本公积						
合计						

第五章
企业主要经济业务核算

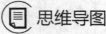 教学目标

1. 知识传授目标

了解企业主要经济业务核算的内容；掌握企业主要经济业务核算的方法；熟练掌握制造业企业资金筹集、材料采购、产品生产、销售、利润形成与分配等业务的基本账务处理。

2. 能力培养目标

提高学生运用会计核算方法的能力，以经济业务为例，进一步阐述设置账户、复式记账法的实际应用问题，从而提高运用账户和复式记账法处理企业各种经济业务的熟练程度，让学生具备灵活的会计思维，分析企业经济问题。

3. 价值塑造目标

引导学生更加认同社会主义制度的巨大优越性，增强学生的政治认同感；增强学生的归属感、幸福感和爱国情怀；鼓励学生追求精益求精的"工匠精神"。

思维导图

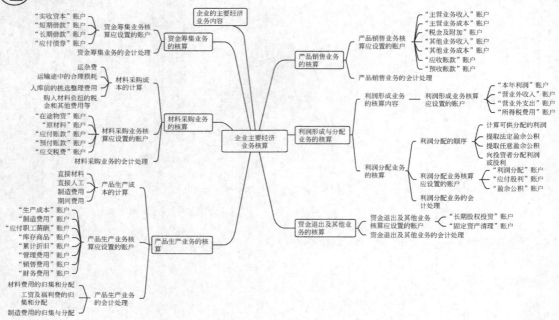

第一节 企业的主要经济业务内容

由于工业企业的业务范围较广且具有代表性,所以本章以工业企业为例来介绍企业主要经济业务的核算方法。企业为了进行各种经营活动,必须拥有一定数量的财产和物资,在经营过程中财产物资的货币表现就是资金。工业企业主要经济业务的资金运动流程如下:

(1) 企业从各种渠道筹集的资金,首先表现为货币资金形态。

(2) 企业以货币资金建造或购买厂房、购买机器设备和各种材料物资,为进行产品生产提供必要的生产资料,这时资金就从货币资金形态转化为固定资金和储备资金形态。

(3) 在生产过程中发生的各种材料消耗、固定资产的折旧费、工资费用以及其他费用等形成生产费用。

(4) 生产费用最终都要分配和归集到各种产品中去,形成产品的生产成本。

(5) 生产过程中资金从固定资金、储备资金和货币资金形态转化为成品资金形态,随着产品的完工和验收入库,资金又从生产资金形态转化为成品资金形态。

(6) 企业将产品销售出去,收回货币资金,同时要发生销售费用、缴纳税金、与产品的购买单位发生货款结算关系等,这时资金从成品资金形态转化为货币资金形态。

(7) 这些资金的筹集和资金回收或退出企业,与材料采购过程、产品生产过程和销售过程首尾相接,构成了工业企业的主要经济业务。

图 5-1 形象地说明了工业企业资金运动的动态表现形式。

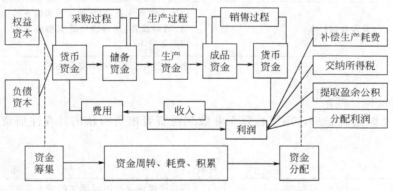

图 5-1 工业企业资金运动的动态表现形式

第二节 资金筹集业务的核算

一、资金筹集业务的核算内容

企业从事正常的生产经营活动,必须要拥有一定数量的资金。企业筹集资金的渠道主要有两条:

一是向投资人筹集。投资人的投入资金为注册资本,企业接受投资的形式,既可以是现款,也可以是实物资产和无形资产。

二是向债权人借入。企业可以向银行或其他金融机构取得各种借款,或经批准向社会发行企业债券借入资金等。

所有者权益筹资业务和负债筹资业务的核算,构成了资金筹集业务核算的主要内容。

二、所有者权益筹资业务的核算

(一) 所有者投入资本的构成

所有者投入的资本主要包括实收资本(或股本)和资本公积。

实收资本(或股本)是指企业的投资者按照企业章程、合同或协议的约定,实际投入企业的资本金以及按照有关规定由资本公积、盈余公积等转增资本的资金。

资本公积是企业收到投资者投入的超出其在企业注册资本(或股本)中所占份额的投资等。资本公积作为企业所有者权益的重要组成部分,主要用于转增资本。

(二) 所有者权益筹资业务核算应设置的账户

1. "实收资本(或股本)"账户

为了核算企业投资人投入资本的增减变动及结余情况,应设置"实收资本"账户(股份公司应设置"股本"账户)。企业收到的所有者的投资都应按实际投资数额入账。其中,以货币资金投资的,按实际收到的款项作为投资者的投资入账;以实物形态投资的,应按投资各方确认的价值作为实际投资额入账。该账户属于所有者权益类,应按投资人设置明细账户,进行明细分类核算。

该账户结构:

借	实收资本(或股本)	贷
投资人收回资本	投资人投入现金、银行存款及房屋建筑物、机器设备、材料物资等实物或无形资产等资本	
	余:投资人投入企业的资本余额	

2. "资本公积"账户

属于所有者权益类账户,用以核算企业收到投资者出资额超出其在注册资本或股本中所占份额的部分。

借	资本公积	贷
资本公积减少数额	因接受投资等原因而增加的资本公积数额	
	余:资本公积的结存数	

3. "银行存款"账户

属于资产类账户,用以核算企业存入银行或其他金融机构的各种款项。

借	银行存款	贷
存入银行的款项	提取或支出的款项	
余:剩余的存款数额		

但是银行汇票存款、银行本票存款、信用卡存款、信用证保证金存款、存出投资款、外埠存款等,应通过"其他货币资金"账户核算。

(1) 银行汇票存款是指企业为取得银行汇票,按照规定存入银行的款项。

【例 5-1】 百叶公司用银行存款支付银行汇票存款 18 000 元。

借:其他货币资金——银行汇票　　　　　18 000
　　贷:银行存款　　　　　　　　　　　　　　　18 000

【例 5-2】 百叶公司使用银行汇票存款支付采购材料价款 10 000 元（暂不考虑增值税），材料已入库。

借:原材料　　　　　　　　　　　　　　　10 000
　　贷:其他货币资金——银行汇票　　　　　　　10 000

(2) 银行本票存款是指企业为取得银行本票,按照规定存入银行的款项。

【例 5-3】 百叶公司将 2 000 元银行存款转作银行本票存款,相关手续已办妥。

借:其他货币资金——银行本票　　　　　2 000
　　贷:银行存款　　　　　　　　　　　　　　　2 000

【例 5-4】 百叶公司用银行本票存款支付材料采购款 2 000 元（暂不考虑增值税），材料已经验收入库。

借:原材料　　　　　　　　　　　　　　　2 000
　　贷:其他货币资金——银行本票　　　　　　　2 000

(3) 存出投资款是指企业已经存入证券公司但是尚未进行投资的资金。

【例 5-5】 百叶公司将银行存款 3 000 000 元存入证券公司,以备购买有价证券。

借:其他货币资金——存出投资款　　　　3 000 000
　　贷:银行存款　　　　　　　　　　　　　　　3 000 000

【例 5-6】 百叶公司用存出投资款 3 000 000 元购入股票作为交易性金融资产核算。

借:交易性金融资产　　　　　　　　　　3 000 000
　　贷:其他货币资金——存出投资款　　　　　　3 000 000

(4) 外埠存款是指企业到外地进行临时或零星采购时,在采购地银行开立采购专户的款项。

【例 5-7】 成都百叶公司将款项 55 000 元汇往广东开立采购物资专户。

借:其他货币资金——外埠存款　　　　　55 000
　　贷:银行存款　　　　　　　　　　　　　　　55 000

【例 5-8】 百叶公司在广东采购原材料,材料价款 40 000 元（暂不考虑增值税），材料已经验收入库。

借:原材料　　　　　　　　　　　　　　　40 000
　　贷:其他货币资金——外埠存款　　　　　　　40000

(三) 所有者权益筹资业务的账务处理

百叶公司 12 月份发生如下所有者权益筹资业务,请运用借贷记账法进行账务处理。

【例 5-9】 12 月 3 日,百叶公司收到 A、B、C 三个投资者的银行存款投资款各 500 000 元。

分析:该笔经济业务的发生,一方面使百叶公司资产要素中的银行存款项目增加,资产类账户增加记借方,所以应借记"银行存款"账户;另一方面,投资者投入的资本项目也增加,应贷记"实收资本"账户。

会计部门根据银行收账通知,应编制如下会计分录:

借:银行存款　　　　　　　　　　　　　1 500 000
　　贷:实收资本——A 投资人　　　　　　　　　500 000
　　　　　　　——B 投资人　　　　　　　　　500 000
　　　　　　　——C 投资人　　　　　　　　　500 000

【例 5-10】 12 月 5 日，百叶公司收到 D、E、F 三家公司的投资款。D 公司以价值 3 000 000 元的厂房投资；E 公司以价值 3 000 000 元的一项专利权投资；F 公司以银行存款 3 000 000 元投资，并已存入百叶公司的开户银行。

分析：该笔经济业务的发生，一方面使百叶公司资产要素中的固定资产项目、无形资产项目、银行存款项目增加，资产类账户增加记借方，所以应借记"固定资产""无形资产""银行存款"账户；另一方面，投资者投入的资本项目也增加，应贷记"实收资本"账户。

会计部门根据银行收账通知等有关资料，应编制如下会计分录：

借：固定资产　　　　　　　　　　　　　3 000 000
　　无形资产　　　　　　　　　　　　　3 000 000
　　银行存款　　　　　　　　　　　　　3 000 000
　　　贷：实收资本——D 公司　　　　　3 000 000
　　　　　　　——E 公司　　　　　　　3 000 000
　　　　　　　——F 公司　　　　　　　3 000 000

【例 5-11】 12 月 6 日，百叶公司按法定程序办妥增资手续，以资本公积 200 000 元转增资本，同时将盈余公积 300 000 元转增资本。

分析：该笔经济业务的发生，一方面使资本公积、盈余公积减少，应借记所有者权益类的"资本公积""盈余公积"账户，另一方面导致所有者权益要素中的"实收资本"增加，所以应贷记"实收资本"账户。

借：资本公积　　　　　　　　　　　　　200 000
　　盈余公积　　　　　　　　　　　　　300 000
　　　贷：实收资本　　　　　　　　　　500 000

【例 5-12】 12 月 8 日，经协商，投资人 D 公司从百叶公司退出，按照 D 公司原实际出资额退还。百叶公司已将 3 000 000 元以银行转账方式支付给 D 公司。

分析：该笔经济业务的发生，一方面投资人退出，公司退还出资额，导致所有者权益要素中的"实收资本"减少，应借记"实收资本"账户；另一方面使银行存款减少，应贷记"银行存款"账户。

借：实收资本——D 公司　　　　　　　　3 000 000
　　　贷：银行存款　　　　　　　　　　3 000 000

三、负债筹资业务的核算

（一）负债筹资的构成

负债筹资主要包括短期借款、长期借款以及结算形成的负债等。

短期借款：偿还期限在 1 年以内（含 1 年）的各种银行借款。

长期借款：偿还期限在 1 年以上（不含 1 年）的各种银行借款。

结算形成的负债：如应付账款、应付职工薪酬、应交税费等。

负债筹资业务的核算

（二）负债筹资业务核算应设置的账户

1．"短期借款"账户

用来核算企业向银行或其他金融机构等借入的期限在 1 年以内（含 1 年）的各种借款，属于负债类账户，应按债权人设置明细账，进行明细分类核算。

该账户结构：

借	短期借款	贷
到期偿还短期借款本金	借入各种短期借款本金	
	余:期末尚未偿还的短期借款本金	

2."长期借款"账户

用来核算企业借入的期限在1年以上（不含1年）的各种借款，属于负债类账户，按债权人设置明细账，进行明细分类核算。

该账户结构：

借	长期借款	贷
到期偿还长期借款本金及利息	借入各种长期借款本金及计提的利息	
	余:期末尚未偿还的长期借款本息和	

3."应付利息"账户

用以核算企业按照合同约定应支付的利息，包括吸收存款、短期借款、分期付息到期还本的长期借款、企业债券等应支付的利息，属于负债类账户。

该账户结构：

借	应付利息	贷
偿还的利息	按合同利率计算确定的应付而未付的利息	
	余:期末尚未偿还的利息	

4."财务费用"账户

用以核算企业为筹集生产经营所需资金等而发生的筹资费用，包括利息支出（减利息收入）、汇兑损益以及相关的手续费、企业发生的现金折扣或收到的现金折扣等，属于损益类账户。

借	财务费用	贷
银行手续费、利息支出等的增加额	确认或收到的利息收入等;期末全额转入"本年利润"账户的借方	

（三）负债筹资业务的账务处理

百叶公司10—12月份发生如下负债筹资业务，请运用借贷记账法进行账务处理。

1. 短期借款的账务处理

（1）短期借款借入的账务处理

【例5-13】 10月1日，百叶公司从银行借入到期一次还本付息，偿还期限为3个月，年利率为6%的借款200 000元，款项已存入银行。

分析：该笔经济业务的发生，一方面使银行存款增加，应借记"银行存款"账户；另一方面，负债要素中的短期借款增加，负债类账户增加记贷方，所以应贷记"短期借款"账户。

借：银行存款　　　　　　　　　　　　　200 000
　　贷：短期借款　　　　　　　　　　　　　200 000

(2) 计提短期借款利息的账务处理

【例 5-14】　承【例 5-13】，当年 10 月 31 日，百叶公司计提本月应承担的上述短期借款的利息为 1 000 元（200 000×6%÷12）。

分析：该笔经济业务的发生，一方面，计提的短期借款利息费用导致公司的"财务费用"增加，应借记"财务费用"账户；另一方面，该笔利息费用应该支付但月末尚未支付，形成公司的负债，应记入"应付利息"账户，所以应贷记"应付利息"。

借：财务费用　　　　　　　　　　　　　1 000
　　贷：应付利息　　　　　　　　　　　　　1 000

当年 11 月 30 日计提利息的会计分录同上。

(3) 支付利息及归还短期借款本金的账务处理

【例 5-15】　承【例 5-14】，当年 12 月 31 日，百叶公司以银行存款支付 10—12 月份的利息和 3 000 元及归还短期借款本金 200 000 元。

分析：10—12 月份的利息和 3 000 元应分为两部分，其中 10—11 月份的利息和 2 000 元已计提记入"财务费用"账户，但尚未支付，同时记入了"应付利息"账户，12 月末支付的利息和 3 000 元中的 2 000 元为偿还 10—11 月份的利息，10—11 月份应付而未付的利息 2 000 元负债减少，所以应借记"应付利息"；而另外的 1 000 元利息为 12 月份的利息费用，在 12 月末计提记入"财务费用"账户的同时已用银行存款支付，所以应借记"财务费用"，贷记"银行存款"账户。

借：财务费用　　　　1 000（12 月份利息，直接支付，不再通过应付利息核算）
　　应付利息　　　　2 000（已计提的 10 月和 11 月的利息）
　　短期借款　　　200 000（本金）
　　贷：银行存款　　　203 000

2. 长期借款借入的账务处理

【例 5-16】　12 月 9 日，百叶公司从银行借入到期一次还本分期付息，偿还期限为 3 年，年利率为 6% 的借款 1 000 000 元，款项已存入银行。

分析：该笔经济业务的发生，一方面使百叶公司的银行存款项目增加，应借记"银行存款"账户；另一方面百叶公司负债中的长期借款项目增加，涉及"长期借款"账户，负债类账户增加记贷方，所以应贷记"长期借款"。

会计部门根据银行的收款通知，应编制如下会计分录：

借：银行存款　　　　　　　　　　　　　1 000 000
　　贷：长期借款——本金　　　　　　　　　1 000 000

第三节　材料采购业务的核算

一、材料采购业务的核算内容

材料采购过程是工业企业生产经营过程的第一个阶段。在此过程中，一方面是企业从供应单位购进各种材料物资，形成材料储备，保证生产需要，另一方面是企业要支付材料物资的买价和各种采购费用，包括运输费、装卸费、包装费、保险费、运输途中的合理损耗和入库前的挑选整理费等，并与供应单位发生结算关系。材料的买价加上各种采购费用，即为材料的采购成本。因此，材料采购过程主要是计算材料采购成本、核算和监督与供应单位的款项结算情况等。

二、材料采购成本的计算

材料采购成本的计算是把企业在材料采购过程中所支付的材料买价和采购费用，按材料的品种加以归集分摊，计算每种材料的采购总成本和单位成本。

材料采购成本由买价和采购费用两个成本项目构成。其中，买价是企业采购材料时按发票支付的货款。采购费用具体包括：

1. 运杂费

运杂费包括运输费、装卸费、包装费、保险费、仓储费等。

2. 运输途中的合理损耗

运输途中的合理损耗指企业与供应或运输部门所签订的合同中规定的合理损耗或必要的自然损耗。

3. 入库前的挑选整理费用

入库前的挑选整理费用指购入的材料在入库前需要挑选整理而发生的费用，包括挑选过程中所发生的工资、费用支出和必要的损耗，但要扣除下脚残料的价值。

4. 购入材料负担的税金（如关税等）和其他费用等

在计算材料采购成本时，材料的买价支出属于能够直接计入各种材料的采购成本的直接费用，应直接计入各种材料的采购成本。对于发生的采购费用，凡是能够分清对象的，可直接计入各种材料的采购成本；不能分清对象的，应按材料的重量、买价或体积等比例，采用一定的方法，分配计入各种材料的采购成本。

三、材料采购业务核算应设置的账户

（一）"在途物资"账户

"在途物资"账户属于资产类账户，用来核算企业购入的各种材料的买价和采购费用，计算确定材料采购实际成本。该账户应按购入材料的类别、品种、规格分别设置明细分类账，进行明细分类核算。

该账户结构：

借	在途物资	贷
外购材料的实际采购成本（包括买价和采购费用）		已验收入库材料的实际成本
余：尚未验收入库的在途物资实际成本		

（二）"原材料"账户

"原材料"账户属于资产类账户，用来核算企业库存中各种材料增减变动及其结存情况。该账户应按购入材料的类别、品种、规格分别设置明细分类账，进行明细分类核算。

该账户结构：

借	原材料	贷
已验收入库材料的实际成本	发出材料的实际成本	
余：期末库存材料的实际成本		

(三)"应付账款"账户

"应付账款"账户属于负债类账户，用来核算企业购买材料、商品和接受劳务供应等而应付未付的款项。

该账户结构：

借	应付账款	贷
已偿还的应付款项	应付而未付的款项	
	余：尚未偿还的应付款	

(四)"预付账款"账户

"预付账款"账户属于资产类账户，用来核算购买材料、商品和接受劳务供应等而预付的款项，是企业的债权。

该账户结构：

借	预付账款	贷
预付给供应单位的贷款和补付的款项	与供货单位结算核销的预付货款	
余：实际预付的款项		

(五)"应交税费"账户

"应交税费"账户属于负债类账户，用来核算企业按照税法等规定计算应交纳的各种税费，包括增值税、消费税、企业所得税、资源税、土地增值税、城市维护建设税、房产税、土地使用税、车船税、教育费附加、矿产资源补偿费等。企业代扣代交的个人所得税等，也通过该账户核算。该账户应按应交的税费项目进行明细核算。

"应交税费——应交增值税"账户又可设"应交税费——应交增值税（销项税额）"和"应交税费——应交增值税（进项税额）"等三级明细账户。销项税额是企业销售货物或提供劳务等而收取的增值税；进项税额是企业购进货物或接受劳务而交纳的增值税。进项税额抵扣销项税额后的增值税差额即为该企业应缴纳的增值税额，但进项税额的准予抵扣必须符合条件。

该账户结构：

借	应交税费——应交增值税	贷
购进货物、接受劳务支付的进项税额和实际已交的增值税	销售货物、提供劳务应交的销项税额	
	余：尚未交纳的增值税额	

四、材料采购业务的账务处理

百叶公司12月份发生如下材料采购业务,请运用借贷记账法进行账务处理。

1. 外购原材料未付款且未验收入库

【例5-17】 12月10日,百叶公司从达腾公司购入甲材料40吨,单价700元,乙材料60吨,单价900元,共计82 000元,增值税进项税额10 660元,款项已用银行存款支付,材料尚未验收入库。

分析:该笔经济业务的发生,一方面使材料采购支出增加82 000元,增值税进项税额增加10 660元;另一方面是使企业的银行存款减少92 660元,所以涉及"在途物资""应交税费——应交增值税"和"银行存款"三个账户,材料价款支出的增加是资产的增加,应记入"在途物资"账户的借方,增值税进项税额的增加是负债的减少,应记入"应交税费——应交增值税"账户的借方。

借:在途物资——甲材料　　　　　　　　28 000
　　　　　　——乙材料　　　　　　　　54 000
　　应交税费——应交增值税(进项税额)　10 660
　　贷:银行存款　　　　　　　　　　　　　　　92 660

2. 支付采购费用

【例5-18】 12月11日,百叶公司以银行存款支付上述甲材料运输费2 000元、乙材料运输费3 000元(暂不考虑运输费的增值税)。

分析:该笔经济业务的发生,一方面使百叶公司材料采购成本增加了5 000元,资产类账户增加记借方,所以应借记"在途物资"账户;另一方面,支付运输费减少银行存款5 000元,应贷记"银行存款"账户。同时,该笔运输费能够划分清楚费用的对象,所以应直接计入相关材料的采购成本,不需要分配。

借:在途物资——甲材料　　　　　　　　2 000
　　　　　　——乙材料　　　　　　　　3 000
　　贷:银行存款　　　　　　　　　　　　　　5 000

【例5-19】 12月11日,百叶公司以银行存款支付上述甲、乙材料共同发生的装卸搬运费1 600元。

分析:该笔经济业务的发生,一方面使材料采购支出增加1 600元,应借记"在途物资"账户;另一方面使银行存款减少1 600元,应贷记"银行存款"账户。同时,该笔装卸搬运费属于两种材料共同发生的费用,不能清楚地划分费用对象,所以应分配计入有关材料的采购成本中。本业务选择材料的重量作为分配标准。

每吨材料应分配的装卸搬运费 $= \dfrac{1\ 600}{40+60} = 16$(元/吨)

甲材料应分配的装卸搬运费 $= 16 \times 40 = 640$(元)

乙材料应分配的装卸搬运费 $= 16 \times 60 = 960$(元)

借:在途物资——甲材料　　　　　　　　640
　　　　　　——乙材料　　　　　　　　960
　　贷:银行存款　　　　　　　　　　　　　1 600

【例5-20】 12月12日,百叶公司向宇翔公司购入丙材料10吨,单价800元,计8 000元,增值税进项税额1 040元。材料尚未验收入库,货款尚未支付。

分析：该笔经济业务的发生，一方面使材料采购支出增加8 000元，增值税进项税额增加1 040元；另一方面使企业的应付账款增加9 040元，所以涉及"在途物资""应交税费——应交增值税"和"应付账款"三个账户，材料价款支出的增加是资产的增加，应记入"在途物资"账户的借方，增值税进项税额的增加是负债的减少，应记入"应交税费——应交增值税"账户的借方，应付账款的增加是负债的增加，应记入"应付账款"账户的贷方。

借：在途物资——丙材料　　　　　　　　8 000
　　应交税费——应交增值税（进项税额）　1 040
　　贷：应付账款——宇翔公司　　　　　　　　9 040

3. 预付货款

【例5-21】 12月12日，百叶公司以银行存款10 000元预付乐美公司的材料款。

分析：该笔经济业务的发生，一方面使预付账款增加10 000元，预付账款属于企业的资产，应借记"预付账款"账户；另一方面使银行存款减少10 000元，应贷记"银行存款"账户。

借：预付账款——乐美公司　　　　　　10 000
　　贷：银行存款　　　　　　　　　　　　　10 000

4. 还前欠货款

【例5-22】 12月15日，百叶公司以银行存款支付前欠宇翔公司的购材料款9 360元。

分析：该笔经济业务的发生，一方面使应付账款减少9 360元，应借记"应付账款"账户；另一方面使银行存款减少9 360元，应贷记"银行存款"账户。

借：应付账款——宇翔公司　　　　　　9 360
　　贷：银行存款　　　　　　　　　　　　　9 360

5. 已付货款提货

【例5-23】 12月16日，乐美公司按合同发来前已预付10 000元货款的丙材料9吨，单价800元，计7 200元，增值税进项税额936元，余款已退回存入银行，材料尚未验收入库。

分析：该笔经济业务的发生，一方面使材料采购支出增加7 200元，应借记"在途物资"账户；增值税进项税额增加936元，应借记"应交税费——应交增值税"账户；银行存款增加1 864元，应借记"银行存款"账户；另一方面预付账款减少10 000元，应贷记"预付账款"账户。

借：在途物资——丙材料　　　　　　　7 200
　　应交税费——应交增值税　　　　　　　936
　　银行存款　　　　　　　　　　　　1 864
　　贷：预付账款——乐美公司　　　　　　　10 000

6. 已采购材料验收入库

【例5-24】 12月18日，上述甲、乙、丙三种材料验收入库，计算并结转三种材料的实际采购总成本。

分析：该笔经济业务表明，甲、乙、丙三种材料的采购过程已经完成，应按照采购过程中所发生的费用项目分别计算确定三种材料的实际采购总成本，并且应按照实际采购总成本的金额从"在途物资"账户的贷方转入"原材料"账户的借方，以反映入库原材料的实际成本增加。

由【例5-17】、【例5-18】、【例5-19】、【例5-20】及【例5-23】的资料可归集出材料采购总成本：

借	在途物资——甲材料		贷
【例 5-17】 28 000			
【例 5-18】 2 000		【例 5-24】	30 640
【例 5-19】 640			
本月合计： 30 640		本月合计：	30 640

借	在途物资——乙材料		贷
【例 5-17】 54 000			
【例 5-18】 3 000		【例 5-24】	57 960
【例 5-19】 960			
本月合计： 57 960		本月合计：	57 960

借	在途物资——丙材料		贷
【例 5-20】 8 000			
【例 5-23】 7 200		【例 5-24】	15 200
本月合计： 15 200		本月合计：	15 200

由上可知三种材料的采购总成本＝82 000＋5 000＋1 600＋8 000＋7 200＝103 800（元），其中：

甲材料的买价＝28 000元，采购费用＝2 000＋640＝2 640（元）

可知，甲材料的采购总成本＝28 000＋2 640＝30 640（元）

乙材料的买价＝54 000元，采购费用＝3 000＋960＝3 960（元）

可知，乙材料的采购总成本＝54 000＋3 960＝57 960（元）

丙材料的买价＝8 000＋7 200＝15 200（元）

可知，丙材料的采购总成本＝15 200元

由上分析，可编制如下会计分录：

借：原材料——甲材料　　　　　　　30 640
　　　　　——乙材料　　　　　　　57 960
　　　　　——丙材料　　　　　　　15 200
　　贷：在途物资——甲材料　　　　30 640
　　　　　　　——乙材料　　　　　57 960
　　　　　　　——丙材料　　　　　15 200

第四节　产品生产业务的核算

一、产品生产业务的核算内容

工业企业的产品生产业务是指从生产车间领用原材料到产品完工并验收入库全过程中所发生的业务。

企业在生产产品的过程中所发生的各种耗费，称为生产费用，主要包括生产产品所领用的原材料，生产工人的工资及福利费，厂房和机器设备等固定资产计提的折旧费，以及管理和组织生产、为生产服务而发生的各种费用。

上述各种生产耗费要按一定种类和数量的产品进行归集和分配，计算出为制造各种产品而耗用的生产费用即产品成本。因此，在产品生产过程中费用的发生、归集和分配，计算期末完工产品成本和在产品成本，结转完工产品成本，就构成了产品生产业务核算的主要内容。

二、产品生产成本的计算

产品生产成本的计算，就是以生产产品的品种或类别为成本计算对象，归集和分配生产过程中所发生的各种生产费用，并按成本项目计算各种产品的总成本和单位成本。企业在生产经营过程中所发生的各项费用，按其经济用途分类，可分为直接材料、直接人工、制造费用和期间费用。

产品生产业务的生产成本计算、账户设置

1. 直接材料

直接材料指为生产产品而耗用的原材料、辅助材料、备品备件、外购半成品、燃料动力、包装物、低值易耗品以及其他直接材料。

2. 直接人工

直接人工是指企业直接从事产品生产人员的工资、奖金、津贴补贴及职工福利费等。

3. 制造费用

制造费用是指企业各生产单位为组织和管理生产所发生的各项间接费用，包括各生产单位如车间管理人员工资和福利费、折旧费、修理费、机器物料消耗、办公费、水电费、保险费及劳动保护费等。

4. 期间费用

期间费用是指企业在生产经营过程中发生的销售费用、管理费用和财务费用。其中，销售费用是指企业在销售商品过程中发生的各项费用，以及专设销售机构的各项经费；管理费用是指企业为管理和组织企业生产经营活动而发生的各项费用；财务费用是指企业为筹集生产经营所需资金而发生的各项费用。

上述各项费用对产品生产成本的影响如图 5-2 所示。

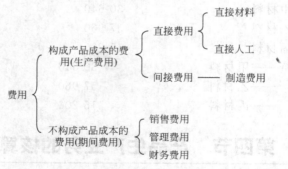

图 5-2 费用对产品生产成本的影响

三、产品生产业务核算应设置的账户

（一）"生产成本"账户

"生产成本"账户属于成本类账户，用来核算企业进行工业性生产，包括生产各种产品（如产成品、自制半成品、提供劳务等）、自制材料、自制工具、自制设备等所发生的各项生产费用。该账户应按成本核算对象（产品品种、批别或步骤）设置明细账，进行明细核算。

该账户结构：

借	生产成本	贷
为制造产品直接发生的材料、燃料、工资以及职工福利费等直接费用及间接费用（分配转入的制造费用）	生产完工并已验收入库的产品、自制半成品等实际成本	
余：尚未完工的在产品的实际生产费用		

（二）"制造费用"账户

"制造费用"账户属于成本类账户，用来核算企业为生产产品和提供劳务而发生的各项间接费用，包括车间管理人员的工资及福利费、机器设备及车间厂房等固定资产的折旧费和修理费、车间办公费、机器物料消耗、劳动保护费和季节性、修理期间的停工损失等以及其他不能直接计入产品生产成本的生产费用。该账户应按车间分费用项目设置明细账户进行明细核算。

该账户结构：

借	制造费用	贷
车间发生间接材料、间接人工等间接费用时	分配结转记入生产成本时	

月末，除季节性生产企业外，该账户借方归集多少间接费用，都应按照适当的分配标准分配给各有关的成本计算对象，从其贷方转出，记入"生产成本"账户的借方，月末应无余额。

（三）"应付职工薪酬"账户

"应付职工薪酬"账户属于负债类账户，用来核算企业应付给职工的工资及各种福利费用总额。该账户应设置"工资""职工福利费""社会保险费""住房公积金""工会经费""职工教育经费""非货币性福利"等明细账户，进行明细核算。

该账户结构：

借	应付职工薪酬	贷
实际发放工资薪酬数	分配应发工资薪酬数	
	余：尚未支付给职工的工资薪酬	

（四）"库存商品"账户

"库存商品"账户属于资产类账户，用来核算企业库存各种商品成本增减变动情况。该账户应按商品品种设置明细账户，进行明细核算。

该账户结构：

借	库存商品	贷
已完工并验收入库商品的实际成本	因销售等结转商品的实际成本	
余：期末结存库存商品的实际成本		

(五)"累计折旧"账户

"累计折旧"账户属于资产类账户,是"固定资产"账户的抵减账户,用来核算企业固定资产的累计折旧增减变动情况。

固定资产折旧是指企业的固定资产在生产过程中由于使用、自然作用以及技术进步等原因,逐渐地损耗而转移到产品成本或当期费用中的那部分价值。固定资产折旧费是生产经营过程中发生的费用,将随着产品的销售和取得收入而得到补偿,计提固定资产折旧费,引起资产要素中的固定资产价值减少,但为了反映固定资产的原始价值指标,以满足管理上的需要,对于因折旧而减少的固定资产价值,不直接记入"固定资产"账户的贷方,而专门设置了一个调整账户,来反映固定资产因发生折旧而减少的价值,即"累计折旧"账户。

用"累计折旧"账户的贷方余额抵减"固定资产"账户的借方余额,可得到固定资产的折余价值,即固定资产净值。该账户可按固定资产类别或项目设置明细账户,进行明细核算。

该账户结构:

借	累计折旧	贷
出售、报废、毁损固定资产的折旧数额	按月计提固定资产折旧增加数额	
	余:企业现有固定资产累计折旧数额	

(六)"管理费用"账户

"管理费用"账户属于损益类账户,用来核算企业行政管理部门为管理和组织生产经营活动而发生的各项费用,包括工资和福利费、差旅费、办公费、固定资产折旧、劳动保险费等。该账户应按费用项目设置明细账户,进行明细核算。

期末,将该账户借方归集的管理费用金额从贷方转入"本年利润"账户的借方后,期末无余额。

该账户结构:

借	管理费用	贷
本期实际发生的各项管理费用	期末转入"本年利润"账户借方的金额	

(七)"销售费用"账户

"销售费用"账户属于损益类账户,用来核算企业在销售商品过程中发生的费用,包括运输费、装卸费、包装费、保险费、展览费和广告费,以及为销售本企业商品而专设的销售机构(含销售网点、售后服务网点等)的职工工资及福利费、类似工资性质的费用、业务费等经营费用。该账户应按费用项目设置明细账户,进行明细核算。

期末,将该账户借方归集的销售费用金额从贷方转入"本年利润"账户的借方后,期末无余额。

该账户结构:

借	销售费用	贷
本期实际发生的各种销售费用	期末转入"本年利润"账户借方的金额	

(八)"财务费用"账户

"财务费用"账户属于损益类账户,用来核算企业为筹集生产经营所需资金而发生的各项费用。该账户应按费用项目设置明细账户,进行明细核算。

期末,将该账户借方归集的财务费用金额从贷方转入"本年利润"账户的借方后,期末无余额。

该账户结构:

借	财务费用	贷
本期实际发生的各项财务费用		期末转入"本年利润"账户借方的金额

四、产品生产业务的账务处理

百叶公司12月份发生如下产品生产业务,请运用借贷记账法进行账务处理。

1. 材料费用的归集和分配

企业在生产过程中,必然要消耗材料。生产部门需要材料时,应该填制有关的领料凭证,向仓库办理手续领料。会计部门根据领料凭证进行会计处理。

产品生产业务材料费用的核算

【例 5-25】 12月31日,领料凭证如表5-1所示。

表 5-1 材料领用汇总表
12月31日

用途	甲材料		乙材料		丙材料		合计
	数量/吨	金额/元	数量/吨	金额/元	数量/吨	金额/元	金额/元
一、产品生产耗用							
A产品	5	3 830	8	7 728			11 558
B产品	4	3 064	9	8 694	5	4 000	15 758
二、车间管理部门耗用	2	1 532	6	5 796	4	3 200	10 528
三、行政管理部门耗用	3	2 298	2	1 932			4 230
四、销售部门耗用	1	766	3	2 898			3 664
合计	15	11 490	28	27 048	9	7 200	45 738

分析:该笔经济业务的发生,一方面使甲材料减少11 490元、乙材料减少27 048元、丙材料减少7 200元,即原材料总计共减少45 738元,应贷记"原材料"账户;另一方面使各项成本费用增加45 738元,其中,直接用于生产A产品11 558元,直接用于生产B产品15 758元,是可以直接计入产品生产成本的直接材料,应借记"生产成本"账户;车间管理部门耗用10 528元,是间接费用,应先归集到"制造费用"账户的借方;行政管理部门耗用4 230元,属于期间费用,应借记"管理费用"账户;销售部门耗用3 664元,属于期间费用,应借记"销售费用"账户。

借:生产成本——A产品　　　　　11 558
　　　　　　——B产品　　　　　15 758
　　制造费用　　　　　　　　　　10 528

```
        管理费用                              4 230
        销售费用                              3 664
          贷：原材料——甲材料                  11 490
                   ——乙材料                  27 048
                   ——丙材料                   7 200
```

2. 工资及福利费的归集和分配

工资费用是指企业支付给劳动者的劳动报酬，包括工资、奖金和津贴。在我国，企业职工除按规定取得工资外，还可以享受一定的福利待遇，如享受公费医疗，接受困难补助等。为了正确地计算产品成本，确定当期损益，企业须组织工资及福利费的核算，正确地归集和分配工资及福利费。

产品生产业务职工薪酬的核算

【例 5-26】 12 月 31 日，结算本月应付职工工资 27 500 元，其中 A 产品工人工资 14 000 元，B 产品工人工资 6 000 元，车间管理人员工资 2 500 元，行政管理人员工资 5 000 元。

分析：该笔经济业务的发生，一方面使企业应付职工的工资增加了 27 500 元，应贷记"应付职工薪酬"账户；另一方面使企业的成本费用增加了 27 500 元，其中 A 产品工人工资 14 000 元、B 产品工人工资 6 000 元，是可以直接计入产品生产成本的直接人工，应记入"生产成本"账户的借方；车间管理人员工资 2 500 元，属于间接费用，应先归集到"制造费用"账户的借方；行政管理人员工资 5000 元，属于期间费用，应记入"管理费用"账户的借方。

```
        借：生产成本——A 产品                 14 000
                 ——B 产品                   6 000
            制造费用                          2 500
            管理费用                          5 000
          贷：应付职工薪酬——工资             27 500
```

【例 5-27】 12 月 31 日，企业从银行提取现金 27 500 元备发工资。

分析：该笔经济业务的发生，一方面使企业库存现金增加 27 500 元，应借记"库存现金"账户；另一方面使银行存款减少 27 500 元，应贷记"银行存款"账户。

```
        借：库存现金                          27 500
          贷：银行存款                        27 500
```

【例 5-28】 12 月 31 日，企业以现金 27 500 元发放工人工资。

分析：该笔经济业务的发生，一方面使企业库存现金减少 27 500 元，应贷记"库存现金"账户；另一方面使企业应付职工薪酬也减少 27 500 元，应借记"应付职工薪酬"账户。

```
        借：应付职工薪酬                      27 500
          贷：库存现金                        27 500
```

【例 5-29】 12 月 31 日，企业以工资总额的 14% 计提职工福利费。

分析：职工福利费按工资总额的 14% 从成本、费用中提取，用于职工的医疗卫生费用、困难补助费以及医务和福利人员的工资等。提取职工福利费，一方面要记入与工资相应的费用项目，另一方面形成一笔应付款项。

职工福利费作为一项费用，要按照工资费用的归属（见【例 5-26】）分别记入"生产成本""制造费用""管理费用"账户的借方，同时按提取的职工福利费总额记入"应付职工薪酬"账户的贷方。

本月应计提的职工福利费，计算如下：

A产品生产工人工资提取的福利费：14 000×14%＝1 960（元）

B产品生产工人工资提取的福利费：6 000×14%＝840（元）

车间管理人员工资提取的福利费：2 500×14%＝350（元）

行政管理人员工资提取的福利费：5 000×14%＝700（元）

借：生产成本——A产品　　　　　1 960
　　　　　　——B产品　　　　　　840
　　制造费用　　　　　　　　　　350
　　管理费用　　　　　　　　　　700
　　贷：应付职工薪酬——福利费　　　3 850

3. 制造费用的归集与分配

（1）发生其他制造费用

【例5-30】 12月31日，企业以银行存款支付本月车间发生的水电费2 000元、行政管理部门水电费1 500元、销售部门水电费用1 000元。

产品生产业务制造费用的核算

分析：该笔经济业务的发生，一方面使银行存款减少4500元，应贷记"银行存款"账户；另一方面车间发生的水电费，属于生产费用的间接费用，应先归集到"制造费用"账户的借方，行政管理部门水电费、销售部门水电费属于期间费用，应分别记入"管理费用""销售费用"账户的借方。

借：制造费用　　　　　　　　　　2 000
　　管理费用　　　　　　　　　　1 500
　　销售费用　　　　　　　　　　1 000
　　贷：银行存款　　　　　　　　　4 500

【例5-31】 12月31日，该企业计提本月固定资产折旧24 000元，其中车间固定资产折旧12 000元，行政管理部门固定资产折旧8 000元，销售部门固定资产折旧4 000元。

分析：该笔经济业务的发生，一方面使企业固定资产折旧费用增加24 000元，应贷记"累计折旧"账户；另一方面车间固定资产折旧属于间接费用，应先归集到"制造费用"账户的借方，行政管理部门固定资产折旧、销售部门固定资产折旧属于期间费用，应分别记入"管理费用""销售费用"账户的借方。

借：制造费用　　　　　　　　　　12 000
　　管理费用　　　　　　　　　　8 000
　　销售费用　　　　　　　　　　4 000
　　贷：累计折旧　　　　　　　　　24 000

（2）归集和分配制造费用

【例5-32】 12月31日，企业归集本月发生的制造费用总额，并将制造费用按A、B产品的生产工人工资比例全部分配转入A、B产品的生产成本中。

分析：制造费用属于生产成本费用项目当中的间接费用，月末应将本月发生的各种间接生产费用归集出总额，并从"制造费用"账户转入"生产成本"账户，以核算产品的生产成本。

该笔经济业务的发生，一方面使产品生产成本增加，应借记"生产成本"账户；另一方面因分配制造费用而造成制造费用减少，应贷记"制造费用"账户。

首先，由【例5-25】、【例5-26】、【例5-29】、【例5-30】及【例5-31】可归集出本月发

生的制造费用总额：

借	制造费用	贷
【例 5-25】 10 528		
【例 5-26】 2 500		
【例 5-29】 350	【例 5-32】 27 378	
【例 5-30】 2 000		
【例 5-31】 12 000		
本月合计： 27 378	本月合计： 27 378	

本月发生的制造费用总额=10 528+2 500+350+2 000+12 000=27 378（元）；

其次，选择分配标准：A、B产品的生产工人工资数额，其中，A产品生产工人工资14 000元，B产品生产工人工资6 000元；

第三，分配制造费用，并计入"生产成本"账户借方：

制造费用分配率 $=\dfrac{27\ 378}{14\ 000+6\ 000}=1.368\ 9$

A产品应分配的制造费用=14 000×1.368 9=19 165（元）
B产品应分配的制造费用=6 000×1.368 9=8 213（元）

由上述分析可编制如下会计分录：

借：生产成本——A产品　　　　19 165
　　　　　——B产品　　　　　8 213
　　贷：制造费用　　　　　　　　　　　　27 378

4. 产品生产成本的计算

【例 5-33】 12月31日，企业在本月投入生产A产品50件，全部生产完工，并已验收入库；本月投入生产B产品100件，全部尚未完工。（假设月初无A、B产品生产成本的有关资料）

产品生产业务完工　产品生产业务账务
产品成本的核算　　处理举例

分析：企业在月末时，应按有关生产资料，分生产成本费用项目（直接材料、直接人工和制造费用）归集计算产品生产总成本。

月末产品生产完工并已验收入库时，应按产品的实际生产成本总额转入"库存商品"账户；月末产品尚未完工时，只需结出此产品的"生产成本"账户余额即可，无须转入"库存商品"账户，待以后会计期间生产完工时再结转。

该笔经济业务的发生，一方面使产品生产成本减少，应贷记"生产成本"账户；另一方面库存商品增加，应借记"库存商品"账户。

由【例 5-25】、【例 5-26】、【例 5-29】及【例 5-32】的有关资料可归集出本月发生的生产成本总额：

借	生产成本——A产品	贷
【例 5-25】直接材料 11 558		
【例 5-26】直接人工 14 000		
【例 5-29】直接人工 1 960	【例 5-33】 46 683	
【例 5-32】制造费用 19 165		
本月合计： 46 683	本月合计： 46 683	

借	生产成本——B产品	贷
【例 5-25】直接材料　15 758		
【例 5-26】直接人工　6 000		
【例 5-29】直接人工　840		
【例 5-32】制造费用　8 213		
本月合计：　30 811		

本月发生的生产成本总额＝11 558＋15 758＋15 960＋6 840＋19 165＋8 213＝77 494（元），其中：

A 产品有关成本项目：

直接材料＝11 558 元

直接人工＝14 000＋1 960＝15 960（元）

制造费用＝19 165 元

A 产品实际生产成本＝11 558＋15 960＋19 165＝46 683（元）

B 产品有关成本项目：

直接材料＝15 758 元

直接人工＝6 000＋840＝6 840（元）

制造费用＝8 213 元

B 产品实际生产成本＝15 758＋6 840＋8 213＝30 811（元）

由上述分析可知，A 产品已经完工并验收入库，应按实际生产成本金额转入"库存商品"账户，可编制如下会计分录：

借：库存商品——A 产品　　　　　　46 683
　　贷：生产成本——A 产品　　　　　　46 683

【例 5-33】中本月"生产成本"账户的借方发生额为 77 494 元，贷方发生额为 46 683 元，则月末余额为借方 30 811（即 77 494－46 683）元，即为本月末尚未完工的 B 产品的实际生产成本。

第五节　产品销售业务的核算

一、产品销售业务的核算内容

在销售过程中，企业通过产品销售取得了销售收入，但取得产品销售收入是以付出产品为代价的，而已销售产品的实际生产成本就是产品的销售成本。同时，在销售过程中，为了销售产品还会产生一些销售费用，如销售产品的运输费、装卸费、包装费、广告费以及为销售本企业的产品而专设的销售机构的职工工资、福利费、业务费等经常性费用。企业还应当根据国家有关税法的规定，计算缴纳企业销售活动应负担的税金及附加。

除此以外，企业还可能发生一些其他经济业务，取得其他业务收入和发生其他业务成本。因此，销售过程业务核算的主要内容是确定和记录企业销售商品的收入；因销售商品而发生的实际成本、销售费用；计算企业销售活动应负担的税金及附加以及营业利润或亏损情况；反映企业与购货单位所发生的货物结算关系；监督税金及附加的及时缴纳等，以促使企业努力增加收入，节约费用。

二、产品销售业务核算应设置的账户

(一)"主营业务收入"账户

"主营业务收入"账户属于损益类账户,用来核算企业在销售商品、提供劳务等日常活动中所产生的收入。期末将本账户的余额结转到"本年利润"账户后,该账户无余额。

该账户结构:

借	主营业务收入	贷
发生销售退回和期末转入"本年利润"账户的数额	销售商品、提供劳务等主营业务所实现的收入	

(二)"主营业务成本"账户

"主营业务成本"账户属于损益类账户,用来核算企业因销售商品、提供劳务等日常活动而发生的实际成本。期末将本账户的余额结转到"本年利润"账户后,该账户无余额。

该账户结构:

借	主营业务成本	贷
结转已售商品、提供劳务等的实际成本	期末转入"本年利润"账户的数额	

(三)"税金及附加"账户

"税金及附加"账户属于损益类账户,用来核算企业日常经营活动应负担的税金及附加,包括消费税、城市维护建设税、资源税、土地增值税、教育费附加等。期末将本账户的余额结转到"本年利润"账户后,该账户无余额。

该账户结构:

借	税金及附加	贷
按照规定计算应缴纳的税金	期末转入"本年利润"账户的数额	

(四)"其他业务收入"账户

"其他业务收入"账户属于损益类账户,用来核算企业除主营业务活动以外的其他经营活动所实现的收入,如出租固定资产、出租无形资产、销售材料等收入。期末将本账户的余额结转到"本年利润"账户后,该账户无余额。

该账户结构:

借	其他业务收入	贷
期末转入"本年利润"账户的数额	取得的其他业务收入	

（五）"其他业务成本"账户

"其他业务成本"账户属于损益类账户，用来核算企业除主营业务活动以外的其他经营活动所发生的成本，如出租固定资产的折旧额、出租无形资产的摊销额、销售材料的成本等。期末将本账户的余额结转到"本年利润"账户后，该账户无余额。

该账户结构：

借	其他业务成本	贷
发生的其他业务成本		期末转入"本年利润"账户的数额

（六）"应收账款"账户

"应收账款"账户属于资产类账户，用来核算企业因销售商品、提供劳务等应向购货单位或接受劳务单位收取的款项。该账户应按不同购货单位设置明细账，进行明细核算。

该账户结构：

借	应收账款	贷
应收未收的销售款项		收回前欠的销售款项
余：期末尚未收回的应收款项		

（七）"预收账款"账户

"预收账款"账户属于负债类账户，是企业的一项债务，用来核算企业因销售商品或材料、提供劳务等业务而根据合同应向购货单位或接受劳务单位预收的货款。该账户应按不同购货单位设置明细账，进行明细核算。

该账户结构：

借	预收账款	贷
发货后与购货单位结算的款项		根据合同预收的款项
		余：已经预收而尚未发货进行结算的款项

在产品销售业务核算的过程中，还应设置"银行存款"账户、"库存商品"账户、"销售费用"账户、"应交税费——应交增值税（销项税额）"账户等。

三、产品销售业务的账务处理

百叶公司 12 月份发生如下产品销售业务，请运用借贷记账法进行账务处理。

产品销售业务的账务处理原理　产品销售业务的账务处理举例　期间费用的账务处理

1. 销售产品

【例 5-34】 12 月 1 日，百叶公司向天骄公司销售 C 产品一批，货款 500 000 元，同时开出增值税专用发票一张，注明销项税额 65 000 元，款项尚未收到。

分析：该笔经济业务的发生，一方面使销售收入和应交增值税销项税额增加，应贷记"主营业务收入"账户和"应交税费——应交增值税（销项税额）"账户；另一方面款项尚未收到，引起资产要素中的应收账款项目增加，应借记"应收账款"账户。

借：应收账款——天骄公司　　　　　　　　　　　565 000
　　贷：主营业务收入　　　　　　　　　　　　　　　500 000
　　　　应交税费——应交增值税（销项税额）　　　 65 000

【例5-35】 12月2日，百叶公司向南华公司销售D产品一批，货款200 000元，同时开出增值税专用发票一张，注明销项税额26 000元，收到款项已存入银行。

分析：该笔经济业务的发生，一方面使销售收入和应交增值税销项税额增加，应贷记"主营业务收入"账户和"应交税费——应交增值税（销项税额）"账户；另一方面款项已经收到，引起资产要素中的银行存款项目增加，应借记"银行存款"账户。

借：银行存款　　　　　　　　　　　　　　　　　226 000
　　贷：主营业务收入　　　　　　　　　　　　　　　200 000
　　　　应交税费——应交增值税（销项税额）　　　 26 000

2. 结转已销售产品的成本

【例5-36】 12月4日，百叶公司结转已销售C产品、D产品的实际生产成本，其中，已销C产品的生产成本是300 000元，已销D产品的生产成本是100 000元。

分析：该笔经济业务的发生，一方面使企业库存商品减少，应贷记"库存商品"账户；另一方面使产品销售成本增加，应借记"主营业务成本"账户。

借：主营业务成本　　　　　　　　　　　　　　　400 000
　　贷：库存商品——C产品　　　　　　　　　　　　300 000
　　　　　　　　——D产品　　　　　　　　　　　　100 000

3. 销售原材料

【例5-37】 12月6日，百叶公司向南华公司销售甲材料一批，价款30 000元，同时开出增值税专用发票一张，注明销项税额3 900元，收到款项已存入银行。

分析：该笔经济业务的发生，一方面使其他业务收入和应交增值税（销项税额）增加，应贷记"其他业务收入"账户和"应交税费——应交增值税（销项税额）"账户；另一方面款项已经收到，引起资产要素中的银行存款项目增加，应借记"银行存款"账户。

借：银行存款　　　　　　　　　　　　　　　　　 33 900
　　贷：其他业务收入　　　　　　　　　　　　　　　 30 000
　　　　应交税费——应交增值税（销项税额）　　　 3 900

4. 结转已销售材料的成本

【例5-38】 12月7日，百叶公司结转已销售甲材料的实际采购成本20 000元。

分析：该笔经济业务的发生，一方面使企业原材料减少，应贷记"原材料"账户；另一方面使材料销售成本增加，应借记"其他业务成本"账户。

借：其他业务成本　　　　　　　　　　　　　　　 20 000
　　贷：原材料——甲材料　　　　　　　　　　　　　 20 000

5. 预收货款

【例5-39】 12月8日，百叶公司预收创乐公司交来的购货款100 000元已存入银行。

分析：该笔经济业务的发生，一方面使企业的负债预收账款增加，应贷记"预收账款"账户；另一方面使资产银行存款增加，应借记"银行存款"账户。

借：银行存款　　　　　　　　　　　　　　　　　100 000
　　贷：预收账款——创乐公司　　　　　　　　　　　100 000

【例5-40】 12月10日，百叶公司按照合同要求交付创乐公司已预付款C产品，价款80 000元，同时开出增值税专用发票一张，注明销项税额10 400元，剩余款项已返还创乐公司。

分析：该笔经济业务的发生，一方面使企业的负债预收账款减少，应借记"预收账款"账户，同时使资产银行存款也减少，应贷记"银行存款"账户；另一方面使销售收入和应交增值税销项税额增加，应贷记"主营业务收入"账户和"应交税费——应交增值税（销项税额）"账户。

借：预收账款——创乐公司　　　　　　　　　100 000
　　贷：主营业务收入　　　　　　　　　　　　80 000
　　　　应交税费——应交增值税（销项税额）　10 400
　　　　银行存款　　　　　　　　　　　　　　 9 600

6. 支付销售费用

【例 5-41】 12 月 12 日，百叶公司以银行存款支付本月广告费 2 000 元。

分析：该笔经济业务的发生，一方面使企业的资产银行存款减少，应贷记"银行存款"账户；另一方面使销售费用增加，应借记"销售费用"账户。

借：销售费用　　　　　　　　　　　　　　　　2 000
　　贷：银行存款　　　　　　　　　　　　　　 2 000

7. 计算并交纳有关税金

【例 5-42】 12 月 13 日，百叶公司通过计算已销售 D 产品应交纳的消费税，按销售收入的 10% 计算，交纳税金为 20 000 元。

分析：该笔经济业务的发生，一方面使企业的负债应交税费增加，应贷记"应交税费"账户；另一方面使应由产品销售负担的销售税金支出增加，应借记"税金及附加"账户。

借：税金及附加　　　　　　　　　　　　　　20 000
　　贷：应交税费——应交消费税　　　　　　20 000

【例 5-43】 12 月 31 日，百叶公司以银行存款交纳消费税金 20 000 元。

分析：该笔经济业务的发生，一方面使企业的资产银行存款减少，应贷记"银行存款"账户；另一方面使负债应交税费减少，应借记"应交税费"账户。

借：应交税费——应交消费税　　　　　　　　20 000
　　贷：银行存款　　　　　　　　　　　　　20 000

第六节　利润形成与分配业务的核算

一、利润形成业务的核算

（一）利润形成业务的核算内容

利润是指企业在一定时期内进行生产经营活动，最终在财务上所实现的成果，即净利润或净亏损，又称为财务成果，是衡量企业经营管理的主要综合性指标。它由以下几个部分构成，其关系式为：

净利润＝利润总额－所得税费用

利润总额＝营业利润＋营业外收入－营业外支出

营业利润＝营业收入－营业成本－税金及附加－销售费用－管理费用－研发费用－
　　　　　财务费用＋其他收益＋投资收益＋公允价值变动收益－信用减值损失－

利润形成的原理

资产减值损失＋资产处置收益

营业收入＝主营业务收入＋其他业务收入

营业成本＝主营业务成本＋其他业务成本

（二）利润形成业务核算应设置的账户

1."本年利润"账户

"本年利润"账户属于所有者权益类账户，用来核算企业实现的净利润（或发生的净亏损）。

利润形成业务的账户设置

该账户结构：

借	本年利润	贷
期末转入各项支出；转到利润分配贷方		期末转入各项收入；转到利润分配借方

收入和支出相抵后，该账户期末贷方余额表示本期实现的净利润，期末借方余额表示本期发生的净亏损；年末，该账户不论是借方余额还是贷方余额，均应全部转入"利润分配——未分配利润"账户，结转后无余额。

2."营业外收入"账户

"营业外收入"账户属于损益类账户，用来核算企业发生的与企业生产经营无直接关系的各项收入，如接收捐赠、固定资产盘盈、确实无法支付应转作营业外收入的应付款项、非流动资产毁损报废收益等。该账户期末结转至"本年利润"账户后无余额。

该账户结构：

借	营业外收入	贷
期末转入"本年利润"账户的营业外收入数额		发生的各项营业外收入

3."营业外支出"账户

"营业外支出"账户属于损益类账户，用来核算企业发生的与企业生产经营无直接关系的各项支出，如违约金支出、罚款支出、固定资产盘亏、非常损失、非流动资产毁损报废损失等。该账户期末结转至"本年利润"账户后无余额。

该账户结构：

借	营业外支出	贷
发生的各项营业外支出		期末转入"本年利润"账户的营业外支出数额

4."所得税费用"账户

"所得税费用"账户属于损益类账户，用来核算企业按规定税率计算应交纳的所得税费用。该账户期末结转至"本年利润"账户后无余额。

该账户结构：

借 所得税费用	贷
按规定税率和应纳税所得计算的应纳所得税额	期末转入"本年利润"账户的所得税费用数额

在利润形成业务核算的过程中,还会涉及"管理费用"账户、"财务费用"账户、"销售费用"账户、"主营业务收入"账户、"主营业务成本"账户、"税金及附加"账户等。

(三)利润形成业务的账务处理

百叶公司12月份发生如下利润形成业务,请运用借贷记账法进行账务处理。

利润形成业务的账务处理原理　利润形成业务的账务处理举例

【例5-44】 12月31日,百叶公司没收逾期未退的出租包装物押金500元。

分析:企业在出租包装物时收取的押金,应计入"其他应付款"账户的贷方。该笔经济业务的发生,一方面,由于没收对方逾期未退的包装物押金,所以使其他应付款因冲销而减少,应记入"其他应付款"账户的借方;另一方面,没收的押金收入属于营业外收入,应贷记"营业外收入"账户。

借:其他应付款　　　　　　　　　　　500
　　贷:营业外收入　　　　　　　　　　　500

【例5-45】 12月31日,百叶公司以银行存款对"希望工程"捐赠1 000元。

分析:该笔经济业务的发生,一方面使营业外支出增加,应记入"营业外支出"账户的借方;另一方面使银行存款减少,应贷记"银行存款"账户。

借:营业外支出　　　　　　　　　　1 000
　　贷:银行存款　　　　　　　　　　　1 000

【例5-46】 12月31日,百叶公司将当年12月份各收入类账户余额结转到"本年利润"账户。

分析:期末结转前,由【例5-34】、【例5-35】、【例5-40】资料可知"主营业务收入"账户的贷方余额为780 000(即500 000+200 000+80 000)元;由【例5-37】资料可知"其他业务收入"账户的贷方余额为30 000元;由【例5-44】资料可知"营业外收入"账户的贷方余额为500元。

期末时,这些收入类账户的余额应转入"本年利润"账户的贷方,而这些账户则应记入借方。

借:主营业务收入　　　　　　　　　780 000
　　其他业务收入　　　　　　　　　 30 000
　　营业外收入　　　　　　　　　　　　500
　　贷:本年利润　　　　　　　　　　810 500

【例5-47】 12月31日,百叶公司将各费用类账户(暂不包括"所得税费用"账户)余额结转到"本年利润"账户。

分析:期末结转前,由【例5-36】资料可知"主营业务成本"账户的借方余额为400 000元;由【例5-38】资料可知"其他业务成本"账户的借方余额为20 000元;由【例5-42】资料可知"税金及附加"账户的借方余额为20 000元;由【例5-25】、【例5-26】、【例5-29】、【例5-30】、【例5-31】资料可知"管理费用"账户的借方余额为19 430(即4 230+5 000+700+1 500+8 000)元;由【例5-25】、【例5-30】、【例5-31】、【例5-41】资料可知"销售费用"账户的借方余额为 10 664（即 3 664+1 000+4 000+2 000）元；由【例 5-15】资料可知"财务费用"账户的借方余额为 1 000 元；由【例 5-45】资料可知"营业外支出"账户的借方余额为 1 000 元。

期末时，这些费用类账户的余额应转入"本年利润"账户的借方，而这些账户则应记入贷方。

借：本年利润　　　　　　　　　　　　　　　472 094
　　贷：主营业务成本　　　　　　　　　　　400 000
　　　　其他业务成本　　　　　　　　　　　 20 000
　　　　税金及附加　　　　　　　　　　　　 20 000
　　　　管理费用　　　　　　　　　　　　　 19 430
　　　　销售费用　　　　　　　　　　　　　 10 664
　　　　财务费用　　　　　　　　　　　　　　1 000
　　　　营业外支出　　　　　　　　　　　　　1 000

【例 5-48】 12 月 31 日，百叶公司按利润总额的 25% 计算所得税费用。

分析：由【例 5-46】、【例 5-47】资料可知，利润总额=本年利润贷方金额 810 500－本年利润借方金额 472 094＝338 406（元），则所得税费用金额＝338 406×25%＝84 601.50（元）。

该笔经济业务一方面表明所得税费用增加，应记入"所得税费用"账户的借方；另一方面表明应交所得税增加，应记入"应交税费"账户的贷方。

借：所得税费用　　　　　　　　　　　　　　84 601.50
　　贷：应交税费——应交所得税　　　　　　84 601.50

【例 5-49】 12 月 31 日，百叶公司将"所得税费用"账户余额转入"本年利润"账户。

分析：该笔经济业务一方面表明所得税费用减少，应记入"所得税费用"账户的贷方；另一方面应记入"本年利润"账户的借方。

借：本年利润　　　　　　　　　　　　　　　84 601.50
　　贷：所得税费用　　　　　　　　　　　　84 601.50

二、利润分配业务的核算

（一）利润分配的顺序

利润分配是指企业根据国家有关规定和企业章程、投资协议等，对企业当年可供分配的利润进行的分配。利润分配的过程与结果，不仅关系到所有者的合法权益能否得到保障，而且关系到企业能否长期、稳定发展，利润分配一般应按如下程序进行：

1. 计算可供分配的利润

企业在利润分配前，应根据本年实现的净利润或发生的净亏损、年初未分配利润或亏损以及其他转入的金额（如盈余公积弥补的亏损）等，计算可供分配的利润，计算公式为：

可供分配的利润=当年实现的净利润（或发生的净亏损）+年初未分配利润
（或－年初未弥补亏损）+其他转入的金额

如果可供分配利润为正数，即累计盈利，可进行后续分配；如果可供分配利润为负数，即累计亏损，则不能进行后续分配。

2. 提取法定盈余公积

法定盈余公积是指按照国家法律法规提取的盈余公积。依据规定，企业应当按照当年净利润（抵减年初累计亏损后）的 10% 提取法定盈余公积，提取的法定盈余公积累计额超过注册资本 50% 以上的，可以不再计提。

3．提取任意盈余公积

任意盈余公积是指由企业的权力机构自行决定提取的盈余公积，企业提取法定盈余公积后，经股东会或者股东大会决议，可以从净利润中提取任意盈余公积。

4．向投资者分配利润或股利

企业可供分配的利润扣除提取的盈余公积后，形成可供投资者分配的利润。企业可采用现金股利、股票股利等形式向投资者分配利润或股利。

（二）利润分配业务核算应设置的账户

1．"利润分配"账户

"利润分配"账户属于所有者权益类账户，用来核算企业利润的分配（或亏损的弥补）和历年分配（或弥补）后的积存余额。该账户应设置"提取法定盈余公积""提取任意盈余公积""应付股利""盈余公积补亏"和"未分配利润"等进行明细核算。

该账户结构：

借	利润分配	贷
按规定实际分配的利润数，或年终时从"本年利润"账户的贷方转来的全年亏损总额		年终时从"本年利润"账户借方转来的全年实现的净利润总额
余：累积发生的亏损		余：累积未分配的利润

2．"应付股利"账户

"应付股利"账户属于负债类账户，用来核算企业经董事会或股东大会，或类似机构决议确定分配的现金股利或利润。该账户应按投资者设置明细账，进行明细核算。

该账户结构：

借	应付股利	贷
已经支付给投资者的利润		企业应付给投资者的利润
		余：尚未支付给投资者的利润

3．"盈余公积"账户

"盈余公积"账户属于所有者权益类账户，用来核算企业盈余公积的提取、使用和结余情况。该账户应设置"法定盈余公积""任意盈余公积"明细账，进行明细核算。

该账户结构：

借	盈余公积	贷
盈余公积的使用数额，如弥补亏损、转增资本等		从净利润中提取的盈余公积数额
		余：盈余公积结余数

（三）利润分配业务的会计处理

百叶公司12月份发生如下利润分配业务。

【例5-50】 12月31日，百叶公司将"本年利润"账户余额转入"利润分配"账户。

分析：由【例 5-46】、【例 5-47】、【例 5-49】资料可知，"本年利润"账户的贷方余额＝810 500－472 094－84 601.50＝253 804.50（元），应将其转入"利润分配"账户的贷方。

  借：本年利润   253 804.50
    贷：利润分配——未分配利润   253 804.50

【例 5-51】12 月 31 日，百叶公司根据规定按净利润的 10% 提取法定盈余公积金。

分析：期末应提取的盈余公积金＝净利润 253 804.50×10%＝25 380.45（元）。该笔经济业务的发生，一方面使盈余公积增加，应贷记"盈余公积"账户；另一方面，计提盈余公积是利润分配的一项活动，减少利润，应借记"利润分配"账户。

  借：利润分配——提取法定盈余公积   25 380.45
    贷：盈余公积——法定盈余公积   25 380.45

【例 5-52】12 月 31 日，按照批准的利润分配方案，百叶公司向投资者分配现金股利 5 000 元。

分析：该笔经济业务的发生，一方面使企业应付给投资者的股利增加，应贷记"应付股利"账户；另一方面，分配股利是利润分配的一项活动，减少利润，应借记"利润分配"账户。

  借：利润分配——应付股利   5 000
    贷：应付股利   5 000

【例 5-53】12 月 31 日年终决算时，百叶公司将"利润分配"账户所属的各明细分类账户的借方分配数合计 30 380.45 元（其中：提取盈余公积金 25 380.45 元，应付股利 5 000.00 元）结转到"利润分配——未分配利润"明细分类账户的借方。

  借：利润分配——未分配利润   30 380.45
    贷：利润分配——提取法定盈余公积 25 380.45
       ——应付股利   5 000.00

第七节 资金退出及其他业务的核算

一、资金退出及其他业务的核算内容

  企业从事正常的生产经营活动，除了要对筹集资金、生产准备、产品生产、销售等过程中所发生的经济业务进行记录、核算外，还应对企业在生产经营过程中经常发生的其他经济业务进行记录核算，如企业要按期归还借款，上交税金，将多余资金或资产对外单位进行投资，处置不需用或需报废报损的资产等。所以偿还借款、缴纳税金、对外投资及处置资产等业务的核算，就构成了资金退出及其他业务核算的主要内容。

二、资金退出及其他业务核算应设置的账户

（一）"长期股权投资"账户

  "长期股权投资"账户属于资产类账户，用来核算企业持有时间在 1 年以上（不含 1 年）的各种股权性质的投资，包括购入的长期持有的股票和其他长期股权投资的增减变化及其结果。

  该账户结构：

借	长期股权投资	贷
对外进行投资的数额		收回或冲减投资成本
余：期末对外投资实有数		

（二）"固定资产清理"账户

"固定资产清理"账户属于资产类账户，用来核算企业因出售、报废和毁损等原因需要清理的固定资产价值，以及在清理过程中所发生的清理费用和清理收入等。该账户应按需清理的固定资产设置明细账，进行明细核算。

该账户结构：

借	固定资产清理	贷
固定资产净值、发生的清理费用		收到出售固定资产价款、残料价值、变价收入

该账户借方余额表示固定资产清理的净损失，应将其转入"营业外支出"或"资产处置损益"账户的借方；贷方余额表示固定资产清理的净收益，应将其转入"营业外收入"或"资产处置损益"账户的贷方，结转后该账户应无余额。

在资金退出及其他业务核算的过程中，还会涉及"长期借款"账户、"短期借款"账户、"应交税费"账户、"固定资产"账户、"累计折旧"账户、"银行存款"账户等。

三、资金退出及其他业务的账务处理

百叶公司12月份发生如下资金退出业务，请运用借贷记账法进行账务处理。

【例5-54】 12月31日，百叶公司以银行存款归还已到期的长期借款200 000元。

分析：该笔经济业务的发生，一方面，使百叶公司资产要素中的银行存款项目减少了200 000元，资产类账户减少记贷方，所以应贷记"银行存款"账户；另一方面，归还借款使负债长期借款减少了200 000元，应借记"长期借款"账户。

　　借：长期借款　　　　　　　　　　　　　　200 000
　　　　贷：银行存款　　　　　　　　　　　　　　200 000

【例5-55】 12月31日，百叶公司以银行存款缴纳所得税84 601.50元。

分析：该笔经济业务的发生，一方面，使百叶公司资产要素中的银行存款项目减少了84 601.50元，资产类账户减少记贷方，所以应贷记"银行存款"账户；另一方面，缴纳税金使负债应交税费减少了84 601.50元，应借记"应交税费"账户。

　　借：应交税费——应交所得税　　　　　　　84 601.50
　　　　贷：银行存款　　　　　　　　　　　　　　84 601.50

【例5-56】 12月31日，百叶公司将价值150 000元的技术专利权投入南方公司。

分析：该笔经济业务的发生，一方面使无形资产减少，应贷记"无形资产"账户；另一方面使长期股权投资增加，应借记"长期股权投资"账户。

　　借：长期股权投资　　　　　　　　　　　　150 000
　　　　贷：无形资产　　　　　　　　　　　　　　150 000

本章小结

1. 本章以工业企业为例，介绍了资金筹集、材料采购、产品生产、产品销售、利润形成及分配、资金退出等经济业务的会计核算方法。
2. 资金筹集业务主要包括投入资本和借入资本业务，应掌握"实收资本"账户、"短期借款"账户和"长期借款"账户的运用。
3. 材料采购业务须掌握材料采购成本的计算。
4. 产品生产过程的主要经济业务是材料的领用、工资的核算和制造费用的分配，即生产费用的归集和分配，须掌握产品生产成本的计算。
5. 产品销售过程的主要经济业务是主营业务收入的确认及主营业务成本的计算与结转。
6. 利润形成及分配业务主要介绍了几种利润的计算方法，并讲述了对利润如何进行分配，应掌握收入、费用的结转方法及利润分配的会计处理。
7. 须掌握资金退出业务如归还借款、对外投资、缴纳税金等业务的核算。

巩固练习

一、单项选择题

1. 年末结转后，"利润分配"账户的贷方余额表示（   ）。
   A. 未分配利润　　B. 净利润　　C. 未弥补亏损　　D. 利润总额
2. 某公司职工刘某预支差旅费 8 000 元，财会部门以现金支付。下列会计分录中，正确的是（   ）。
   A. 借：其他应收款——刘某 8 000　　　　B. 借：应收账款——刘某 8 000
      贷：库存现金　　　　　　8 000　　　　　 贷：库存现金　　　　　　8 000
   C. 借：其他应收款——刘某 8 000　　　　D. 借：管理费用　　　　　　8 000
      贷：银行存款　　　　　　8 000　　　　　 贷：库存现金　　　　　　8 000
3. 下列关于"生产成本"账户的表述中，正确的是（   ）。
   A. "生产成本"账户期末肯定无余额
   B. "生产成本"账户期末若有余额，肯定在借方
   C. "生产成本"账户的余额代表已完工产品的成本
   D. "生产成本"账户的余额代表本期发生的生产费用总额
4. 下列项目中，属于其他业务收入的是（   ）。
   A. 商品销售收入　　　　　　　　　　B. 材料销售收入
   C. 出售固定资产的净收益　　　　　　D. 罚款收入
5. 下列关于"累计折旧"账户的表述中，正确的是（   ）。
   A. "累计折旧"账户应根据固定资产的类别进行明细核算
   B. "累计折旧"账户是"实收资本"账户的调整账户
   C. "累计折旧"账户的贷方登记折旧的增加额
   D. "累计折旧"账户的贷方登记折旧的减少额
6. 某企业月初短期借款余额 20 万元，本月向银行借入短期借款 10 万元，以银行存款偿还短期借款 15 万元，则月末"短期借款"账户的余额为（   ）万元。
   A. 借方 25　　B. 贷方 15　　C. 贷方 25　　D. 借方 15
7. 企业购入原材料，买价 2 000 元，增值税（进项税额）为 340 元，发生运杂费 230

元，入库前发生整理挑选费90元，该批原材料的实际成本为（　　）元。
    A. 2 660   B. 2 570   C. 2 320   D. 2 230
8. 企业年初未分配利润为200万元，本年实现净利润50万元，按10%提取盈余公积，同时宣告发放现金股利10万元，则当期应计提的盈余公积为（　　）。
    A. 25万元   B. 20万元   C. 5万元   D. 4万元
9. 会计期末，企业应将（　　）转入"本年利润"的贷方。
    A. "所得税费用"   B. "营业外收入"
    C. "营业外支出"   D. "其他业务成本"
10. 下列关于"本年利润"账户的表述中正确的是（　　）。
    A. 借方登记转入的营业收入、营业外收入等金额
    B. 贷方登记转入的营业成本、营业支出等金额
    C. 年度终了结账后，该账户无余额
    D. 全年的任何一个月末都不应有余额
11. "本年利润"账户是用来核算企业本期（　　）。
    A. 实现的利润总额   B. 实现的净利润或发生的净亏损
    C. 实现的营业利润   D. 实现的主营业务利润
12. 利润分配结束后，"利润分配"总账所属的明细账中只有（　　）余额。
    A. 提取盈余公积   B. 其他转入   C. 应付利润   D. 未分配利润
13. 下列项目中，影响营业利润的因素是（　　）。
    A. 营业外收入   B. 所得税费用   C. 管理费用   D. 营业外支出
14. 某企业20×2年9月30日"本年利润"账户的贷方余额为20万元，表明（　　）。
    A. 该企业20×2年1—9月份的净利润为20万元
    B. 该企业20×2年9月份的净利润为20万元
    C. 该企业20×2年全年的净利润为20万元
    D. 该企业20×2年12月份的净利润为20万元
15. 结转已售产品的成本60 000元，应做的分录是（　　）。
    A. 借：库存商品　　　　　　60 000   B. 借：主营业务成本　　　　60 000
        贷：生产成本　　　　　　60 000   贷：库存商品　　　　　　60 000
    C. 借：主营业务成本　　　　60 000   D. 借：本年利润　　　　　　60 000
        贷：主营业务收入　　　　60 000   贷：主营业务成本　　　　60 000

二、多项选择题
1. 下列各项中，应在"税金及附加"账户借方核算的税金有（　　）。
    A. 增值税   B. 城建税   C. 消费税   D. 所得税
2. 下列各项中，构成产品成本项目的有（　　）。
    A. 期间费用   B. 制造费用   C. 直接材料费用   D. 直接人工费用
3. 在产品销售业务的核算中，期末结转后，下列账户应无余额的有（　　）。
    A. 主营业务收入   B. 主营业务成本   C. 销售费用   D. 应交税费
4. 下列各项中，应计入财务费用科目的有（　　）。
    A. 诉讼费   B. 业务招待费   C. 银行存款利息   D. 银行借款利息
5. 下列业务中，没有使所有者权益总额发生变化的有（　　）。
    A. 向股东分配现金股利   B. 以资本公积转增资本金
    C. 收到投资者投入资金   D. 按净利润的10%提取盈余公积

6. 年末结账后，下列会计科目中一定没有余额的有（　　）。
   A. 生产成本　　　B. 材料采购　　　C. 本年利润　　　D. 主营业务收入
7. 下列关于"所得税费用"账户的表述中正确的有（　　）。
   A. 该账户属损益类账户
   B. 该账户的余额期末结账时应转入"本年利润"账户
   C. 该账户属负债类账户
   D. 该账户的余额一般在贷方
8. 营业外收入是核算与生产经营无直接关系的各种收入，如（　　）。
   A. 固定资产盘盈　　B. 罚款支出　　C. 出售材料　　D. 罚款净收入
9. 企业生产过程中的期间费用包括（　　）。
   A. 管理费用　　　B. 制造费用　　　C. 销售费用　　　D. 财务费用
10. 下列各项中，应作为应付职工薪酬核算的有（　　）。
    A. 支付的工会经费　　　　　　　B. 支付的职工教育经费
    C. 为职工支付的住房公积金　　　D. 为职工无偿提供的医疗保健服务

三、判断题

1. 企业以前年度亏损未弥补完，不能提取法定盈余公积。（　　）
2. "本年利润"账户的余额如果在借方，则表示自年初至本期末累计发生亏损。（　　）
3. 企业处置固定资产产生的净损失应确认为费用。（　　）
4. "累计折旧"科目是损益类科目。（　　）
5. 收入的特点之一是企业在日常活动中形成的经济利益总流入，所以企业处置固定资产、无形资产产生的经济利益流入均不构成收入。（　　）
6. 产品生产成本包括直接材料和直接人工两部分。（　　）
7. 企业为销售本企业商品而专设的销售机构发生的职工薪酬、业务费、折旧费等，应通过"销售费用"科目核算。（　　）
8. 企业如果发生亏损，可以用以后年度实现的利润弥补，但不可以用以前年度提取的盈余公积弥补。（　　）
9. "主营业务成本"账户的期末余额应结转至"本年利润"账户的贷方。（　　）
10. 年度终了，企业应将"本年利润"账户的数额转入"利润分配——未分配利润"账户。（　　）

四、计算分析题

1. 红阳公司5月份发生下列材料采购业务，请编制会计分录。
   （1）从达祥公司购进甲材料18 000公斤，每公斤20元；乙材料8 800公斤，每公斤16元，甲、乙材料价款共计500 800元，增值税进项税额65 104元。材料尚未验收入库，货款及税金已用银行存款支付。
   （2）从新武工厂购进丙材料4 800公斤，每公斤40元，价款192 000元，增值税进项税额24 960元，款项采用商业汇票结算，企业开出并承兑半年期商业承兑汇票一张，材料已经验收入库。
   （3）以银行存款向海河工厂预付购买乙材料货款190 000元。
   （4）企业收到海河工厂发运的乙材料，并验收入库。该批材料买价170 000元，增值税进项税额22 100元，除冲销原预付货款190 000元外，其余以银行存款支付。
   （5）月末，从达祥公司购进的甲、乙材料验收入库，结转入库材料成本。
2. 新星工厂9月份发生下列生产业务，请编制会计分录。

(1) 9月1日生产甲产品领用材料：

材料名称	数量/吨	单价/元	金额/元
A 材料	500	100	50 000
B 材料	200	10	2 000
合计			52 000

(2) 9月5日，以现金支付企业行政管理部门的办公用品费120元。
(3) 9月10日，从银行提取现金10 000元，准备发放工资。
(4) 9月10日，以现金发放本月职工工资10 000元。
(5) 9月12日，以银行存款支付本月份基本生产车间水费1 200元。
(6) 9月30日，计提本月份固定资产折旧：
基本生产车间应计提的折旧费　　5 000元
企业行政管理部门计提折旧费　　2 000元
合计　　　　　　　　　　　　　7 000元
(7) 9月30日，结转本月职工工资10 000元，其中：
基本生产工人工资　　　　　　　6 600元
车间管理人员工资　　　　　　　2 400元
企业行政管理人员工资　　　　　1 000元
(8) 9月30日，结转本月发生的制造费用8 600元。
(9) 9月30日，结转本月完工的甲产品的生产成本。
其成本资料如下：

产品名称	数量/台	单位成本/元	总成本/元
甲产品	100	741	71 400

3. 光罗工厂11月份发生下列销售业务、利润形成业务，请编制会计分录，并计算本期利润总额。

(1) 11月2日，销售甲产品500件，每件售价200元，货款100 000元，增值税销项税额13 000元，当即收到，存入银行。
(2) 11月5日，收到武建工厂5月所欠货款7 000元，存入银行。
(3) 11月10日，销售给武建工厂甲产品200件，每件售价200元，乙产品100件，每件售价100元，共计50 000元，增值税销项税额6 500元，款尚未收到。
(4) 11月15日，收到武建工厂用以抵付前欠销货款56 500元的商业汇票一张。
(5) 11月16日，以银行存款支付贷款利息1 380元。
(6) 11月17日，销售A材料5 000千克，每千克售价2.50元，货款12 500元，增值税销项税额1 625元，款已收到存入银行。
(7) 11月18日，以银行存款支付销售甲产品、乙产品的广告费用8 000元。
(8) 11月26日，销售给丽华工厂甲产品900件，每件售价200元，乙产品200件，每件售价100元，共计货款200 000元，增值税销项税额26000元，款尚未收到。
(9) 11月30日，结转本月已销售产品的生产成本：

产品名称	数量/件	单位成本/元	总成本/元
甲	1 600	160	256 000
乙	300	70	21 000
合计			277 000

(10) 11月30日，结转本月已销售材料采购成本9 000元。
(11) 11月30日，收到对外投资收益60 000元。
(12) 11月30日，结转损益类账户至"本年利润"。

4. 某企业发生下列交易或者事项，请予以编制会计分录。
(1) 签发支票，从银行提取现金3 000元备用。
(2) 企业销售剩余材料给职工张三，收到现金350元（不考虑相关税费）。
(3) 职工李四因公出差预借差旅费1 500元。
(4) 李四交回差旅费剩余款200元。
(5) 以现金购买办公用品850元。
(6) 以现金支付行政科报销市内交通费420元。
(7) 企业销售产品5 000元，增值税650元，存入银行。
(8) 将库存现金2 000元存入银行。
(9) 收回前欠销货款30 000元，存入银行。
(10) 购进材料，价款10 000元，增值税进项税额1 300元，以银行存款支付。
(11) 用银行存款支付电话费2 500元。

5. ABC公司9月份部分业务如下，请根据资料编制相关会计分录。
(1) 9月1日，向甲企业购买钢材一批，货款50 000元，增值税6 500元，材料已验收入库，款项未付。
(2) 9月5日，从银行存款提取现金4 000元。
(3) 9月10日，向金融机构借入短期借款200 000元，款项已存入银行。
(4) 9月15日，以银行存款支付行政管理部门电费2 000元。
(5) 9月20日，销售甲产品一批，售价400 000元，增值税52 000元，收到银行承兑汇票。
(6) 9月25日，领用材料价款100 000元，其中：产品生产用55 000元，车间一般耗用25 000元，管理部门耗用20 000元。
(7) 9月30日，分配本月工资费用70 000元，其中生产工人工资50 000元，车间管理人员工资2 800元，企业管理部门人员工资17 200元。
(8) 9月30日，计提固定资产折旧20 000元，其中生产车间折旧费为16 000元，管理部门折旧费为4 000元。
(9) 9月30日，支付银行借款利息50 000元。
(10) 9月30日，股东甲以厂房对本公司投资，双方协议价值2 929 000元。

6. 南达公司12月发生如下经济业务：
(1) 向美丰厂购入甲材料20吨，每吨1 000元，购入乙材料20吨，每吨500元，货款未付，增值税率13%。
(2) 仓库发出甲材料16吨，每吨1 000元，用于A产品生产；发出乙材料8吨，每吨500元，用于B产品生产。
(3) 售给大牛公司A产品3 000件，每件售价100元，B产品4 000件，每件售价50

元,货款收到,存入银行,增值税率13%。

（4）向银行提现55 000元,以备发放工资。

（5）以现金55 000元发放工资。

（6）结算本月职工工资,其中A产品生产工人工资36 000元,B产品生产工人工资9 000元,车间管理人员工资5 000元,行政管理人员工资5 000元。

（7）以银行存款支付本月产品广告费10 000元。

（8）以银行存款600元支付本月办公水电费。

（9）本月A产品全部完工验收入库,实际生产成本600 000元。

（10）结转本月已销产品成本298 700元,其中A产品179 220元,B产品119 480元。

（11）将收入类账户金额转入"本年利润"账户。

（12）将费用类账户金额转入"本年利润"账户。

（13）按利润总额的25%计算应交纳的所得税金额。

（14）将所得税费用转入"本年利润"账户。

（15）按净利润的10%提取法定盈余公积金。

（16）结转利润分配的明细账户。

要求：编制会计分录,并标明必要的明细科目。

7. 南方公司11月份发生下列经济业务：

（1）2日,销售给中原公司A产品200件,售价400元,B产品150件,售价450元。共计147 500元。款项已收到,存入银行。增值税率13%。

（2）5日,根据销货合同预收大发公司购货定金60 000元,存入银行。

（3）7日,以现金支付广告费500元。

（4）9日,向大发公司发出A产品300件,售价为400元,货款为120 000元。扣除定金后,向购货方收取余款,已存入银行,增值税率13%。

（5）12日,出售一批不需用的原材料价款10 000元,款项尚未收到,增值税率13%。

（6）13日,结转已售原材料的成本6 500元。

（7）14日,以银行存款支付水电费800元。

（8）16日,收到银行存款利息2 000元。

（9）20日,用银行存款5 000元支付税收滞纳金罚款。

（10）25日,结转本月销售A、B产品销售成本,A产品成本142 500元,B产品成本40 500元。

（11）30日,企业收到违约金250元作为营业外收入。

（12）30日,将有关损益类账户发生额结转到"本年利润"账户。

（13）30日,将利润总额的25%计算并结转本月应交所得税。

（14）30日,按净利润的10%提取盈余公积。

（15）结转利润分配的明细科目。

要求：

（1）根据上述经济业务编制相关会计分录。

（2）根据资料,分别计算营业利润、利润总额和净利润的金额。（列出计算过程）

8. 企业5月份发生经济业务如下：

（1）5日,从银行提取现金90 000元。

（2）5日,以现金支付本月工资90 000元。

（3）9日,购入原材料一批,价款2 800元,材料已验收入库,以银行存款支付货款。

(4) 10日，以银行存款支付厂部办公费3 700元。
(5) 15日，职工王华报销差旅费230元，交回现金20元。
(6) 25日，由银行借入短期借款3 600元。
(7) 31日，本月应付工资90 000元，分别为：厂部管理人员工资20 000元，车间管理人员工资10000元，生产工人工资50 000元，销售部门人员10 000元。
(8) 31日，生产产品领用原材料价款3 000元。
(9) 31日，结转本月管理费用、销售费用。

要求：
(1) 根据上述经济业务编制会计分录。
(2) 完成本月试算平衡表。

试算平衡表　　　　　　　　　　　　　　　　　　　单位：元

科目名称	期初余额		本期发生额		期末余额	
	借方	贷方	借方	贷方	借方	贷方
库存现金	300					
银行存款	96 000					
其他应收款	400					
原材料	7 000					
生产成本	2 000					
制造费用	600					
管理费用						
销售费用						
短期借款		96 370				
应付职工薪酬						
本年利润		9 930				
合计	106 300	106 300				

第六章 会计凭证

 教学目标

1. 知识传授目标

理解会计凭证的概念与作用；了解会计凭证的传递与保管；熟悉原始凭证与记账凭证的种类；掌握会计凭证的填制要求、审核内容；掌握原始凭证和记账凭证的基本内容及填制方法。

2. 能力培养目标

明确会计凭证是进行会计核算的依据这一基本问题；掌握填制和审核会计凭证的基本技能；能够熟练填制不同类型的原始凭证，对专用记账凭证的填制要求能够熟练运用。

3. 价值塑造目标

培养学生的科技创新意识与创新能力；引导学生树立正确的价值观，鼓励其崇尚为社会做奉献的科学家、工程师，从而唤起学生好奇、激发学生潜能；全面提高学生知识综合与创新能力，引导学生坚定创新自信，紧抓创新机遇，勇攀科技高峰；引导学生肩负起民族复兴的历史使命，为社会主义现代化强国建设贡献力量。

思维导图

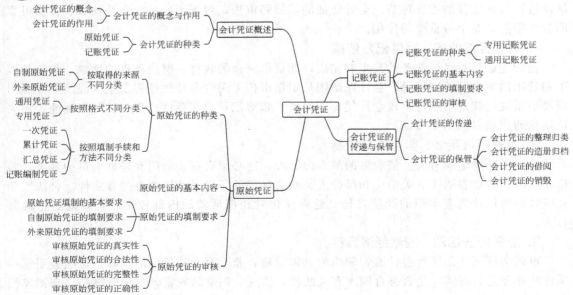

第一节　会计凭证概述

一、会计凭证的概念与作用

（一）会计凭证的概念

会计凭证是记录经济业务的发生或完成情况，明确经济责任的书面证明，也是登记账簿的依据。

会计凭证的概念、分类

《企业会计准则》明确规定：会计核算应当以实际发生的交易或者事项为依据进行会计确认、计量和报告，如实反映符合确认和计量要求的各项会计要素及其他相关信息，保证会计信息真实可靠、内容完整。填制和审核会计凭证是会计工作的起点和基础，也是会计核算的专门方法之一，对会计信息质量具有至关重要的影响和作用。图6-1是经济业务核算流程。

图6-1　经济业务核算流程

企业在处理任何一项经济业务时，都必须按照规定的程序和要求，由经办经济业务的有关人员及时取得或填制真实准确的书面证明。通过书面形式明确记载经济业务发生或完成时的时间、内容、有关单位和经办人员的签章，以此来保证账簿记录的真实性和正确性，并确定对此所承担的法律上和经济上的责任，以对凭证的真实性和正确性负责。

任何会计凭证都必须经过有关人员的严格审核，只有经过审核无误的会计凭证才能据以收付款项、收发财物和登记账簿。

（二）会计凭证的作用

填制和审核会计凭证是会计核算的基本方法之一，也是会计工作的开始，同时是对经济活动进行日常监督的重要环节。会计凭证的填制和审核，对于正确进行会计核算、提供可靠的会计信息具有十分重要的作用。

1. 记录经济业务，提供记账依据

会计凭证是对经济业务的发生和完成，如货币资金的收付、财产物资的增减、收入的取得和费用的发生等予以记录，会计账簿则是根据审核无误的会计凭证将发生的经济业务分门别类地系统记载。填制与审核会计凭证，保证了账簿记录的客观性、真实性和正确性，使会计信息的质量得到基本保证。

2. 明确经济责任，强化内部控制

会计凭证除记录有关经济业务的基本内容外，还必须有有关部门和经办人员的签名、盖章。签名、盖章表明了有关单位和经办人员对会计凭证所记录经济业务的真实性、合法性和完整性的确认及其应承担的经济责任。这将强化对经济活动的内部控制，有效地防止舞弊行为。

3. 监督经济活动，控制经济运行

审核会计凭证是履行会计监督职能的具体措施。通过对会计凭证的审核，可以查明每一项经济业务是否真实，是否符合国家有关法律、法规、制度的规定，有无管理缺陷与舞弊行为，是否符合预算要求，从而可以严肃财经纪律，限制和防止各种违法行为的发生，保护财产的安全完整，充分发挥会计的监督作用，实现对经济活动的事中控制，保证经济活动健康进行。

二、会计凭证的种类

会计凭证按照填制程序和用途的不同，可分为原始凭证和记账凭证两类。

（一）原始凭证

原始凭证，又称单据，是指在经济业务发生或完成时取得或填制的，用以记录或证明经济业务的发生或完成情况的原始凭据。

原始凭证必须能够表明经济业务已经发生或完成情况，如购货时的发票、运杂费收据、材料出入库单、差旅费报销单、支票存根、银行进账单等均为原始凭证。凡是不能证明经济业务已经发生或完成情况的各种单证，如购货申请单、购销合同、计划、银行对账单、银行存款余额调节表等，均不能作为原始凭证。图 6-2 是原始凭证（增值税专用发票）。

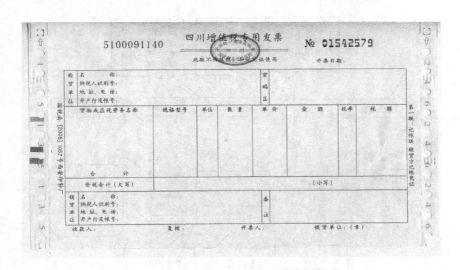

图 6-2　原始凭证（增值税专用发票）

原始凭证是会计核算的重要原始资料和主要依据，真实有效的原始凭证具有法律效力。原始凭证可以表现为纸制会计凭证，也可以是电子会计凭证。为适应电子商务、电子政务发展，规范各类电子会计凭证的报销入账归档，财政部规定：单位从外部接收的电子会计凭证，包括电子发票、财政电子票据、电子客票、电子行程票、电子海关专用缴款书、银行电子回单等，如来源合法、真实，与纸质会计凭证具有同等法律效力，应当按照相关规定使用电子会计凭证进行报销入账归档。单位以电子凭证纸质打印件作为报销入账归档依据的，必须同时保存打印该纸质件的电子会计凭证。

（二）记账凭证

记账凭证，又称记账凭单，是指会计人员根据审核无误的原始凭证，按照经济业务的内容加以归类，并据以确定会计分录后所填制的会计凭证，作为登记账簿的直接依据（图 6-3）。

原始凭证和记账凭证两者之间存在一定的联系，又有着本质的区别（图 6-4）。

两者的联系是：原始凭证是编制记账凭证的依据，记账凭证是对原始凭证的加工。

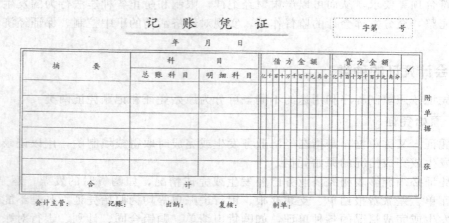

图 6-3 记账凭证

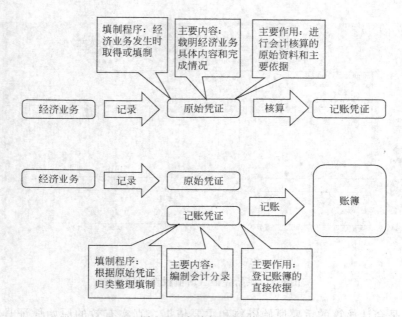

图 6-4 会计凭证的分类

两者的区别在于：原始凭证记录的是经济业务发生和完成的原始资料，记录的是经济信息，是会计核算的基础；记账凭证是确定会计分录、登记账簿的直接依据，记录的是会计信息，是会计核算的依据。

第二节 原始凭证

一、原始凭证的种类

原始凭证的种类繁多，通常可以按照取得来源、格式、填制的手续和方法等不同标准进行分类（图 6-5）。

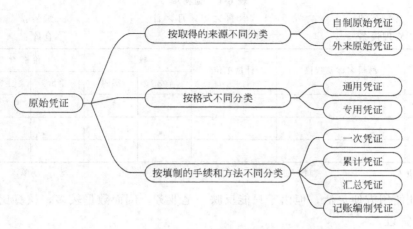

图 6-5 原始凭证的分类

（一）按取得的来源不同分类

原始凭证按照取得的来源不同可分为自制原始凭证和外来原始凭证。

1．自制原始凭证

自制原始凭证是指由本单位有关部门和人员，在执行或完成某项经济业务时填制的、仅供本单位内部使用的原始凭证。自制原始凭证在企业占很大比重，如收料单、领料单、差旅费报销单、出库单、成本计算单等。

2．外来原始凭证

外来原始凭证是指在经济业务发生或完成时，从其他单位或个人直接取得的原始凭证，比如发票、飞机票、火车票、银行收付款通知单、增值税专用发票等。

（二）按照格式不同分类

原始凭证按照格式的不同可分为通用凭证和专用凭证。

1．通用凭证

通用凭证是指由有关部门统一印制、在一定范围内使用的具有统一格式和使用方法的原始凭证。通用凭证的使用范围，因制作部门不同而异，可以是某一地区、某一行业使用，也可以是全国通用，比如全国统一的异地结算银行凭证、全国通用的增值税专用发票、地区统一规定的发货单、某省/市印制的收据等属于通用凭证。

2．专用凭证

专用凭证是指由单位自行印制、自行规定其格式和使用方法的，仅在本单位内部使用的原始凭证。比如领料单、差旅费报销单、折旧计算表、工资费用分配表等。

（三）按照填制手续和方法不同分类

原始凭证按照填制手续和方法不同可分为一次凭证、累计凭证、汇总凭证和记账编制凭证。

1．一次凭证

一次凭证是指一次填制完成、只记录一笔经济业务或同时记录若干项同类性质的经济业务且仅一次有效的原始凭证，如企业购进材料验收入库时由仓库保管人员填制的收料单，车间向仓库领料时填制的领料单，报销费用时填制的报销凭单等，见表6-1。

表 6-1　领料单

领料单位：××车间　　　　　××××年×月×日　　　　　　　　编号：
用　　途：修理设备　　　　　　　　　　　　　　　　　　　　　仓库：

材料编号	材料名称及规格	计量单位	数量		价格		备注
			请领	实领	单价	金额	

领料单位负责人：　　　　领料人：　　　　发料人：　　　　制单：

一次凭证使用方便灵活，但由于只能反映一笔业务，因而数量较多，核算比较麻烦。

2. 累计凭证

累计凭证是指在一定时期内（一般以一个月为限）连续多次记录发生的同类型经济业务且多次有效的原始凭证。

由于累计凭证在一张凭证上可以连续登记相同性质的经济业务，随时结出累计数及结余数，并按照费用限额进行费用控制，期末按实际发生额记账，所以能减少凭证的数量，简化凭证的填制手续。例如最具有代表性的累计凭证"限额领料单"，一料一单，一式两联，一联交仓库据以发料，一联交领料部门据以领料，可以实现事前控制支出，简化会计核算手续，见表 6-2。

表 6-2　限额领料单

领料部门：　　　　　　　　　　　　　　　　　　　　　　　　发料仓库：
用　　途：　　　　　××××年×月×日　　　　　　　　　　编　　号：

材料类别	材料编号	材料名称及规格	计量单位	领用限额	实际领用	单价	金额	备注
日期	请领		实发			限额结余	退库	
	数量	领料单位盖章	数量	发料人	领料人		数量	退库单编号
合计								

供应部门负责人：　　　　　　生产计划部门负责人：　　　　　　仓库负责人：

3. 汇总凭证

汇总凭证是指对定期根据反映经济业务内容相同的若干张原始凭证，按照一定标准汇总填制的原始凭证。汇总凭证合并了同类型经济业务，简化了记账工作量。常用的汇总原始凭证有发料凭证汇总表、工资结算汇总表、差旅费报销单等，见表 6-3。

表 6-3　发料凭证汇总表

××××年×月×日

应贷科目		应借科目	生产成本	制造费用	管理费用	在建工程	合计	备注
原材料		原料及主要材料						
		辅助材料						
		修理用备						
		燃料						
		合计						
	周转材料							
总计								

4．记账编制凭证

记账编制凭证是根据账簿记录和经济业务的需要对账簿记录的内容加以整理而编制的一种自制原始凭证，如制造费用分配表等，见表 6-4。

表 6-4　制造费用分配表

车间：　　　　　　　　　　　××××年×月×日

分配对象（产品名称）	分配标准（生产工时等）	分配率	分配金额
合计			

会计主管：　　　　　　　　　　审核：　　　　　　　　　　制表：

上述的分类是互相联系的，同一张原始凭证从不同的角度看，可以属于不同的类别。比如，增值税专用发票，它既是一次凭证，也是通用凭证。对开票的企业而言，它是自制凭证；对接受发票的单位来说，它又是外来凭证。

二、原始凭证的基本内容

原始凭证的格式和内容因经济业务和经营管理的不同而有所差异，但应当具备以下基本内容（也称为原始凭证要素）：

（1）凭证的名称。
（2）填制凭证的日期。
（3）填制凭证单位名称或者填制人姓名。
（4）经办人员的签名或者盖章。
（5）接受凭证单位名称。
（6）经济业务内容。
（7）数量、单价和金额。

三、原始凭证的填制要求

(一) 原始凭证填制的基本要求

1. 记录真实

原始凭证所填列经济业务的内容和数字必须真实可靠，符合实际情况。为了保证原始凭证记录真实可靠，经办业务的部门或人员都要在原始凭证上签字或盖章，对凭证的真实性和正确性负责。

2. 内容完整

在填写原始凭证时，对于其基本内容和补充资料都要按照规定的格式、内容逐项填写齐全，不得漏填或省略不填。

3. 手续完备

(1) 单位自制的原始凭证必须有经办单位领导人或指定人员签名盖章；
(2) 对外开出的原始凭证必须加盖本单位公章；
(3) 从外部取得的原始凭证，必须盖有填制单位的公章；
(4) 从个人取得的原始凭证，必须有填制人员的签名或盖章。

4. 书写清楚、规范

原始凭证上的文字、数字、日期的填写应遵循《会计基础工作规范》的要求，字迹清晰，易于辨认。

(1) 文字：字迹清楚，不得使用未经国务院公布的简化汉字。
(2) 数字和货币符号：

① 大小写金额必须相符且填写规范，若大小写金额不一致，此凭证无效。
② 小写金额用阿拉伯数字逐个书写，不得写连笔字。
③ 小写金额前要填写人民币符号"￥"，且人民币符号"￥"与阿拉伯数字之间不得留有空白。
④ 小写金额数字，除表示单价等情况外，一律填写到角、分；若是无角、分的，可以写"00"或符号"—"；有角无分的，分位写"0"，不得用符号"—"。
⑤ 大写金额用汉字"壹、贰、叁、肆、伍、陆、柒、捌、玖、拾、佰、仟、万、亿、元、角、分、零、整"等，应一律用正楷或行书体书写，不得用"0、一、二、三、四、五、六、七、八、九、十"等简化字代替。
⑥ 大写金额前未印有"人民币"字样的，应加写"人民币"三个字，"人民币"字样和大写金额之间不得留有空白。
⑦ 大写金额数字到元或角为止的，在"元"或"角"之后应当写"整"字或者"正"字；有分的，分字后面不写"整"字或者"正"字。如小写金额"￥3 006.78"，汉字大写应写成"人民币叁仟零陆元柒角捌分"。
⑧ 小写金额数字中间有"0"时，汉字大写金额要写"零"字，如"￥2 409.80"，汉字大写金额应写成"人民币贰仟肆佰零玖元捌角整"。小写金额数字中间连续有几个"0"时，汉字大写金额中可以只写一个"零"字，如"￥3 005.14"，汉字大写金额应写成"人民币叁仟零伍元壹角肆分"。小写金额数字万位或元位是"0"，或者数字中间连续有几个"0"，元位也是"0"，但千位、角位不是"0"时，汉字大写金额中可以只写一个"零"字，也可以不写"零"字，如"￥1 580.32"，汉字大写金额应写成"人民币壹仟伍佰捌拾元零

叁角贰分",或者写成"人民币壹仟伍佰捌拾元叁角贰分";又如"￥107000.53",应写成"人民币壹拾万柒仟元零伍角叁分",或者写成"人民币壹拾万零柒仟元伍角叁分"。小写金额数字角位是"0",而分位不是"0"时,汉字大写金额"元"后面应写"零"字,如"￥16 409.02",汉字大写金额应写成"人民币壹万陆仟肆佰零玖元零贰分"。

(3)日期:票据(如现金支票、银行转账支票)的出票日期,必须使用中文大写。为防止变造票据的出票日期,月为壹、贰、壹拾的,应在其前加"零",日为壹至玖、壹拾、贰拾、叁拾的,应在其前加"零"。例如2022年2月10日,应写成"贰零贰贰年零贰月零壹拾日";2022年3月12日,应写成"贰零贰贰年叁月壹拾贰日"。

5. 连续编号

各种凭证要连续编号,以便检查。如果预先印定编号的原始凭证,在写坏作废时,应加盖"作废"戳记,连同存根一起保存,不得撕毁。

6. 不得涂改、刮擦、挖补

原始凭证金额有错误的,应当由出具单位重开,不得在原始凭证上更正。原始凭证如有其他错误,应当由出具单位重开或更正,更正处应当加盖出具单位印章。

7. 填制及时

按照及时性要求,企业经办业务的部门或人员应根据经济业务的发生或完成情况,在有关制度规定的范围内,及时地填制或取得原始凭证,并按照规定的程序及时送交会计部门,经过会计部门审核之后,据以编制记账凭证。

(二)自制原始凭证的填制要求

1. 一次凭证的填制

一次凭证的填制手续是在经济业务发生或完成时,由经办人员填制的,一般只反映一项经济业务,或者同时反映若干项同类性质的经济业务。以"收料单""领料单"的填制为例,介绍一次凭证的填制方法。

(1)"收料单"是企业购进材料验收入库时,由仓库保管人员根据购入材料的实际验收情况,填制的一次性原始凭证收料单,一式三联:一联留仓库,据以登记材料物资明细账和材料卡片;一联随发票账单到会计处报账;一联交采购人员存查。

(2)"领料单"是车间或部门从仓库领用各种材料时,由领料经办人根据需要材料的情况填写的一次性原始凭证。为了便于分类汇总,领料单要"一料一单"地填制。领用原材料需经领料车间负责人批准后,方可填制领料单;车间负责人、收料人、仓库管理员和发料人均需在领料单中签章,无签章或签章不全的均属无效,不能作为记账的依据。领料单通常都是一式三联,一联留领料部门备查;一联留仓库据以登记材料明细;一联交财会部门作为材料总分类核算的依据。

2. 累计凭证的填制

累计凭证是在一定时期不断重复地反映同类经济业务的完成情况,它是由经办人每次经济业务完成后在其上面重复填制而成的。以"限额领料单"为例说明累计原始凭证的填制方法。

限额领料单是在有效期间内(通常是1个月),只要领用数量累计不超过限额就可以连续使用的累计领发料凭证。限额领料单由生产计划部门根据下达的生产任务和材料消耗定额按每种材料用途分别开出,一料一单,一式两联,一联交仓库据以发料,一联交领料部门据以领料。领料单位领料时,在该单内注明请领数量,经负责人签章批准后,持往仓库领料。

仓库发料时，根据材料的品名、规格在限额内发料，同时将实发数量及限量余额填写在限额领料单内，领发料双方在单内签章。月末，在此单内结出实发数量和金额转交会计部门。

3. 汇总凭证的填制

汇总凭证，是指在会计的实际工作日，为了简化记账凭证的填制工作，将一定时期若干份记录同类经济业务的原始凭证汇总编制一张汇总凭证，用以集中反映某项经济业务的完成情况。汇总原始凭证是有关责任者根据经济管理的需要定期编制的。

汇总凭证只能将同类内容的经济业务汇总在一起，填列在一张汇总凭证上，不能将两类或两类以上的经济业务汇总在一起，填列在一张汇总原始凭证上。

4. 记账编制凭证的填制

通常"收料单""领料单""入库单"和"差旅费报销单"等自制原始凭证由经办人员填制，而记账编制凭证则是由会计人员根据账簿记录的结果，重新归类整理而编制。例如，制造企业在月末为了计算产品成本，编制"制造费用分配表"，将"制造费用"账户归集的费用按一定的标准分配计入各相关产品成本。

（三）外来原始凭证的填制要求

外来原始凭证是在企业同外单位发生经济业务时，由外单位的经办人员填制的。外来原始凭证一般由税务局等部门统一印制，或经税务部门批准由经营单位印制，在填制时加盖出具凭证单位公章方有效。

四、原始凭证的审核

原始凭证在填制或取得的过程中，由于种种原因，难免会出现各种错误。为了如实反映经济业务的发生和完成情况，提高会计信息质量，充分发挥会计的监督职能，保证原始凭证的真实性、合法性、完整性和正确性，企业的会计部门对各种原始凭证都要进行严格的审核，只有经过严格审核合格的原始凭证，才能作为编制记账凭证和登记账簿的依据。

1. 审核原始凭证的真实性

原始凭证所记载的内容必须与实际发生的经济业务内容相一致。审核人员审核原始凭证的真实性，就是要审核原始凭证所记载的与经济业务有关的当事单位和当事人是否真实，原始凭证的填制日期、经济业务内容、数量以及金额是否与实际情况相符。

2. 审核原始凭证的合法性

审核原始凭证的合法性就是审核原始凭证所反映的经济业务内容是否符合国家政策、法律法规、财务制度和计划的规定，是否符合本单位的有关规定、预算和计划要求，有无违反财经纪律、贪污盗窃、虚报冒领、伪造凭证等违法乱纪行为。

3. 审核原始凭证的完整性

审核人员在审核原始凭证时要注意原始凭证填制的内容是否完整，是否具备作为合法凭证所必须具备的各项内容，应该填列的项目有无遗漏，填列是否符合规定，有关手续是否齐全，金额的大小写是否清晰、相符，特别是有关签字或盖章是否都已具备。

4. 审核原始凭证的正确性

审核人员应注意审核原始凭证上填列的项目是否正确，数据计量、计算是否准确，大、小写金额是否相符，内容是否存在涂改等现象。若凭证中有书写错误的，是否已经按照规定的方法更正。

会计机构、会计人员在审核原始凭证时，对于不真实、不合法的原始凭证，如伪造或涂改的原始凭证等，有权不予受理，并向单位负责人报告，请求查明原因，追究当事人的责任，进行严肃处理；对于不合法、不合规定的一切开支，会计人员有权拒绝付款和报销；对于记载不准确、不完整的原始凭证，应予以退回，并要求经办人员按照国家统一的会计制度的规定进行更正、补充。

原始凭证的审核，是一项十分细致而又严肃的工作，必须坚持原则，依法办事。会计信息系统所具有的监督作用主要体现在原始凭证的审核上。通过对原始凭证的审核，确保输入会计信息系统的数据真实、合理、合法，从而为会计系统最终生成的财务报告的质量提供有效保证。所以，只有经过审核无误的原始凭证，才能作为编制记账凭证和登记有关账簿的依据。

第三节　记账凭证

一、记账凭证的种类

记账凭证按用途的不同，可分为专用记账凭证和通用记账凭证。

1. 专用记账凭证

专用记账凭证是专门用来记录某一特定种类经济业务的记账凭证。按其反映的经济业务内容，可分为收款凭证、付款凭证和转账凭证。

（1）收款凭证

收款凭证是指用于记录现金和银行存款收款业务的记账凭证，它是根据有关库存现金和银行存款收入业务的原始凭证编制的（见表6-5）。收款凭证又可以分为库存现金收款凭证和银行存款收款凭证两种。

　　借：库存现金、银行存款
　　　　贷：××××

表 6-5　收款凭证

借方科目：库存现金或银行存款　　　　年　月　日　　　　　　　　　字第　　号

摘要	贷方科目		记账符号	金额
	总账科目	明细科目		
合计				

会计主管：　　　　　记账：　　　　　出纳：　　　　　审核：　　　　　制单：

（2）付款凭证

付款凭证是指用于记录现金和银行存款付款业务的记账凭证，它是根据有关库存现金和银行存款付出业务的原始凭证填制的（见表6-6）。付款凭证又可以分为库存现金付款凭证和银行存款付款凭证两种。

　　借：××××
　　　　贷：库存现金、银行存款

表 6-6 付款凭证

贷方科目：库存现金或银行存款　　　　年　月　日　　　　　　　　　　　字第　号

摘要	借方科目		记账符号	金额
	总账科目	明细科目		
合计				

会计主管：　　　　记账：　　　　出纳：　　　　审核：　　　　制单：

（3）转账凭证

转账凭证是指用于记录不涉及现金和银行存款业务的记账凭证，它是根据不涉及库存现金和银行存款收付的有关转账业务的原始凭证填制的（见表6-7）。

借：××××（除库存现金或银行存款的科目）
　　贷：××××（除库存现金或银行存款的科目）

例如：

借：生产成本
　　贷：原材料

表 6-7 转账凭证

年　月　日　　　　　　　　　　　字第　号

摘要	会计科目		记账符号	金额
	总账科目	明细科目		
合计				

会计主管：　　　　记账：　　　　审核：　　　　制单：

对于现金和银行存款之间的存取（相互划转）业务，为避免重复记账，应统一按减少方只填制付款凭证（均付款在先）的方式，而不填制收款凭证。

从银行提取现金1 000元：填制银行存款付款凭证

借：库存现金　　　　　　　　1 000
　　贷：银行存款　　　　　　　　　1 000

将现金1 000元存入银行：填制库存现金付款凭证

借：银行存款　　　　　　　　1 000
　　贷：库存现金　　　　　　　　　1 000

收款凭证、付款凭证、转账凭证的划分，工作量较大，适用于规模较大、收付款业务较多的单位。

2．通用记账凭证

通用记账凭证是指用来反映所有经济业务的记账凭证，为各类经济业务所共同使用，其格式与转账凭证基本相同（见表 6-8）。

在业务少、凭证不多的小型企业，为简化凭证手续，可以使用通用记账凭证记录发生的各种经济业务。

表 6-8 通用记账凭证

年 月 日　　　　　　　　　　　　　　　　　　　　　　　　字第　号

摘要	会计科目		记账符号	金额
	总账科目	明细科目		
合计				

会计主管：　　　　记账：　　　　审核：　　　　制单：

二、记账凭证的基本内容

记账凭证是登记账簿的依据，因其所反映经济业务的内容不同、各单位规模大小及其对会计核算繁简程度的要求不同，其内容有所差异，但应当具备以下基本内容：

记账凭证的内容、填制要求

(1) 记账凭证的名称。
(2) 填制记账凭证的日期。
(3) 记账凭证的编号。
(4) 经济业务事项的内容摘要。
(5) 经济业务事项所涉及的会计科目及其记账方向。
(6) 经济业务事项的金额。
(7) 记账标记。
(8) 所附原始凭证张数。
(9) 会计主管、记账、审核、出纳、制单等有关人员签章。

三、记账凭证的填制要求

各种记账凭证的填制，除了必须严格做到前述填制原始凭证的要求外，还必须注意以下几点：

（一）依据真实可靠

填制记账凭证，必须以审核无误的原始批准为依据，可以根据每一份原始凭证单独填制，也可以根据同类经济业务的多份原始凭证填制，还可以根据汇总的原始凭证来填制，但不得将不同内容和类别的原始凭证汇总填制在一张记账凭证上。

（二）摘要简明扼要

记账凭证的摘要栏是对经济业务的简要说明，又是登记账簿的主要依据，必须针对不同性质的经济业务的特点，考虑到登记账簿的需要，正确地填写，不可漏填或错填。

（三）科目运用准确

必须按照设定的会计科目，根据经济业务的性质编制会计分录，以保证核算口径的一致,便于综合汇总。使用借贷记账法编制分录时,只能编制简单分录或复合分录,一般不编制多借多贷的会计分录,以便从账户对应关系中反映经济业务的情况。

(四) 编号连续科学

记账凭证在一个月内应当连续编号,以便核查。在使用通用凭证时,可按经济业务发生顺序编号。采用收款凭证、付款凭证和转账凭证的,可采用"字号编号法",即按凭证类别顺序编号。如:收字第×号,付字第×号,转字第×号等。也可采用"双重编号法",即按总字顺序编号与按类别顺序编号相结合。如:某收款凭证为"总字第×号、收字第×号"。一笔经济业务,需要编制多张记账凭证时,可采用"分数编号法"。例如,一笔经济业务需要编制两张转账凭证,凭证的顺序号为10号时,可编制转字第$10\frac{1}{2}$号、转字第$10\frac{2}{2}$号。前面的整数表示业务顺序,分子表示两张中的第一张和第二张,分母表示本号共有几张。

(五) 日期填写规范

收、付款凭证应按货币资金收付的日期填写,转账凭证原则上应按收到原始凭证的日期填写,如果一份转账凭证依据不同日期的某类原始凭证填制时,可按填制凭证日期填写。在月终,有些转账业务要等到下月初方可填制转账凭证时,也可按月末的日期填写。

(六) 附件数量完整

记账凭证所附的原始凭证张数,必须注明,以便查核。如果根据同一原始凭证填制数张记账凭证时,则应在未附原始凭证的记账凭证上注明"附件××张,见第××号记账凭证"。如果原始凭证需要另行保管时,则应在附件栏目内加以注明。

(七) 填写内容齐全

记账凭证填写完毕,应进行复核与检查,并按所使用的记账方法进行试算平衡。有关人员均要签名盖章。出纳人员根据收款凭证收款,或根据付款凭证付款时,要在凭证上加盖"收讫"或"付讫"的戳记,以免重收重付,防止差错。

四、记账凭证的审核

为了保证会计信息的质量,在记账之前应由有关稽核人员对记账凭证进行严格的审核,审核的内容主要包括:

(1) 内容是否真实(与原始凭证是否相符)。
(2) 项目是否齐全。
(3) 科目是否正确。
(4) 金额是否正确。
(5) 书写是否规范。
(6) 手续是否完备。

记账凭证的审核

在记账凭证的审核过程中,如果发现差错,应按照规定的办法及时处理和更正。只有经过审核无误的记账凭证,才能作为登记账簿的直接依据。

原始凭证和记账凭证区别如表6-9所示。

表 6-9　原始凭证和记账凭证区别

区别	原始凭证	记账凭证
填制人员不同	业务经办人	会计人员
填制依据不同	根据发生或者完成的经济业务事项填制	按审核后的原始凭证填制
填列方式不同	仅用于记录、证明经济业务已经发生或者完成	依据会计科目对已经发生或者完成的经济业务进行归类、整理后编制
发挥作用不同	作为记账凭证的附件和编制记账凭证的依据	登记账簿的直接依据

第四节　会计凭证的传递与保管

一、会计凭证的传递

会计凭证的传递是指会计凭证从填制到归档保管整个过程中，在本单位内部各有关部门和人员之间的传递程序和传递时间。不同的会计凭证，所记录的经济业务不尽相同，所要据以办理的业务手续和所需的时间也不尽相同。会计凭证的传递，是会计制度的一个重要组成部分，应当在会计制度中做出明确的规定。

会计凭证的传递与保管

正确地组织会计凭证的传递，对于及时核算和监督经济业务的发生和完成情况，合理地组织经济活动，加强经济管理责任制具有重要的意义。因为只有正确地组织凭证的传递，才能及时地、真实地反映和监督经济业务的发生和完成情况；把有关部门和人员组织起来，分工协作，使正确的经济活动得以顺利地实现；考核经办业务的有关部门和人员是否按照规定的凭证手续办事，从而加强经营管理上的责任制，提高经营管理水平，提高经济活动的效率。

科学的传递程序，应该使会计凭证沿着最迅速、最合理的流向运行。因此，在制订会计凭证传递程序时，应当注意考虑下列三个问题：

（1）要根据经济业务的特点、企业内部机构的设置和人员分工的情况以及经营管理上的需要，恰当地规定各种会计凭证的联数和所传递的必要环节，做到既要使各有关部门和人员能利用凭证了解经济业务的情况，并按照规定手续进行处理和审核，又要避免凭证传递通过不必要的环节，影响传递速度。

（2）要根据有关部门和人员对经济业务办理必要手续（如计量、检验、审核、登记等）的需要，确定凭证在各个环节停留的时间，保证业务手续的完成。但又要防止不必要的耽搁，从而使会计凭证以最快速度传递，充分发挥它及时传递经济信息的作用。

（3）建立凭证交接的签收制度。为了确保会计凭证的安全和完整，在各个环节中都应指定专人办理交接手续，做到责任明确，手续完备严密，简便易行。

二、会计凭证的保管

会计凭证是各项经济活动的历史记录，是重要的经济档案。为了便于随时查阅利用，各种会计凭证在办理好各项业务手续，并据以记账后，应由会计部门加以整理、归类，并送交档案部门妥善保管。

(一) 会计凭证的整理归类

会计部门在记账以后，应定期（一般为每月）将会计凭证加以归类整理，即把记账凭证及其所附原始凭证，按记账凭证的编号顺序进行整理，在确保记账凭证及其所附原始凭证完整无缺后，将其折叠整齐，加上封面、封底，装订成册，并在装订线上加贴封签，以防散失和任意拆装。在封面上要注明单位名称、凭证种类、所属年月和起讫日期、起讫号码、凭证张数等。会计主管或指定装订人员要在装订线封签处签名或盖章，然后入档保管。

对于那些数量过多或各种随时需要查阅的原始凭证，可以单独装订保管，在封面上注明记账凭证的日期、编号、种类，同时在记账凭证上注明"附件另订"字样。各种经济合同和重要的涉外文件等凭证，应另编目录，单独登记保管，并在有关记账凭证和原始凭证上注明。

(二) 会计凭证的造册归档

每年的会计凭证都应由会计部门按照归档的要求，负责整理立卷或装订成册。当年的会计凭证，在会计年度终了后，可暂由会计部门保管一年，期满后，原则上应由会计部门编造清册移交本单位档案部门保管。

档案部门接收的会计凭证，原则上要保持原卷册的封装，个别需要拆封重新整理的，应由会计部门和经办人员共同拆封整理，以明确责任。会计凭证必须做到妥善保管、存放有序、查找方便，并要严防毁损、丢失和泄密。

(三) 会计凭证的借阅

会计凭证原则上不得借出，如有特殊需要，须报请批准，但不得拆散原卷册，并应限期归还。需要查阅已入档的会计凭证时，必须办理借阅手续。其他单位因特殊原因需要使用原始凭证时，经本单位负责人批准，可以复制。但向外单位提供的原始凭证复印件，应在专设的登记簿上登记，并由提供人员和收取人员共同签名或盖章。

(四) 会计凭证的销毁

会计凭证的保管期限，分为两类：一类是永久性保管；另一类是定期保管，保管期限一般为 30 年。保管期未满，任何人都不得随意销毁会计凭证。按规定销毁会计凭证时，必须开列清单，报经批准后，由档案部门和会计部门共同派员监销。在销毁会计凭证前，监督销毁人员应认真清点核对，销毁后在销毁清册上签名或盖章，并将监销情况报告给本单位负责人。

本章小结

1. 会计凭证是记录经济业务、明确经济责任的书面证明，是登记账簿的依据。填制和审核会计凭证是会计核算的一种专门方法。会计凭证分为原始凭证和记账凭证。

2. 原始凭证是经济业务发生时填制或取得的，用来记录和证明经济业务发生或完成情况的原始书面证明，可分为自制和外来原始凭证两种。

3. 记账凭证是由会计人员根据审核后的原始凭证编制的，是登记账簿的直接依据。记账凭证分为通用记账凭证和专用记账凭证。专用记账凭证又分为收款凭证、付款凭证和转账凭证三种。

4. 会计凭证的填制必须符合有关的规定和要求。只有审核无误的会计凭证才能作为登记账簿的依据。

5. 企业应规定会计凭证的传递程序和时间。会计凭证作为重要的经济档案，必须按规定妥善保管。

巩固练习

一、单项选择题

1. 下列各项中，不属于记账凭证审核内容的是（   ）。
   A. 凭证是否符合有关的计划和预算
   B. 会计科目使用是否正确
   C. 凭证的内容与所附凭证的内容是否一致
   D. 凭证的金额与所附凭证的金额是否一致

2. 下列各项中，不属于原始凭证审核内容的是（   ）。
   A. 凭证是否有填制单位的公章和填制人员签章
   B. 凭证是否符合规定的审核程序
   C. 凭证是否符合有关计划和预算
   D. 会计科目使用是否正确

3. 下列记账凭证中，可以不附原始凭证的是（   ）。
   A. 所有收款凭证　　B. 所有付款凭证　　C. 所有转账凭证　　D. 用于结账的记账凭证

4. 下列选项中，不属于外来原始凭证的是（   ）。
   A. 购买货物时取得的普通发票或增值税专用发票
   B. 银行转来的各种结算凭证
   C. 职工出差取得的车票
   D. 折旧计算表

5. 下列经济业务中，应编制转账凭证的是（   ）。
   A. 用银行存款支付货款　　　　　　B. 收到以前年度销货款存入银行
   C. 车间领用材料用于生产产品　　　D. 用现金支付当年职工工资

6. 会计凭证按其（   ）不同，可以分为原始凭证和记账凭证两类。
   A. 反映业务的方法　　　　　　　　B. 填制方式
   C. 取得来源　　　　　　　　　　　D. 填制的程序和用途

7. 下列各项中，符合原始凭证填制要求的是（   ）。
   A. 从外单位取得的原始凭证，可以没公章，但必须有经办人员的签名或盖章
   B. 原始凭证发生的错误，应该由出具单位在原始凭证上更正
   C. 对外开出的原始凭证，可以没公章，但必须有经办人员的签名或盖章
   D. 币种符号与金额数字之间不得留有空白

8. 记账凭证的填制是由（   ）进行的。
   A. 出纳人员　　　B. 会计人员　　　C. 经办人员　　　D. 主管人员

9. 下列各项中，不属于自制原始凭证的是（   ）。
   A. 单位差旅费报销单　　　　　　　B. 成本计算单
   C. 发票　　　　　　　　　　　　　D. 领料单

10. 企业购进材料10000元，货款未付。该笔业务应编制的记账凭证是（   ）。
    A. 收款凭证　　　B. 付款凭证　　　C. 转账凭证　　　D. 以上均可

11. 填制记账凭证时，错误的做法是（   ）。
    A. 根据每一张原始凭证填制
    B. 根据若干张同类原始凭证汇总填制

C. 将若干张不同内容和类别的原始凭证汇总填制在一张记账凭证上
D. 根据原始凭证汇总表填制
12. 在原始凭证上书写阿拉伯数字，错误的做法是（　　）。
A. 金额数字前书写货币币种符号
B. 币种符号与金额数字之间要留有空白
C. 币种符号与金额数字之间不得留有空白
D. 数字前写有币种符号的，数字后不再写货币单位

二、多项选择题
1. 下列会计凭证中，属于自制原始凭证的有（　　）。
A. 材料领料单　　　B. 折旧计算表　　　C. 购货发票　　　D. 印花税票
2. 对于原始凭证发生的错误，正确的更正方法有（　　）。
A. 由出具单位重开或者更正
B. 由本单位的会计人员代为更正
C. 金额发生错误的，可由出具单位在原始凭证上更正
D. 金额发生错误的，应当由出具单位重开
3. 记账凭证的正确编号方法有（　　）。
A. 必须统一编号
B. 可以统一编号
C. 可以按收、付、转凭证分别编号
D. 一项业务需使用若干张凭证时，可以采用分数编号法编号
4. 下列单据中，不属于原始凭证的有（　　）。
A. 折旧计算表　　　B. 销售合同　　　C. 生产计划　　　D. 委托加工协议
5. 下列经济业务中，应填制转账凭证的有（　　）。
A. 国家以厂房对企业投资　　　　B. 外商以货币资金对企业投资
C. 购买材料未付款　　　　　　　D. 销售商品，货款暂欠
6. 填制原始凭证时，符合书写要求的有（　　）。
A. 阿拉伯金额数字前面应当填写货币币种符号
B. 币种符号与阿拉伯金额之间不得留有空白
C. 大写金额有分的，分字后面要写"整"或"正"字
D. 汉字大写金额可以用简化字代替
7. 在原始凭证上书写阿拉伯数字，正确的有（　　）。
A. 所有以元为单位的，一律填写到角分
B. 无角分的，角位和分位可写"00"，或者符号"—"
C. 有角无分的，分位应当写"0"
D. 有角无分的，分位也可以用符号"—"代替
8. 原始凭证审核的内容包括（　　）。
A. 经济业务内容是否真实　　　　B. 会计科目使用是否正确
C. 应借应贷方向是否正确　　　　D. 经济业务是否有违法乱纪行为
9. 下列内容中属于审核记账凭证内容的是（　　）。
A. 经济业务是否符合国家有关政策的规定
B. 凭证的金额与所附原始凭证的金额是否一致
C. 经济业务是否符合会计主体经济活动的需要

D. 科目是否正确

10. 下列关于原始凭证和记账凭证的区别，表述正确的有（   ）。

A. 原始凭证是根据发生或完成的经济业务填制的，而记账凭证则是根据审核后的原始凭证填制

B. 原始凭证仅用以记录、证明经济业务已经发生或完成，而记账凭证则要依据会计科目对已经发生或完成的经济业务进行归类、整理编制

C. 原始凭证由经办人员填制，而记账凭证一律由会计人员填制

D. 原始凭证是记账凭证的附件和填制记账凭证的依据，而记账凭证则是登记账簿的依据

三、判断题

1. 记账凭证是在经济业务发生时取得或填制的，用以证明经济业务的发生或完成情况，并作为记账原始依据的会计凭证。（   ）

2. 根据规定，记账凭证必须附有原始凭证。但是，结账和更正错误的记账凭证可以不附原始凭证。（   ）

3. 审核无误的原始凭证是登记账簿的直接依据。（   ）

4. 填制记账凭证时若发生错误，应当重新填制。如果会计科目没有错误，只是金额错误，应将正确数字与错误数字之间的差额另编一张调整的记账凭证，调增金额用蓝字，调减金额用红字。（   ）

5. 从外单位取得的原始凭证如有遗失，除火车、轮船、飞机票等凭证外，应当取得原开出单位盖有公章的证明，并注明原凭证的号码、金额、内容等，经经办单位会计机构负责人、会计主管人员和单位负责人的批准后才能代作原始凭证。（   ）

6. 对于涉及"现金"和"银行存款"之间的经济业务，一般只编制收款凭证，不编制付款凭证。（   ）

7. A企业接受一批订单，在这个过程中，经济合同、收料单、成本计算单、出库单等都属于原始凭证。（   ）

8. 如有特殊需要，经单位负责人批准，办理好登记手续后，可以将原始凭证外借。（   ）

9. ￥107 000.53可写成"人民币壹拾万柒仟元零伍角叁分"。（   ）

10. 外来原始凭证也可以是累计凭证。（   ）

11. 企业在与外单位发生的任何经济业务中，取得的各种书面证明都是原始凭证。（   ）

12. 从外单位取得的原始凭证，可以没公章，但必须有经办人员的签名或盖章。（   ）

13. 原始凭证的要素至少包括原始凭证名称、填制原始凭证的日期、经济业务内容（含数量、单价、金额等）、记账标记和凭证附件。（   ）

第七章 会计账簿

教学目标

1. 知识传授目标

了解会计账簿的概念与分类、会计账簿的更换与保管；熟悉会计账簿的登记要求、总分类账与明细分类账平行登记的要点；理解日记账、总分类账及有关明细分类账的登记方法、对账与结账的方法；掌握错账更正的方法。

2. 能力培养目标

区分出不同会计账簿的格式要求，能够选择正确的格式登记账簿；细致掌握会计账簿的登记要求，提升学生会计工作的严谨程度；学习错账更正的方法，面对不同情况的错账能够运用合适的方式进行更正。

3. 价值塑造目标

引导学生在未来会计工作过程中始终遵守职业道德，遵守法律法规，对会计职业存敬畏之心；提高学生职业素养，培养学生工匠精神，训练学生吃苦耐劳、一丝不苟的职业精神；培养学生会计规则意识以及诚实守信的职业品质；培养学生严谨的工作作风，同时让学生认识到错误可以更正，要敢于承担错误并按规范改正，培养学生的责任担当。

思维导图

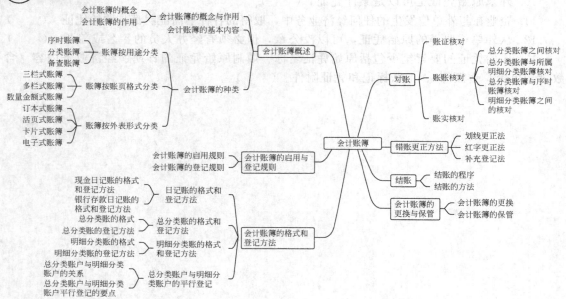

第一节 会计账簿概述

一、会计账簿的概念与作用

(一) 会计账簿的概念

会计账簿是指由一定格式而又相互联系的账页组成,以经过审核无误的会计凭证为依据,全面、系统、序时、分类地记录和核算各项经济业务的增减变动及其结果的簿籍。

会计账簿的概念与作用、基本内容、与账户的关系

设置和登记账簿,是编制财务报表的基础,是连接会计凭证和财务报表的中间环节。从原始凭证到记账凭证的过程,是按照一定的会计科目和复式记账法,将大量经济信息转化为会计信息的过程。通过填制和审核原始凭证、记账凭证,会计主体将生产经营活动中所发生的全部经济业务都记录到了会计凭证中。而记账凭证只能零散地反映某项经济业务内容,不能全面、系统、连续地反映企业生产经营过程的变动情况,不能够满足经济管理的需要。所以,还需要对记账凭证所反映的经济业务内容作进一步的加工和处理,即将记账凭证上所记录的内容在账户中进行分门别类的登记。这就需要设置会计账簿,把记账凭证提供的大量零散的资料加以归类、整理、集中,登记到账簿中去,使这些资料系统化、条理化,从而为经济管理提供系统、全面的会计信息。

(二) 会计账簿的作用

账簿的设置和登记,对于全面、系统,序时、分类地反映各项经济业务,充分发挥会计在经济管理中的作用,具有重要意义。设置和登记账簿的作用主要有:

1. 系统地归纳和积累会计核算资料,满足经营管理的需要

记录在会计凭证上的经济业务不仅分散,而且数量大,通过设置和登记账簿,可以把核算资料进行分类、汇总和整理,全面系统详细地反映企业经营活动情况,利于企业有效监督计划的执行情况,利于企业合理安排资金使用,提高经营管理水平。

2. 为考核经营成果和编制会计报表提供依据

根据账簿记录的收入、成本费用、利润资料可以计算一定会计期间的经营成果,也能提供进行经济活动分析的其他有关资料。经核对后的账簿资料和数据,是编制会计报表的依据。

3. 分析经营活动,提高经营效益

通过对账簿资料分析,企业可以从数据中发现经营活动的偏差,对费用开支、计划拟定、成果分配做出合理评价,据此找出经营中的差距,发掘潜力以提高经营效益。

(三) 会计账簿与账户的关系

(1) 账簿与账户的关系是形式和内容的关系。账簿是账户的外表形式,账户才是账簿反映的真实内容。

(2) 账簿是由若干账页组成的一个整体,账簿中的每一账页就是账户的具体存在形式和载体,没有账簿,账户就无法存在。

(3) 账簿序时、分类地记录经济业务,是在各个具体的账户中完成的。

二、会计账簿的基本内容

会计账簿通常由封面、扉页和账页构成。

1．封面

封面主要标明账簿的名称，如总分类账、现金日记账、应收账款明细账等，见图 7-1。

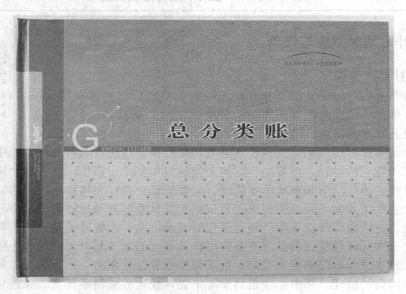

图 7-1　总分类账封面

2．扉页

扉页主要标明账簿的使用信息，如科目索引、账簿启用和经管人员一览表，见图 7-2。

<table>
<tr><th colspan="13">账簿启用表</th></tr>
<tr><td colspan="3">单位名称</td><td colspan="7"></td><td colspan="3">单位盖章</td></tr>
<tr><td colspan="3">账簿名称</td><td colspan="7"></td><td colspan="3"></td></tr>
<tr><td colspan="3">账簿编号</td><td colspan="7">年 总 册 第 册</td><td colspan="3"></td></tr>
<tr><td colspan="3">账簿页数</td><td colspan="7">本账簿共计 页 第 页</td><td colspan="3"></td></tr>
<tr><td colspan="3">启用日期</td><td colspan="7">年 月 日至 年 月 日</td><td colspan="3"></td></tr>
<tr><td rowspan="3">经管人员</td><td colspan="3">负责人</td><td colspan="3">主办会计</td><td colspan="3">记账</td><td colspan="3" rowspan="3"></td></tr>
<tr><td>职别</td><td>姓名</td><td>盖章</td><td>职别</td><td>姓名</td><td>盖章</td><td>职别</td><td>姓名</td><td>盖章</td></tr>
<tr><td></td><td></td><td></td><td></td><td></td><td></td><td></td><td></td><td></td></tr>
<tr><td rowspan="6">交接记录</td><td rowspan="2">职别</td><td rowspan="2">姓名</td><td colspan="4">接管</td><td colspan="4">移交</td><td colspan="2" rowspan="2">印花税票粘贴处</td></tr>
<tr><td>年</td><td>月</td><td>日</td><td>盖章</td><td>年</td><td>月</td><td>日</td><td>盖章</td></tr>
<tr><td></td><td></td><td></td><td></td><td></td><td></td><td></td><td></td><td></td><td></td><td colspan="2" rowspan="4"></td></tr>
<tr><td></td><td></td><td></td><td></td><td></td><td></td><td></td><td></td><td></td><td></td></tr>
<tr><td></td><td></td><td></td><td></td><td></td><td></td><td></td><td></td><td></td><td></td></tr>
<tr><td></td><td></td><td></td><td></td><td></td><td></td><td></td><td></td><td></td><td></td></tr>
</table>

图 7-2　账簿启用表

3．账页

账页是账簿用来记录具体经济业务的载体。账页格式因记录经济业务内容的不同而有所不同，但通常包括账户名称、记账日期栏、记账凭证的种类和号数栏、经济业务摘要栏、金额栏、总页次和分户页次栏等基本内容，见图 7-3。

图 7-3　总分类账簿账页

三、会计账簿的种类

会计账簿的种类很多，不同类别的会计账簿可以提供不同的信息，满足不同的需要。

（一）账簿按用途分类

账簿按用途不同，可以分为序时账簿、分类账簿和备查账簿。

1. 序时账簿

序时账簿又称日记账，是按照经济业务发生或完成时间的先后顺序，逐日逐笔进行登记的账簿。

序时账簿按其记录的内容不同，分为普通日记账和特种日记账。普通日记账是用来登记全部经济业务发生情况的日记账，又称分录簿。特种日记账是用来记录某一类经济业务发生情况的日记账，通常把某一类比较重要的、重复大量发生的经济业务，按照业务发生的先后顺序记入账簿中，如现金日记账、银行存款日记账等，见图 7-4 和图 7-5。

在我国，大多数单位一般只设现金日记账和银行存款日记账，而不设置普通日记账。

2. 分类账簿

分类账簿是对全部经济业务按照会计要素的具体类别而设置的分类账户进行分类登记的账簿。

分类账簿按其反映信息的详细程度不同，分为总分类账簿和明细分类账簿。总分类账簿，简称总账、总分类账，是按照总分类账户分类登记经济业务事项的账簿，见图 7-3。明细分类账簿，简称明细账、明细分类账，是按照明细分类账户分类登记经济业务事项的账簿，见图 7-6。明细分类账是对总分类账的补充和具体化，并受总分类账的控制和统驭。

3. 备查账簿

备查账簿简称备查簿，是对某些在序时账簿和分类账簿等主要账簿中都不予登记或登记

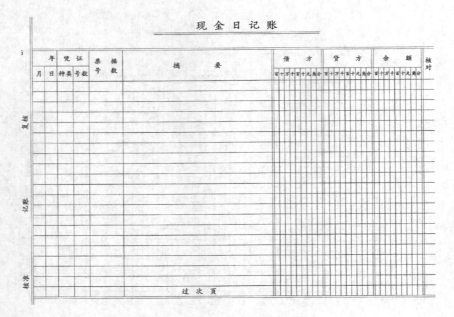

图 7-4 现金日记账

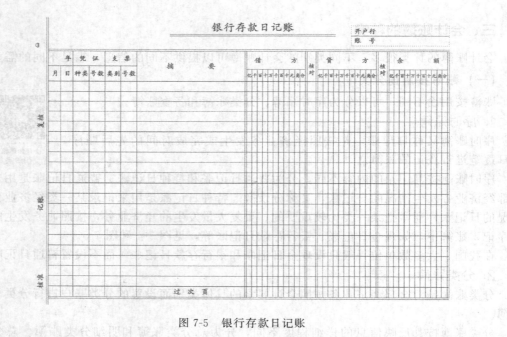

图 7-5 银行存款日记账

不够详细的经济业务事项进行补充登记时使用的账簿,又称为辅助账簿。比如,租入固定资产备查簿、应收票据贴现备查簿、委托加工材料登记簿等。

备查账簿只是对其他账簿记录的一种补充,与其他账簿之间不存在严密的依存和勾稽关系。

备查账簿与序时账簿和分类账簿相比,不同之处:

(1) 不是依据会计凭证而登记。

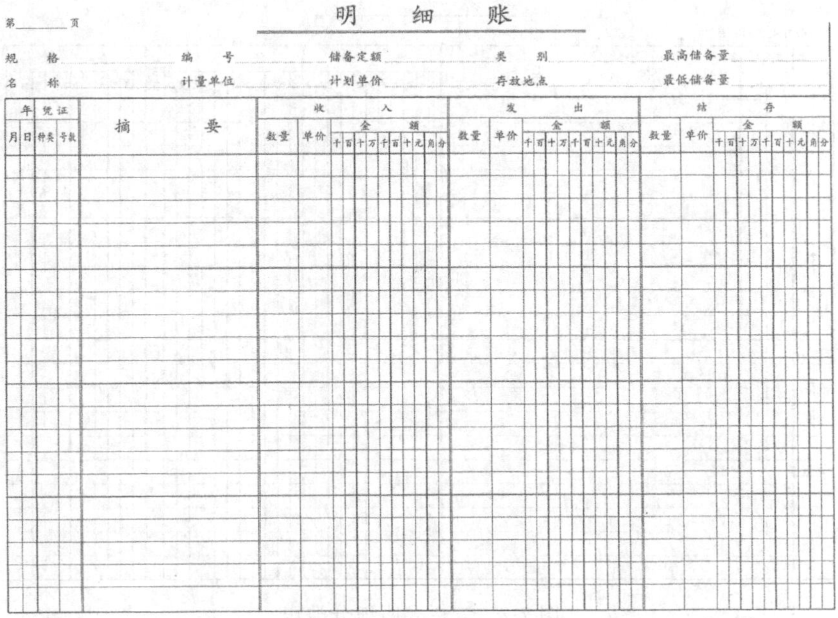

第____页

明　细　账

规　格________ 编　号________ 储备定额________ 类　别________ 最高储备量________
名　称________ 计量单位________ 计划单价________ 存放地点________ 最低储备量________

年		凭证		摘要	收入												发出												结存											
					数量	单价	金额										数量	单价	金额										数量	单价	金额									
月	日	种类	号数				千	百	十	万	千	百	十	元	角	分			千	百	十	万	千	百	十	元	角	分			千	百	十	万	千	百	十	元	角	分

图 7-6　明细分类账

（2）没有固定的格式。

（3）账簿的格式和登记方法不同，备查账簿的主要栏目不记录金额，它更注重用文字来表述某项经济业务的发生情况。

（4）并非每个单位都设置，根据各单位的实际需要而定。

（二）账簿按账页格式分类

账簿按账页格式不同，可以分为三栏式账簿、多栏式账簿和数量金额式账簿。

视频扫一扫

会计账簿按账页格式分类

1．三栏式账簿

三栏式账簿是账页设有借方、贷方和余额三个金额栏目的账簿。

三栏式账簿适用于只需要提供价值核算指标的账簿。比如，现金日记账、银行存款日记账、债权债务类明细账、总分类账等。三栏式总分类账格式见图 7-3，三栏式明细分类账格式见图 7-7。

2．多栏式账簿

多栏式账簿是在账页的两个基本栏目即借方和贷方的某一方或两方按需要分设若干专栏，用以反映借方、贷方金额组成情况的账簿。专栏设置在借方，还是贷方，或是两方同时设置，而设多少专栏，则根据需要确定。

多栏式账簿适用于核算项目较多，并要求提供各核算项目详细信息，以便于进行分析的明细分类账。一般适用于收入、成本、费用类明细账，如主营业务收入明细账、管理费用明细账、生产成本明细账、制造费用明细账等，见图 7-8。

3．数量金额式账簿

数量金额式账簿是在账页的借方、贷方和余额三个栏目内，再分设数量、单价、金额三小栏，以反映财产物资的实物数量和价值量的账簿。

数量金额式账簿适用于既需要提供实物量信息，又需要提供价值量信息的明细分类账，

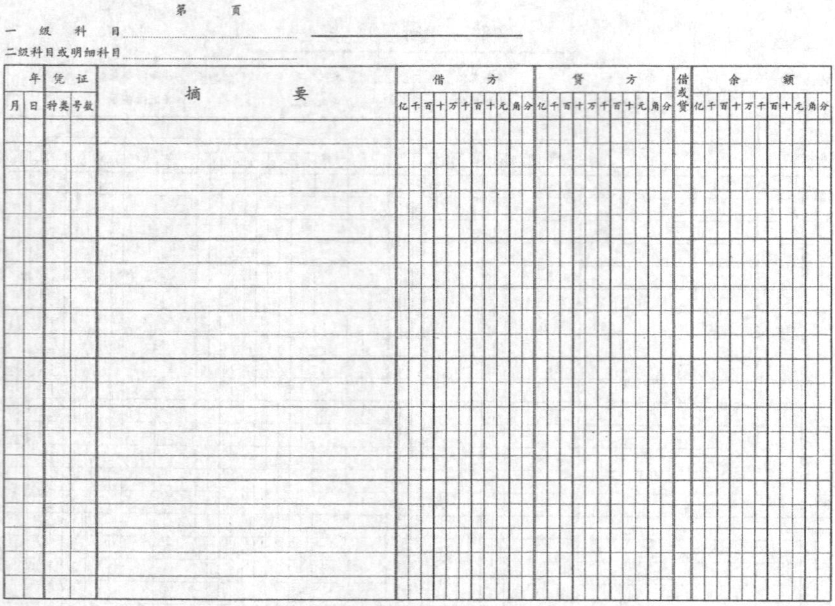

图 7-7 三栏式明细分类账

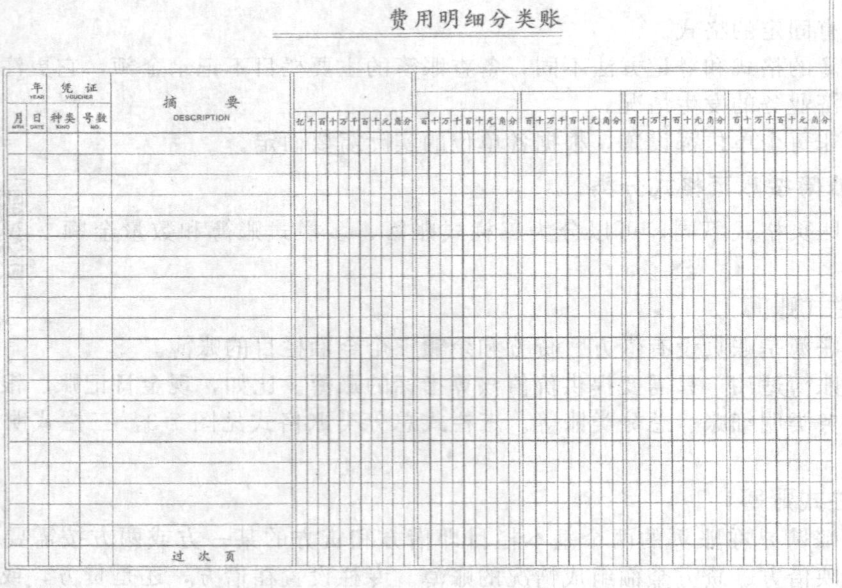

图 7-8 多栏式费用明细分类账

比如，原材料明细账、在途物资明细账、库存商品明细账等，见图 7-6。

（三）账簿按外表形式分类

账簿按外表形式不同，可分为订本式账簿、活页式账簿、卡片式账簿和电子式账簿。

视频扫一扫

会计账簿按外表形式分类

1. 订本式账簿

订本式账簿又称订本账，是启用之前就已将账页装订在一起，并对账页进行了连续编号的账簿。

订本式账簿的账页固定,既可以防止散失,又可以防止抽换账页,较为安全。但采用这种账簿,要为每一账户预留若干空白账页,若留页不够会影响账户的连续记录,留页过多又会造成浪费;而且这种账簿,在同一时间内只能由一人登记,不便于记账人员分工。

现金日记账、银行存款日记账、总分类账都必须使用订本式账簿。

2. 活页式账簿

活页式账簿又称活页账,是在启用时账页不固定装订成册而放置在活页夹内,随时可以增减空白账页的账簿。

活页式账簿记账时,可以根据实际需要,随时将空白账页装入账簿,或抽去不需用的账页,便于分工记账。但该账簿的账页容易散失和被抽换。各种明细分类账一般采用活页式账簿。

3. 卡片式账簿

卡片式账簿又称卡片账,是由许多具有一定格式的硬纸卡片组成,保存在卡片箱内,根据需要随时取放的账簿。

卡片账也是一种活页账,为了防止因经常抽取造成破损而采用硬卡片形式,可以跨年度使用。卡片账主要用于登记不经常变动的内容。在我国,一般只有固定资产明细账采用卡片式账簿。

4. 电子式账簿

电子式账簿是用电子数据存储介质(本地数据存储介质、云端存储介质等)记录经济业务的账务系统。

电子式账簿随着信息技术的发展而形成,以电子数据的形式存在,可根据用户的要求实时输出所需的信息,输出后形成实体账簿。电子式账簿信息量大,可以实时启用和分析,使用方便高效。

第二节　会计账簿的启用与登记规则

一、会计账簿的启用规则

(1) 启用会计账簿时,应当在账簿封面上写明单位名称和账簿名称,并在账簿扉页上附"账簿启用表"。(活页账、卡片账应在装订成册时填列)

会计账簿的启用、登记规则

账簿启用表内容包括:单位名称、账簿名称、账簿编号、账簿页数、启用日期、记账人员和会计机构负责人、会计主管人员姓名,并加盖名章和单位公章。

记账人员或者会计机构负责人、会计主管人员调动工作时,应注明交接日期、接办人员或者监交人员姓名,并由交接双方签名或者盖章。账簿启用表见图7-9。

(2) 启用订本式账簿,应当从第一页到最后一页顺序编定页数,不得跳页、缺号。

(3) 使用活页式账页,应当按账户顺序编号,并须定期装订成册,装订后再按实际使用的账页顺序编定页码,另加目录,记明每个账户的名称和页次。

二、会计账簿的登记规则

为了保证账簿记录的正确性,必须根据审核无误的会计凭证登记会计账簿,并符合有关法律、行政法规和国家统一的《企业会计准则》的规定。

<table>
<tr><th colspan="12">账簿启用表</th></tr>
<tr><td colspan="3">单位名称</td><td colspan="8"></td><td>单位盖章</td></tr>
<tr><td colspan="3">账簿名称</td><td colspan="8"></td><td rowspan="7"></td></tr>
<tr><td colspan="3">账簿编号</td><td colspan="8">年总　册第　册</td></tr>
<tr><td colspan="3">账簿页数</td><td colspan="8">本账簿共计　页　第　页</td></tr>
<tr><td colspan="3">启用日期</td><td colspan="8">年　月　日至　年　月　日</td></tr>
<tr><td rowspan="3">经管人员</td><td colspan="3">负责人</td><td colspan="3">主办会计</td><td colspan="4">记账</td></tr>
<tr><td>职别</td><td>姓名</td><td>盖章</td><td>职别</td><td>姓名</td><td>盖章</td><td>职别</td><td>姓名</td><td colspan="2">盖章</td></tr>
<tr><td></td><td></td><td></td><td></td><td></td><td></td><td></td><td></td><td colspan="2"></td></tr>
<tr><td rowspan="7">交接记录</td><td rowspan="2">职别</td><td rowspan="2">姓名</td><td colspan="4">接管</td><td colspan="4">移交</td><td rowspan="2">印花税票粘贴处</td></tr>
<tr><td>年</td><td>月</td><td>日</td><td>盖章</td><td>年</td><td>月</td><td>日</td><td>盖章</td></tr>
<tr><td></td><td></td><td></td><td></td><td></td><td></td><td></td><td></td><td></td><td></td><td rowspan="5"></td></tr>
<tr><td></td><td></td><td></td><td></td><td></td><td></td><td></td><td></td><td></td><td></td></tr>
<tr><td></td><td></td><td></td><td></td><td></td><td></td><td></td><td></td><td></td><td></td></tr>
<tr><td></td><td></td><td></td><td></td><td></td><td></td><td></td><td></td><td></td><td></td></tr>
<tr><td></td><td></td><td></td><td></td><td></td><td></td><td></td><td></td><td></td><td></td></tr>
</table>

图 7-9 账簿启用表

1. 准确完整

登记会计账簿时，应当将会计凭证日期、编号、业务内容摘要、金额和其他有关资料逐项记入账内，做到数字准确、摘要清楚、登记及时、字迹工整。

2. 注明记账符号

账簿登记完毕后，要在记账凭证上签名或者盖章，并在记账凭证的“过账”栏内注明账簿页数或划对勾，注明已经登账的符号，表示已经记账完毕，避免重记、漏记。

3. 书写留空

账簿中书写的文字和数字上面要留有适当的空格，不要写满格，一般应占格距的 1/2。

4. 正常记账使用蓝黑墨水

为了保持账簿记录的持久性，防止涂改，登记账簿必须使用蓝黑墨水或者碳素墨水，并用钢笔书写，不得使用圆珠笔（银行的复写账簿除外）或者铅笔书写。

5. 特殊记账使用红墨水

下列情况，可以用红色墨水记账：

(1) 按照红字冲账的记账凭证，冲销错误记录。

(2) 在不设借、贷等栏的多栏式账页中，登记减少数。

(3) 在三栏式账户的余额栏前，如未印明余额方向的，在余额栏内登记负数余额。

(4) 根据国家统一的会计制度的规定可以用红字登记的其他会计记录。

由于会计中的红字表示负数，因而，除上述情况外，不得用红色墨水登记账簿。

6. 顺序连续登记

记账时，必须按账户页次逐行逐页登记，不得跳行、隔页。如果发生跳行、隔页现象，应当在空行、空页处用红色墨水划对角线注销，或者注明“此行空白”“此页空白”字样，并由记账人员签名或者盖章。

7. 结出余额

凡需要结出余额的账户，结出余额后，应当在“借或贷”等栏内写明“借”或“贷”等字样，以示余额方向。

没有余额的账户，应在“借或贷”栏内写“平”字，并在“余额”栏用“θ”表示。

现金日记账和银行存款日记账必须逐日结出余额。

8. 过次承前

每一账页登记完毕时，应当结出本页发生额合计及余额，在该账页最末一行"摘要"栏注明"转次页"或"过次页"，并将这一金额记入下一页第一行有关金额栏内，在该行"摘要"栏内注明"承前页"，以保持账簿记录的连续性，便于对账和结账。

对需要结计本月发生额的账户，结计"过次页"的本页合计数应当为自本月初起至本页末止的发生额合计数；

对需要结计本年累计发生额的账户，结计"过次页"的本页合计数应当为自年初至本页末止的发生额累计数；

对既不需要结计本月发生额也不需要结计本年累计发生额的账户，可以只将每页末的余额结转次页。

9. 不得涂改、刮擦、挖补

如果发生账簿记录错误，不得涂改、刮擦、挖补或者用药水消除字迹，不准重新抄写，而应根据错账的具体情况，采用规定的方法进行错账更正。

第三节　会计账簿的格式和登记方法

一、日记账的格式和登记方法

（一）现金日记账的格式和登记方法

1. 现金日记账的格式

现金日记账（三栏式）和现金日记账（多栏式）分别如表 7-1 和表 7-2 所示。

视频扫一扫
日记账的格式与登记方法

表 7-1　现金日记账（三栏式）

年		凭证号数	摘要	对方科目	收入	支出	结余
月	日						

表 7-2　现金日记账（多栏式）

年		凭证号数	摘要	收入				支出				结余
				应贷科目			合计	应借科目			合计	
月	日			银行存款	主营业务收入	…		其他应收款	管理费用	…		

多栏式现金日记账的借方（收入）和贷方（支出）金额栏都按对方科目设专栏，也就是

按收入的来源和支出的用途。

不管三栏式还是多栏式日记账,必须采用订本账。

2. 现金日记账的登记方法

由出纳人员根据同现金收付有关的记账凭证,按时间顺序逐日逐笔进行登记,即根据现金收款凭证和与现金有关的银行存款付款凭证(从银行提取现金的业务)登记现金收入,根据现金付款凭证登记现金支出。

对于从银行提取库存现金的业务,由于规定只填银行存款的付款凭证,不填制库存现金收款凭证。因此,从银行提取库存现金的收入数,应根据银行存款付款凭证登记。逐日结出现金余额,与库存现金实存数核对,以检查每日现金收付是否有误。

现金日记账登记方法如下:

(1)"日期"栏:登记记账凭证的日期,应与库存现金实际收、付日期一致。

(2)"凭证"栏:据以记账的收、付款凭证的种类和编号。

(3)"摘要"栏:简要概述经济业务内容,一般根据会计凭证中的摘要栏登记。

(4)"对方科目"栏:现金收入的来源科目或现金支出的用途科目,通过该栏可了解经济业务的来龙去脉。

(5)"收入"栏:根据现金收款凭证及银行存款付款凭证(从银行提取现金的业务)登记库存现金的增加数。

(6)"支出"栏:根据现金付款凭证登记库存现金的减少数。

(7)"结余"栏:每日收、付款项逐笔登记完毕后,应分别计算当日库存现金增加和减少的合计数,结出账面余额,并将现金日记账的账面余额同库存现金实存额核对相符,做到"日清"。月末应计算本月合计和月末余额,与总分类账核对,进行"月结"。

(二)银行存款日记账的格式和登记方法

1. 银行存款日记账的格式

银行存款日记账的格式与现金日记账相同,可以采用三栏式,也可以采用多栏式。但不管是三栏式还是多栏式,都应在适当位置增加一栏"结算凭证",以便记账时标明每笔业务的结算凭证及编号,便于与银行核对账目。

为了保证银行存款日记账的安全和完整,银行存款日记账必须使用订本账。

2. 银行存款日记账的登记方法

银行存款日记账的登记方法与现金日记账相同。

银行存款日记账应按企业在银行开立的账户和币种分别设置,每个银行账户设置一本日记账。

银行存款日记账通常是由出纳人员根据审核后的银行存款收、付款凭证,逐日逐笔按照经济业务发生的先后顺序进行登记。根据银行存款收款凭证和有关的现金付款凭证(库存现金存入银行的业务)登记银行存款收入栏;根据银行存款付款凭证登记其支出栏,每日结出存款余额。

对库存现金存入银行的业务,由于只填制库存现金付款凭证,不填制银行存款收款凭证,因而这种业务的存款收入数,应根据有关库存现金付款凭证登记。

二、总分类账的格式和登记方法

(一)总分类账的格式

总分类账最常用的格式为三栏式,设置借方、贷方和余额三个基本金

总分类账、明细分类账的格式与登记方法

额栏目。所有单位都要设置总分类账,总分类账必须采用订本式账簿。

(二) 总分类账的登记方法

总分类账的记账依据和登记方法取决于企业采用的账务处理程序。在记账凭证账务处理程序下,直接依据记账凭证按经济业务的先后顺序逐笔登记总账;在汇总记账凭证或者科目汇总表账务处理程序下,先对记账凭证进行汇总,编制汇总记账凭证或者科目汇总表,再根据汇总记账凭证或者科目汇总表定期分次或月末一次汇总登记总账。

总分类账登记的基本方法如下:

(1)"日期"栏:登记总分类账所依据的凭证的日期。

(2)"凭证种类、号数"栏:登记总分类账所依据的凭证的种类(如收、付、转、汇收、汇付、汇转和科汇等)及号数。

(3)"摘要"栏:填写登记总分类账所依据的凭证的简要内容。如果总分类账依据汇总记账凭证或科目汇总表登记,应登记"某日—某日发生额"。

(4)"对应科目"栏,登记与所设置总分类账科目发生对应关系的科目。如果总分类账是根据科目汇总表登记的,则总账不设置此栏目。

(5)"借方""贷方"栏:登记总分类账所依据的凭证上记载的各账户的借方、贷方发生额。

(6)"借/贷"栏:是余额方向栏。如果余额在借方,登记"借"字;如果余额在贷方,登记"贷"字;如果期末余额为零,则应登记"平"字,并在"余额"栏上填写"θ"。

无论总分类账登记的依据和方法如何,每月月终在全部经济业务登记入账后,要结出各总分类账户的本期发生额和期末余额,并在余额方向栏中列明余额方向。

三、明细分类账的格式和登记方法

(一) 明细分类账的格式

1. 三栏式明细分类账格式

三栏式明细分类账的格式同三栏式总分类账相同,即账页只设有借方、贷方和余额三个金额栏,用来分类核算各项经济业务,提供详细的核算资料。

三栏式明细账通常适合于那些只需要进行金额核算,不需要进行数量核算的债权、债务结算科目,如"应收账款""应付账款"等科目的明细分类核算。

2. 多栏式明细分类账格式

多栏式明细分类账是根据企业经济业务和经营管理的需要以及业务的性质和特点,在一张账页内设若干专栏,集中反映某一总账的各明细核算的详细资料。

这种格式适用于成本费用类、收入类、利润类等科目的明细核算,如"管理费用""生产成本""主营业务收入""利润分配"等科目的明细分类核算。

3. 数量金额式明细分类账格式

数量金额式明细分类账是对具有实物形态的财产物资进行明细分类核算的账簿。该账簿账页在收入、发出、结余栏内,分设数量、单价、金额三个栏次。

这种账簿适用于既要进行金额核算又要进行数量核算的科目,如"原材料""库存商品""包装物"等科目的明细分类核算。

(二) 明细分类账的登记方法

(1)可以根据原始凭证直接登记明细账。

(2)可以根据汇总原始凭证登记明细账。

(3)可以根据记账凭证登记明细账。

不同类型经济业务的明细分类账可根据管理需要，依据记账凭证、原始凭证或汇总原始凭证逐日逐笔或定期汇总登记。一般来说，固定资产、债权、债务等明细分类账应当逐日逐笔登记；原材料、库存商品的收发明细账可以逐笔登记，也可以逐日汇总登记；收入、费用等明细分类账可以逐笔登记，也可以逐日或定期汇总登记。

各种明细分类账在每次登记完毕后，都应结算出余额。为了便于事后检查和核对账目，在明细分类账的摘要栏内，必须将有关经济业务的简要内容填写清楚。

四、总分类账户与明细分类账户的平行登记

（一）总分类账户与明细分类账户的关系

（1）总分类账户是其所属明细分类账户的统驭账户，对其所属明细分类账户具有统驭和控制作用。

（2）明细分类账户是相关总分类账户的从属账户，是相关总分类账户的辅助账户，对所属的总分类账户具有补充说明的作用。

（3）总分类账户与其所属的明细分类账户核算对象是相同的，在金额上是相等的，两者相互补充，相互制约，从而可相互核对。见表 7-3。

总分类账与明细分类账的关系

表 7-3　总分类账户与所属明细分类账户的关系

项目	总分类账户	所属明细分类账户
提供信息	总括	详细
提供指标	货币金额	货币金额和实物指标
设置依据	会计科目	企业实际情况
两者关系	统驭	被统驭
核算对象	相同	
金额	相等	

（二）总分类账户与明细分类账户平行登记的要点

平行登记是指对所发生的每项经济业务，都要以会计凭证为依据，一方面记入有关总分类账户，另一方面记入所属明细分类账户的方法，见图 7-10。

总分类账与明细分类账的平行登记要点

平行登记的要点如下：

图 7-10　平行登记简图

1. 依据相同

对发生的经济业务，都要以相同的会计凭证（原始凭证和记账凭证）

为依据,既登记有关总分类账户,又登记其所属明细分类账户。

2. 方向相同

将经济业务记入总分类账户和所属明细分类账户时,记账方向必须相同。即总分类账户记入借方,明细分类账户也记入借方;总分类账户记入贷方,明细分类账户也记入贷方。

3. 期间相同

总分类账户和所属明细分类账户登记入账的所属会计期间相同。即将每项经济业务记入总分类科目和明细分类科目的过程中,可以有先有后,但必须在同一会计期间全部予以登记。

4. 金额相等

对于发生的每一项经济业务,记入总分类账户的金额必须等于记入所属明细分类账户的金额之和。

【例 7-1】 3 月 11 日,某公司接到开户银行通知,上年向星光公司赊销商品的货款 8 万元已经收到,请填制记账凭证并完成总分类账户与明细分类账户的平行登记。

平行登记见图 7-11 和图 7-12。

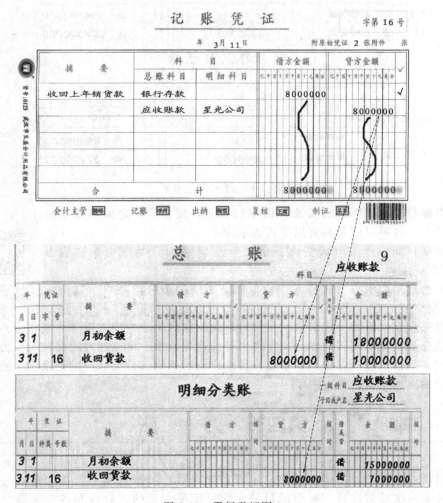

图 7-11 平行登记图 1

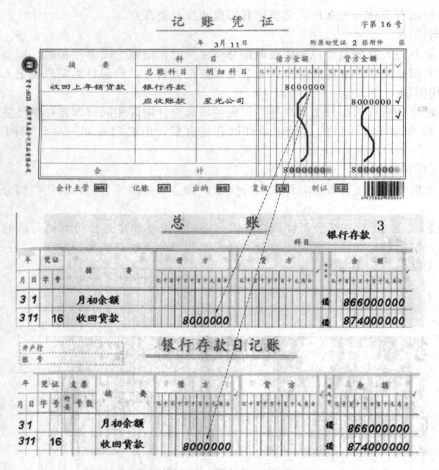

图 7-12 平行登记图 2

总分类账户与所属明细分类账户的平行登记,使得它们之间形成了一定的对应关系,这种对应关系可用等式表示为:

总分类账户期初借方(或贷方)余额=所属明细分类账户期初借方(或贷方)余额之和

总分类账户本期借方(或贷方)发生额=所属明细分类账户本期借方(或贷方)发生额之和

总分类账户期末借方(或贷方)余额=所属明细分类账户期末借方(或贷方)余额之和

利用总分类账户与所属明细分类账户平行登记的要求,可以通过定期核对双方记录,来检查账户记录是否正确、完整。如果总分类账户与所属明细分类账户的记录不一致,说明账户平行登记中出现错误,应查明原因,进行更正。

总分类账与明细分类账的平行登记结果

第四节 对 账

对账是指对账簿记录所进行的核对,即核对账目。对账工作一般在记账之后,结账之前,即在月末或次月初进行。对账的目的是保证账簿记录的正确性和各类账簿之间的一致性，是会计核算的一项重要内容。对账一般分为账证核对、账账核对、账实核对。

一、账证核对

账证核对是指将会计账簿记录与会计凭证进行核对，以核对会计账簿记录与原始凭证、记账凭证的时间、凭证字号、内容、金额是否一致，记账方向是否相符，做到账证相符。一般是在日常编制凭证和记账过程中进行，检查所记账目是否正确。

二、账账核对

账账核对是指核对不同会计账簿之间的账簿记录是否相符。

1. 总分类账簿之间核对

按照"资产＝负债＋所有者权益"会计等式和"有借必有贷、借贷必相等"的记账规则，总分类账簿各账户的期初余额、本期发生额和期末余额之间存在对应的平衡关系。通过这种等式和平衡关系，可以检查总账记录是否正确、完整。总分类账簿之间的这种核对，又称试算平衡。

全部账户的期初借方余额合计＝全部账户的期初贷方余额合计
全部账户本期借方发生额合计＝全部账户本期贷方发生额合计
全部账户的期末借方余额合计＝全部账户的期末贷方余额合计

2. 总分类账簿与所属明细分类账簿核对

总分类账各账户的期末余额、本期发生额应与其所属各明细分类账的期末余额之和、本期发生额之和核对相符。

总分类账户期初借方（或贷方）余额＝所属明细分类账户期初借方（或贷方）余额之和
总分类账户本期借方（或贷方）发生额＝所属明细分类账户本期借方（或贷方）发生额之和
总分类账户期末借方（或贷方）余额＝所属明细分类账户期末借方（或贷方）余额之和

3. 总分类账簿与序时账簿核对

总分类账簿与序时账簿之间的核对主要是指库存现金总账和银行存款总账的期末余额、本期发生额，与现金日记账和银行存款日记账的期末余额、本期发生额之间应当核对相符。

4. 明细分类账簿之间的核对

会计部门有关实物资产的明细分类账与财产物资保管部门或使用部门的明细分类账定期核对，以检查其余额是否相符。核对方法一般是由财产物资保管部门或使用部门定期编制收发结存汇总表报会计机构进行核对。

三、账实核对

账实核对是指各项财产物资、债权债务等账面余额与实有数额之间的核对。为了保证账实相符，应将各种账簿记录与有关财产物资的实有数相核对。

账实核对是财产清查的工作内容之一，主要包括：

（1）现金日记账账面余额与库存现金实际库存数逐日核对是否相符。
（2）银行存款日记账账面余额与银行对账单的余额定期核对是否相符。

(3) 各项财产物资明细账账面余额与财产物资的实有数额定期核对是否相符。
(4) 有关债权债务明细账账面余额与对方单位的账面记录核对是否相符。

第五节　错账更正方法

在记账过程中，由于种种原因会发生账簿记录错误。在账簿记录发生错误时，不准涂改、刮擦、挖补或者用药水消除字迹，不准重新抄写，而必须根据错误的情况和性质，采用规范的方法予以更正。

错账更正的方法通常有划线更正法、红字更正法和补充登记法三种。

一、划线更正法

划线更正法又称红线更正法。在结账前，如果发现账簿记录有错误，而其所依据的记账凭证没有错误，只是过账时不慎出错，即纯属账簿记录中的文字或数字的笔误，应采用划线更正法进行更正。

划线更正法

更正方法：

第一步，在错误的文字或数字上面划一条红线注销，但必须使原有的笔迹仍可辨认清楚；

第二步，将正确的文字或数字用蓝字或黑字写在被注销的文字或数字的上方，并由记账人员在更正处盖章，以明确责任。

对于错误数字必须全部用红线注销，不能只划销整个数中的个别位数。对于文字错误，可只划去错误的部分。

【例 7-2】 会计人员根据审核无误的记账凭证记账，在过账时误将 901 元记成 900 元。

更正方法：把账簿上的"900.00"全部用红线划去，在其上方用蓝字或黑字写上"901.00"，并在更正处盖章，明确会计人员的责任。

二、红字更正法

红字更正法又称红字冲销法，记账后在当年内发现记账凭证所记的会计科目错误，或者会计科目无误而错记金额大于应记金额，即多记金额，从而引起记账错误，采用红字更正法。适用于以下两种情形：

红字更正法

(1) 记账后发现记账凭证中的应借、应贷会计科目有错误所引起的记账错误。

更正方法：

第一步，用红字（只是金额）填写一张与错误的记账凭证内容相同的记账凭证，在摘要栏注明"冲销×月×日×号凭证"，据此用红字登记入账，以示注销原错误记账凭证；

第二步，用蓝字填写一张正确的记账凭证，在摘要栏注明"订正×月×日×号凭证"，并据此用蓝字登记入账。

【例 7-3】 某企业以库存现金 896 元购买办公用品，会计人员在填制记账凭证时发生错误并根据错误的记账凭证登记了账簿。

错误的会计分录为：

借：管理费用　　　　896
　　贷：银行存款　　　　896

更正：

第一步，应先编制一张与原错误记账凭证内容完全相同而金额为红字的记账凭证，并同时登记入账：

  借：管理费用   －896

    贷：银行存款   －896

第二步，再用蓝字或黑字编制一张正确的记账凭证，并同时登记入账：

  借：管理费用   896

    贷：库存现金   896

（2）记账后发现记账凭证和账簿记录中应借、应贷会计科目无误，只是所记金额大于应记金额所引起的记账错误。

更正方法：按多记金额用红字编制一张与原记账凭证应借、应贷科目完全相同的记账凭证，在摘要栏注明"冲销×月×日×号凭证多记金额"，然后据此用红字登记入账。

【例 7-4】某企业以库存现金 896 元购买办公用品，如果会计人员填制记账凭证时所使用的会计科目及记账方向没有错误，只是将金额 896 元误记为 986 元，并登记入账。

错误的会计分录为：

  借：管理费用   986

    贷：库存现金   986

更正：

用红字编制一张与原记账凭证应借、应贷科目完全相同，金额为 90（即 986－896）元的记账凭证，并同时登记入账：

  借：管理费用   －90

    贷：库存现金   －90

三、补充登记法

补充登记法又称补充更正法。记账以后，如果发现记账凭证填写会计科目正确无误，只是所记金额小于应记金额时，即少记金额，应采用补充更正法。

补充登记法

更正方法：将少记金额用蓝字编制一张与原记账凭证应借、应贷科目完全相同的记账凭证，在摘要栏注明"补记×月×日×号凭证少记金额"，然后用蓝字登记入账，以补充登记少记金额。

【例 7-5】某企业以库存现金 896 元购买办公用品，如果会计人员填制记账凭证时所使用的会计科目及记账方向没有错误，只是将金额 896 元误记为 689 元，并登记入账。

错误的会计分录为：

  借：管理费用   689

    贷：库存现金   689

即分录金额少记 207（896－689），并已据此入账。

更正：

用蓝字编制一张与原记账凭证应借、应贷科目完全相同，金额为 207 元的记账凭证，并同时登记入账：

  借：管理费用   207

    贷：库存现金   207

第六节 结 账

结账，是指把一定时期内应记入账簿的全部经济业务登记入账后，按规定的方法将各种账簿的记录进行小结，计算出本期发生额及期末余额，并将余额结转至下期或新的账簿。

结账是一项将账簿记录定期结算清楚的账务工作。在一定时期结束时（如月末、季末或年末），为了编制财务报表，需要进行结账，具体包括月结、季结和年结。

结账的内容通常包括两个方面：一是结清各种损益类账户，并据以计算确定本期利润；二是结出各资产、负债和所有者权益账户的本期发生额合计和期末余额。

一、结账的程序

（1）将本期发生的经济业务事项全部登记入账，并保证其正确性。不得为了编报会计报表而提前结账，把本期发生的经济业务延至下期登账，也不得先编会计报表后结账。

结账的概念、内容、程序

（2）根据权责发生制的要求，调整有关账项，合理确定本期应计的收入和应计的费用。

（3）将损益类科目转入"本年利润"科目，结平所有损益类科目。在本期全部业务登记入账的基础上，结清各项收入和费用账户，计算确定本期的成本、利润或亏损。

（4）结算出资产、负债、所有者权益科目的本期发生额和余额，并结转下期，作为下期的期初余额。

完成上述结账工作后，应根据总分类账和明细分类账的本期发生额和期末余额，编制试算平衡表进行试算平衡。

二、结账的方法

结账时，对于有余额的账户，应在余额栏前的"借/贷"栏内写明"借"或"贷"字样；对于无余额的账户，应在余额栏前的"借/贷"栏内写上"平"字，并在余额栏内用"θ"表示。

结账的方法

结账一般采用划线的方法进行，平时（月末、季末）结账划通栏单红线，年末结账划通栏双红线。

1. 不需按月结计本期发生额的明细账

对不需按月结计本期发生额的明细账户，如各项应收、应付款明细账和各项财产物资明细账等，每次记账以后，都要随时结出余额，每月最后一笔余额即为月末余额。

月末结账时，只需要在最后一笔经济业务事项记录之下通栏划单红线，不需要再结计一次余额，见图7-13。

2. 现金日记账、银行存款日记账和需要按月结计发生额的收入、费用等明细账

现金日记账、银行存款日记账和需要按月结计发生额的收入、费用等明细账，每月结账时，要在最后一笔经济业务记录下面通栏划单红线，结出本月发生额和余额，在"摘要"栏内注明"本月合计"字样，在下面通栏划单红线，见图7-14。

一级科目	应收账款			第 页				
二级科目或明细科目	红星公司				明细账			

年		凭证		摘　要	借方	贷方	借或贷	余额
月	日	种类	号数		亿千百十万千百十元角分	亿千百十万千百十元角分		亿千百十万千百十元角分
				承前页			借	4000 00
11	07	记	15	收到货款,存入银行		4000 00	平	0
11	08	记	23	销售产品,款未收	9301 50		借	9301 50
11	14	记	43	收到货款,存入银行		9301 50	平	0
11	20	记	55	销售产品,款未收	28255 50		借	28255 50
11	25	记	63	收到货款,存入银行		28255 50	平	0	← 此处划单红线
12	08	记	21	销售产品,款未收	10530 00		借	10530 00
12	26	记	65	销售产品,款未收	19422 00		借	29952 00

图 7-13　不需按月结计本期发生额的明细账结账

银行存款日记账

开户行　　　　　
账　号　　　　　

年		凭证		支票		摘　要	借方	核对	贷方	核对	余额
月	日	种类	号数	类别	号数		亿千百十万千百十元角分		亿千百十万千百十元角分		亿千百十万千百十元角分
						承前页	35425 3 30		25107 7 60		29662 5 70
11	24	记	61	现	6	提取备用			1000 00		29562 5 70
11	25	记	62	转	8	对外捐款			2000 00		29362 5 70
11	25	记	63	转	9	收到货款,存入银行	28255 50				32188 1 20
11	26	记	64	转	10	偿付前欠货款			25672 00		29620 9 20
11	26	记	66	转	11	支付水电费			2900 00		29330 9 20
11	27	记	67	转	12	购买材料,已付款			1865 20		29144 4 00
11	29	记	69	转	13	销售产品,货款存入银行	7651 8 00				36796 2 00
11	31					本月合计	45902 6 80		28451 4 80		36796 2 00	← 此处划单红线

图 7-14　银行存款日记账结账

3. 需要结计本年累计发生额的明细账

需要结计本年累计发生额的某些明细账户,每月结账时,应在"本月合计"行下结出自年初起至本月末止的累计发生额,登记在月份发生额下面,在"摘要"栏内注明"本年累计"字样,需在下面通栏划单红线。

12月末的"本年累计"就是全年累计发生额,全年累计发生额下通栏划双红线(年结),见图 7-15。

4. 总账

总账账户平时只需结出月末余额。年终结账时,将所有总账账户结出全年发生额和年末余额,在"摘要"栏内注明"本年合计"字样,并在合计数下通栏划双红线,见图 7-16。

5. 年度终了有余额的账户

年度终了结账时,有余额的账户,要将其余额结转下年,并在"摘要"栏注明"结转下年"字样;在下一会计年度新建有关会计账户的第一行余额栏内填写上年结转的余额,并在"摘要"栏注明"上年结转"字样,见图 7-16。

明细账

一级科目：主营业务收入
二级科目或明细科目：甲产品
第　页

年		凭证		摘要	借方	贷方	借或贷	余额	
月	日	种类	号数						
				承前页	3572100 0	3749100 0	贷	177000 0	
11	24	记	60	销售产品，收到货款		375000 0	贷	2145000	
11	26	记	65	销售产品，款项未收		300000 0	贷	2445000	
11	29	记	69	销售产品，收到货款		120000 0	贷	3645000	
11	30	记	81	结转本月收入	3645000 0		平	0	
11	30			本月合计	3645000 0	3645000 0	平		
11	30			本年累计	3936600 0	3936600 0	平		←此处划单红线
12	13	记	39	销售产品，收到货款		1584000	贷	1584000	
12	16	记	46	销售产品，款项未收		540000	贷	2124000	
12	20	记	51	销售产品，款项未收		540000	贷	2664000	
12	22	记	59	销售产品，收到货款		396000	贷	3060000	
12	26	记	65	销售产品，款项未收		300000	贷	3360000	
12	28	记	72	销售产品，收到货款		1440000	贷	4800000	
12	31	记	91	结转本月收入	4800000		平	0	
12	31			本月合计	4800000	4800000	平		
12	31			本年累计	4422600 0	4422600 0	平		←此处划双红线

图 7-15　需要结计本年累计发生额的明细账结账

总分类账　第 17 号

一级科目：库存现金

1101

年		凭证		摘要	借方	核对	贷方	核对	借或贷	余额	核对
月	日	种类	号数								
				承前页	217441 00		217110 00		借	11300 0	
11	20	记汇	32	11-20日发生额	192000 0		201000 0		借	23000	
11	30	记汇	33	21-30日发生额	101000 0				借	124000	
12	10	记汇	34	1-10日发生额	108000 0		90000		借	142000	←此处划单红线
12	20	记汇	35	11-20日发生额	172800 0		180900 0		借	61000	
12	31	记汇	36	21-31日发生额	90900				借	151900	
				本年合计	2569200 0		2562000 0		借	151900	
				结转下年					借	151900	←此处划双红线

图 7-16　总账结账

第七节　会计账簿的更换与保管

为了清楚地反映各会计年度的财务状况和经营成果，每个会计年度开始时，一般都要启用新账，并把上年度的会计账簿归档保管。

一、会计账簿的更换

一般来说，对总账、日记账和大部分明细账必须每年更换一次；部分明细账，如固定资产明细账等，因年度内变动不多，若更换新账，重抄一遍的工作量相当

会计账簿的更换与保管

大。因此，可以跨年使用，年初可不必更换账簿，见表 7-4。

表 7-4 会计账簿的更换

种类	适用范围	
每年更换一次	总账、日记账、多数明细账	将各账户余额结转到新账簿第一行的余额栏内，并在"摘要"栏注明"上年结转"字样
跨年度使用,不必每年更换	变动较小的明细账备查账簿可以连续使用	

二、会计账簿的保管

年末结账后，会计人员应在活页账簿前面加放"科目索引表""账簿启用和经管人员一览表"，装订成册，并加上封面，统一编号后，与各种订本账一并归档。被更换下来的各种旧账簿是会计档案的重要组成部分，应分类归档，编制目录，妥善保管。账簿暂由单位财务会计部门保管一年，期满之后，由财务会计部门编造清册，移交本单位的档案部门保管。

已归档的会计账簿作为会计档案供本单位使用，原件不得借出。如有特殊需要，须经上级主管单位或本单位领导、会计主管人员批准，在不拆散原卷册的前提下，进行查阅或者复制，并办理登记手续。

会计账簿是重要的会计档案之一，必须严格按《会计档案管理办法》规定的保管年限妥善保管，不得丢失和任意销毁。按修订后的《会计档案管理办法》，自 2016 年 1 月 1 日起，各总账、日记账及明细账的保管期限均为 30 年，固定资产卡片在固定资产报废清理后保管 5 年。实际工作中，各单位可以根据实际利用的经验、规律和特点，适当延长有关会计档案的保管期限，但必须有较为充分的理由。

本章小结

1. 会计账簿是由具有专门格式、相互联系的账页组成，以审核无误的会计凭证为依据，用以序时、连续、分类、全面地记录和反映各项经济业务的簿籍。

2. 账簿按用途可分为序时账簿、分类账簿及备查账簿；按外表形式可分为订本式账簿、活页式账簿、卡片式账簿和电子式账簿；按账页格式可分为三栏式账簿、多栏式账簿、数量金额式账簿。

3. 序时账又称日记账，企业一般设置现金日记账和银行存款日记账，由出纳人员根据收付款记账凭证逐日逐笔登记。

4. 总分类账提供总括的会计信息，一般采用三栏订本式账簿。根据账务处理程序的不同，登记总账的依据和方法也不同，分别有记账凭证账务处理程序、科目汇总表账务处理程序、汇总记账凭证账务处理程序等。

5. 明细分类账提供详细的会计信息，可根据管理需求采用三栏式、多栏式或数量金额式等。总分类账及明细分类账必须进行平行登记，做到同时、同向、等额。

6. 企业经济活动过程中应严格遵守会计账簿的启用、登记、更正、保管的相关规则。会计账簿错账更正的方法有划线更正法、红字更正法、补充登记法。

7. 为总结某一会计期间的经营情况，考核经营成果，便于编制会计报表，企业必须在对账的基础上定期结账。对账包括账账核对、账实核对、账证核对。结账包括月结、季结和年结。

巩固练习

一、单项选择题

1. 下列明细账中，可以采用数量金额式账簿的是（　　）。
   A. 库存商品明细分类账　　　　　　B. 应付账款明细分类账
   C. 管理费用明细分类账　　　　　　D. 待摊费用明细分类账

2. （　　）一般应采用订本式账簿。
   A. 生产成本明细账　B. 总分类账　　C. 备查账　　　D. 应付账款明细账

3. 对账时，账账核对不包括（　　）。
   A. 总账各账户之间的余额核对　　　B. 总账与明细账之间的核对
   C. 总账与备查账之间的核对　　　　D. 总账与日记账之间的核对

4. 在月末结账前发现所填制的记账凭证无误，根据记账凭证登记账簿时，将1 568元误记为1 586元，按照有关规定，更正时应采用的错账更正方法是（　　）。
   A. 划线更正法　　B. 红字更正法　　C. 补充登记法　　D. 平行登记法

5. 下列对账工作中属于账实核对的是（　　）。
   A. 企业银行存款日记账与银行对账单核对
   B. 总分类账与所属明细分类账核对
   C. 会计部门的财产物资明细账与财产物资保管部门的有关明细账核对
   D. 总分类账与日记账核对

6. 更正错账时，划线更正法的适用范围是（　　）。
   A. 记账凭证上会计科目或记账方向错误，导致账簿记录错误
   B. 记账凭证正确，在记账时发生错误，导致账簿记录错误
   C. 记账凭证上会计科目或记账方向正确，所记金额大于应记金额，导致账簿记录错误
   D. 记账凭证上会计科目或记账方向正确，所记金额小于应记金额，导致账簿记录错误

7. 会计人员在登记账簿时，不正确的做法是（　　）。
   A. 用红字冲销错误记录
   B. 在不设借贷等栏的多栏式账页中，用红字登记减少数
   C. 在三栏式账户中，用蓝字登记负数余额
   D. 除了会计制度允许用红色墨水记账的情形外，用蓝黑墨水或者碳素墨水书写

8. 下列记账差错中，可采用补充登记法进行更正的是（　　）。
   A. 会计科目正确，错将22 454元记为22 544元
   B. 将记账凭证应借、应贷方向记错
   C. 会计科目正确，错将1 000元记为100元
   D. 登记账簿计算结余时发生计算错误

9. 企业在记录管理费用时，通常所采用的明细账格式是（　　）。
   A. 多栏式明细账　　　　　　　　　B. 卡片式明细账
   C. 数量金额式明细账　　　　　　　D. 横线登记式明细账

10. 下列关于账簿的表述，错误的是（　　）。
    A. 账簿可以为定期编制会计报表提供资料
    B. 登记账簿是会计核算的一种重要方法
    C. 总账可以提供每一项交易的发生日期

D. 账簿是考核企业经营成果、加强经济核算的重要依据

11. 下列关于平行登记的表述正确的选项是（　　）。
    A. 平行登记的理论依据是会计恒等式
    B. 平行登记要求总分类科目与明细分类科目必须在同一天登记
    C. 平行登记是登记总分类账户与其明细分类账户的一种方法
    D. 平行登记是借贷记账法下试算平衡的一种方法

12. 某企业在"原材料"总分类账户下开设了"甲材料""乙材料"和"丙材料"3个明细账户。本月"原材料"总分类账户的贷方发生额为2 500万元，"甲材料"明细分类账户贷方发生额为850万元，"乙材料"明细分类账户的贷方发生额为730万元，则本月"丙材料"明细分类账户的贷方发生额应当是（　　）。
    A. 2 620万元　　　B. 2 380万元　　　C. 920万元　　　D. 4 080万元

13. 账簿按（　　）分为序时账、分类账和备查账。
    A. 用途　　　B. 经济内容　　　C. 外表形式　　　D. 会计要素

14. （　　）是对全部经济业务事项按照会计要素的具体类别而设置的分类账户进行登记的账簿。
    A. 序时账簿　　　B. 分类账簿　　　C. 备查账簿　　　D. 订本式账簿

15. 关于三栏式账簿，错误的是（　　）。
    A. 三栏式账簿是设有借方、贷方和余额三个基本栏目的账簿
    B. 各种收入、费用类明细账都采用三栏式账簿
    C. 三栏式账簿又分为设对方科目和不设对方科目两种
    D. 设有"对方科目"栏的，称为设对方科目的三栏式账簿

16. 关于账簿形式的选择，错误的是（　　）。
    A. 企业一般只对库存现金明细账的核算采用活页账形式
    B. 银行存款日记账应使用订本账形式
    C. 各种明细分类账一般采用活页账形式
    D. 总分类账一般使用订本账形式

17. 关于备查账簿，错误的说法是（　　）。
    A. 备查账簿不是根据会计凭证登记的账簿　　B. 备查账簿没有固定的格式
    C. 每个单位都应设置备查账簿　　D. 备查账簿通常依据表外科目登记

18. 现金日记账的登记方法错误的是（　　）。
    A. 每日终了，应分别计算现金收入和现金支出的合计数，结出余额，同时将余额同库存现金实有数核对
    B. 现金日记账可逐月结出现金余额，与库存现金实存数核对，以检查每月现金收付是否有误
    C. 凭证栏是指登记入账的收、付款凭证的种类和编号
    D. 日期栏是指记账凭证的日期

19. 不能作为现金日记账记账依据的是（　　）。
    A. 现金收款凭证　　B. 现金付款凭证　　C. 银行收款凭证　　D. 银行付款凭证

20. 关于银行存款日记账的具体登记方法，表述错误的是（　　）。
    A. 日期栏：指记账凭证的日期
    B. 凭证栏：指银行存款实际收付的金额
    C. 对方科目：指银行存款收入的来源科目或支出的用途科目

D. 摘要栏：摘要说明登记入账的经济业务的内容
21. 下列做法错误的是（　　）。
A. 现金日记账采用三栏式账簿
B. 库存商品明细账采用数量金额式账簿
C. 生产成本明细账采用三栏式账簿
D. 制造费用明细账采用多栏式账簿
22. （　　）是指核对不同会计账簿之间的账簿记录是否相符。
A. 账证核对　　　B. 账账核对　　　C. 账实核对　　　D. 余额核对
23. 更正错账时，划线更正法的适用范围是（　　）。
A. 记账凭证上会计科目或记账方向错误，导致账簿记录错误
B. 记账凭证正确，在记账时发生错误，导致账簿记录错误
C. 记账凭证上会计科目或记账方向正确，所记金额大于应记金额，导致账簿记录错误
D. 记账凭证上会计科目或记账方向正确，所记金额小于应记金额，导致账簿记录错误
24. 某企业原材料总分类科目的本期借方发生额为 25 000 元，贷方发生额为 24 000 元，其所属的三个明细分类账中：甲材料本期借方发生额为 8 000 元，贷方发生额为 6 000；乙材料借方发生额为 13 000 元，贷方发生额为 16 000 元；则丙材料的本期借、贷方发生额分别为（　　）。
A. 借方发生额为 12 000 元，贷方发生额为 2 000 元
B. 借方发生额为 4 000 元，贷方发生额为 2 000 元
C. 借方发生额为 4 000 元，贷方发生额为 10 000 元
D. 借方发生额为 6 000 元，贷方发生额为 8 000 元
25. 某企业应付账款总分类科目期初余额为贷方 10 000 元，明细账分别为：甲、乙、丙三厂。其中：甲厂贷方 4 000 元，乙厂贷方 3 500 元，本期又向丙厂购入原材料一批货款 2 000 元，款未付。则应付账款科目丙厂明细科目的期末余额为（　　）。
A. 借方 2 500 元　　B. 贷方 4 500 元　　C. 贷方 2 000 元　　D. 借方 4 500 元

二、多项选择题
1. 下列各项中，可以作为库存现金日记账借方登记依据的有（　　）。
A. 库存现金收款凭证　　　　　　B. 库存现金付款凭证
C. 银行存款收款凭证　　　　　　D. 银行存款付款凭证
2. 收回货款 1 500 元存入银行，记账凭证误填为 15 000 元，并已入账。错误的更正方法包括（　　）。
A. 采用划线更正法更正
B. 用蓝字借记"银行存款"，贷记"应收账款"
C. 用蓝字借记"应收账款"，贷记"银行存款"
D. 用红字借记"银行存款" 13 500 元，贷记"应收账款" 13 500 元
3. 可以采用三栏式明细分类账核算的是（　　）。
A. 原材料　　　B. 实收资本　　　C. 生产成本　　　D. 应收账款
4. 总分类账户和明细分类账户的平行登记方法可以概括为（　　）。
A. 方向相反　　　B. 依据相同　　　C. 期间相同　　　D. 金额相等
5. 以下表述中正确的有（　　）。
A. 多栏式明细账一般适用于资产类账户
B. 在会计核算中，一般应通过财产清查进行账实核对

C. 因记账凭证错误而造成的账簿记录错误，一定采用红字更正法进行更正
D. 各种日记账、总账及资本、债权债务明细账都可采用三栏式账簿

6. 运用平行登记法登记总账和明细账时，必须做到（　　）。
   A. 详简程度相同　　B. 记账方向相同　　C. 记账金额相等　　D. 记账期间相同

7. 账簿与账户的关系是（　　）。
   A. 账户存在于账簿之中，账簿中的每一账页就是账户的存在形式和载体
   B. 没有账簿，账户就无法存在
   C. 账簿序时、分类地记载经济业务，是在账户中完成的
   D. 账簿只是一个外在形式，账户才是它的真实内容

8. 下列关于各种账簿形式的优缺点的表述中，正确的有（　　）。
   A. 订本账的优点是能避免账页散失和防止抽换账页
   B. 订本账的缺点是不能准确为各账户预留账页
   C. 活页账的优点是记账时可以根据实际需要，随时将空白账页装入账簿，或抽取不需要的账页，可根据需要增减账页，便于分工记账
   D. 活页账缺点是如果管理不善，可能会造成账页散失或故意抽换账页

9. 会计账簿的登记规则错误的有（　　）。
   A. 账簿记录中的日期，应该填写原始凭证上的日期
   B. 多栏式账页中登记减少数可以使用红色墨水
   C. 在登记各种账簿时，应按页次顺序连续登记，不得隔页、跳行
   D. 对于没有余额的账户，应在"借或贷"栏内写"θ"表示

10. 关于银行存款日记账的登记方法，下列说法中正确的有（　　）。
    A. 由会计负责登记　　　　　　　　B. 按时间先后顺序逐日逐笔进行登记
    C. 每日结出存款余额　　　　　　　D. 月终计算出全月收入、支出的合计数

11. 必须逐日结出余额的账簿有（　　）。
    A. 现金总账　　B. 银行存款总账　　C. 现金日记账　　D. 银行存款日记账

12. 现金日记账的登记依据有（　　）。
    A. 银行存款收款凭证　　　　　　　B. 现金收款凭证
    C. 现金付款凭证　　　　　　　　　D. 银行存款付款凭证

13. 账账核对不包括（　　）。
    A. 证证核对
    B. 银行存款日记账余额与银行对账单余额核对
    C. 总账账户借方发生额合计与其明细账借方发生额合计的核对
    D. 各种应收、应付账款明细账面余额与有关债权、债务单位的账目余额相核对

14. 记账后，发现记账凭证中的金额有错误，导致账簿记录错误，不能采用的错账更正方法有（　　）。
    A. 划线更正法　　B. 红字更正法　　C. 补充登记法　　D. 重新抄写法

15. 红字更正法通常适用的情况有（　　）。
    A. 记账后在当年内发现记账凭证所记的会计科目错误
    B. 发现上一年度的记账凭证所记的会计科目错误
    C. 记账后发现会计科目无误而所记金额大于应记金额
    D. 记账后发现会计科目无误而所记金额小于应记金额

三、判断题
1. 为了使账簿记录清晰有效，除更正错账外，一律不得使用红色墨水记账。（　　）
2. 在记账凭证编制的基本要求中规定，发现以前年度记账凭证有错误的，应当用蓝字填制一张更正的记账凭证。（　　）
3. 平行登记是指在登记总分类账户的同时必须登记明细分类账户，两者不得分别进行登记。（　　）
4. 明细账一般是逐日逐笔登记，也可以定期汇总登记。（　　）
5. 对账就是核对账目，即对各种会计账簿之间相对应记录进行核对。（　　）
6. 凡是没有余额的账户，必须在"借或贷"等栏目内写"θ"字，并在余额栏内用"θ"表示。（　　）
7. 企业会计人员在登记账簿时，由于粗心，发生了隔页，发现后可以直接将其撕掉。（　　）
8. 账证核对就是将各种账簿记录与记账凭证及所附原始凭证进行核对。（　　）
9. 数量金额式明细账适用于既需要核算金额又需要核算数量的明细科目。（　　）
10. 通常所说的"日清"，就是企业每天都要登记现金日记账、结出余额，并将现金日记账余额与实有库存现金进行核对。（　　）
11. 在审查当年的记账凭证时，发现某记账凭证应借应贷的科目正确，但所记的金额小于实际金额，尚未入账，应用补充更正法更正。（　　）
12. 年度终了，各种账户在结转下年、建立新账后，一般都要把旧账送交档案部门保管。（　　）
13. 记账凭证上应借、应贷的会计科目并无错误，只是金额填写错误，从而导致账簿记录错误，可采用划线更正法予以更正。（　　）
14. 所有的账簿每年都要更换新账。（　　）
15. 登记账簿要用蓝黑墨水或者碳素墨水书写，一般情况不得使用圆珠笔或者铅笔书写。（　　）

第八章 账务处理程序

 教学目标

1. 知识传授目标

了解企业账务处理程序的概念与意义；熟悉账务处理程序的一般步骤；掌握企业账务处理程序的种类；掌握各种账务处理程序的内容。

2. 能力培养目标

加深学生对所学会计核算方法的认识，提高综合运用会计核算方法的能力；在已经熟悉了专用记账凭证有关知识内容的基础上，继续熟练掌握专用记账凭证的编制方法，且能够运用不同的账务处理程序记录企业的经济业务。

3. 价值塑造目标

基于账务处理程序的理论知识学习进行专题演练及讨论，培养学生的会计职业精神，鼓励学生继承中华民族长期以来吃苦耐劳的工匠精神；与此同时，在理解对账作用和重要性的基础上，引导学生树立恪守诚信务实、认真谨慎的职业精神。

 思维导图

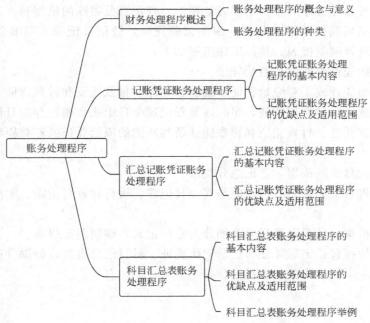

第一节　账务处理程序概述

一、账务处理程序的概念与意义

账务处理程序，又称会计核算组织程序或会计核算形式，是指会计凭证、会计账簿、财务报表相结合的方式，包括会计凭证和账簿的种类、格式，会计凭证与账簿之间的联系方法；由填制、审核原始凭证到填制、审核记账凭证，登记日记账、明细分类账和总分类账，编制财务报表的工作程序和方法等。

账务处理程序的
概念、分类

科学、合理地选择账务处理程序的意义主要有：

（1）有利于规范会计工作，保证会计信息加工过程的严密性，保证会计记录的完整性和正确性，提高会计信息质量。

（2）有利于全面、及时、正确地反映本单位经济活动情况，提供高质量的会计核算信息，增强会计信息的可靠性，满足投资者和债权人等外部和单位内部会计信息使用者的需要。

（3）有利于简化会计核算手续，提高会计工作效率，节约会计核算工作的人力、物力和财力，保证会计信息的及时性。

二、账务处理程序的种类

在我国，常用的账务处理程序主要有：

（1）记账凭证账务处理程序。
（2）科目汇总表账务处理程序。
（3）汇总记账凭证账务处理程序。

上述三种财务处理程序的主要不同之处在于：登记总分类账的依据和方法不同，其他程序基本相同，包括编制汇总原始凭证，编制记账凭证，登记日记账、明细分类账和总分类账，进行账账核对及编制报表。具体工作流程如下：

（1）根据原始凭证编制汇总原始凭证。
（2）根据原始凭证或汇总原始凭证编制收款凭证、付款凭证和转账凭证。
（3）根据收款凭证和付款凭证，序时逐笔登记现金日记账和银行存款日记账。
（4）根据收款凭证、付款凭证和转账凭证及其所附的原始凭证或汇总原始凭证，登记各种明细分类账。
（5）根据登记总账的依据，登记总分类账。
（6）期末，将有关总分类账的余额与现金日记账、银行存款日记账、明细分类账的余额核对相符。
（7）期末，根据总分类账和有关明细分类账的记录，编制财务报表。

登记总账的依据包括记账凭证、汇总记账凭证、科目汇总表等，根据登记总账的依据和方法不同，形成了不同的账务处理程序。

第二节 记账凭证账务处理程序

一、记账凭证账务处理程序的基本内容

记账凭证账务处理程序是指对发生的经济业务,先根据原始凭证或汇总原始凭证编制记账凭证,再直接根据记账凭证登记总分类账的一种账务处理程序。

记账凭证账务处理程序的特点是直接根据记账凭证逐笔登记总分类账,是最基本的账务处理程序,其他各种账务处理程序基本上是在这种账务处理程序的基础上发展和演变而形成的。

记账凭证账务处理程序的一般步骤如下(见图 8-1):
(1)根据原始凭证填制汇总原始凭证。
(2)根据原始凭证或汇总原始凭证,编制收款凭证、付款凭证和转账凭证,也可以采用通用记账凭证。
(3)根据收款凭证、付款凭证逐笔登记现金日记账和银行存款日记账。
(4)根据原始凭证、汇总原始凭证和记账凭证,登记各种明细分类账。
(5)根据记账凭证逐笔登记总分类账。
(6)期末,将现金日记账、银行存款日记账和明细分类账的余额与有关总分类账的余额核对相符。
(7)期末,根据总分类账和明细分类账的记录,编制会计报表。

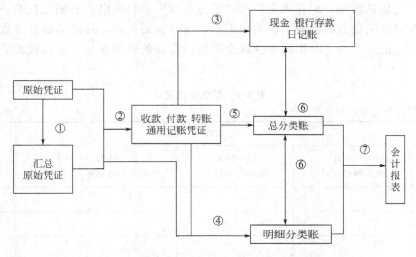

图 8-1 记账凭证账务处理程序的一般步骤

可以看出,在记账凭证账务处理程序下,需要设置的会计凭证,包括收款凭证、付款凭证和转账凭证,也可以采用通用记账凭证;需要设置的账簿,包括现金日记账、银行存款日记账、明细分类账和总分类账。现金日记账和银行存款日记账的格式一般采用三栏式账簿;明细分类账的格式可以采用三栏式、多栏式和数量金额式的账簿;总分类账的格式一般采用三栏式。

二、记账凭证账务处理程序的优缺点及适用范围

记账凭证账务处理程序的优点是账务处理程序简单明了，易于理解，总分类账可以较详细地反映交易或事项的发生情况，便于查账、对账；缺点是登记总分类账的工作量较大，对于经济业务较多，经营规模较大的企业，总分类账的登记工作过于繁重。

记账凭证账务处理程序一般适用于规模较小、交易或事项较少的单位。同时，为了最大限度地克服其局限，实务工作中，应尽量将原始凭证汇总编制汇总原始凭证，再根据汇总原始凭证编制记账凭证，从而简化总账登记的工作量。

第三节 汇总记账凭证账务处理程序

一、汇总记账凭证账务处理程序的基本内容

汇总记账凭证账务处理程序是指先根据原始凭证或汇总原始凭证编制记账凭证，定期根据记账凭证分类编制汇总收款凭证、汇总付款凭证和汇总转账凭证，再根据汇总记账凭证登记总分类账的一种账务处理程序。

汇总记账凭证账务处理程序

汇总记账凭证账务处理程序的特点是根据原始凭证或汇总原始凭证编制记账凭证，根据记账凭证定期（如5天或10天）编制汇总记账凭证（汇总收款凭证、汇总付款凭证和汇总转账凭证），再根据汇总记账凭证登记总分类账。

1. 汇总收款凭证编制方法

汇总收款凭证是指按"库存现金"和"银行存款"科目的借方分别设置的一种汇总记账凭证，定期按对应的贷方科目分别归类、汇总，每月编制一张，月终结出合计数，并据以登记总分类账。它汇总了一定时期内库存现金和银行存款的收款业务。汇总收款凭证的一般格式见表8-1。

表8-1 汇总收款凭证

借方科目：库存现金或银行存款　　　　　　年　月　　　　　　汇收字第　号

贷方科目	金额			合计	总账账页
	1—10日 收字第号至号	11—20日 收字第号至号	21—31日 收字第号至号		
合计					

2. 汇总付款凭证编制方法

汇总付款凭证是指按"库存现金"和"银行存款"科目的贷方分别设置的一种汇总记账凭证。它汇总了一定时期内库存现金和银行存款的付款业务。汇总付款凭证的一般格式见表8-2。

表 8-2　汇总付款凭证

贷方科目：库存现金或银行存款　　　　　年　月　　　　　　　　汇付字第　号

借方科目	金额			合计	总账账页
	1—10日 付字第号至号	11—20日 付字第号至号	21—31日 付字第号至号		
合计					

3. 汇总转账凭证编制方法

汇总转账凭证是指按转账凭证的每一个贷方科目分别设置的，用来汇总一定时期内转账业务的一种汇总记账凭证。

由于汇总转账凭证应按每一个贷方科目设置，为便于汇总，编制转账凭证时，可以是"一借一贷"或"一贷多借"的会计分录，不得编制"一借多贷"或"多借多贷"的会计分录。如果遇到"一借多贷"或"多借多贷"的会计分录，需分解为简单会计分录编制转账凭证。如果在月份内某一贷方账户的转账凭证不多时，也可以不编制汇总转账凭证，直接根据转账凭证登记总分类账。汇总转款凭证的一般格式见表 8-3。

表 8-3　汇总转款凭证

贷方科目：库存商品　　　　　　　　　　年　月　　　　　　　　汇转字第　号

借方科目	金额			合计	总账账页
	1—10日 转字第号至号	11—20日 转字第号至号	21—31日 转字第号至号		
合计					

汇总记账凭证账务处理程序的一般步骤如下（见图 8-2）：

（1）根据原始凭证编制汇总原始凭证。

（2）根据原始凭证或汇总原始凭证，编制收款记账凭证、付款凭证和转账凭证，也可采用通用的记账凭证。

（3）根据收款凭证、付款凭证逐笔登记现金日记账和银行存款日记账。

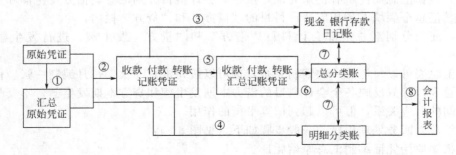

图 8-2　汇总记账凭证账务处理程序的一般步骤

（4）根据原始凭证、汇总原始凭证和记账凭证，登记各种明细分类账。
（5）根据各种记账凭证编制有关汇总记账凭证。
（6）根据各种汇总记账凭证登记总分类账。
（7）期末，现金日记账、银行存款日记账和明细分类账的余额与有关总分类账的余额核对相符。
（8）期末，根据总分类账和明细分类账的记录，编制会计报表。

汇总记账凭证账务处理程序除设置收款凭证、付款凭证和转账凭证外，还应设置汇总收款凭证、汇总付款凭证和汇总转账凭证，账簿的设置与记账凭证账务处理程序基本相同。

二、汇总记账凭证账务处理程序的优缺点及适用范围

汇总记账凭证账务处理程序的优点是记账凭证通过汇总记账凭证汇总后于月末时一次登记总分类账，减少了登记总分类账的工作量；汇总记账凭证是根据一定时期内全部记账凭证，按照科目对应关系进行归类、汇总编制的，可以清晰反映科目之间的对应关系；同时便于查对和分析账目。其缺点是按每一贷方科目编制汇总转账凭证，而不是按经济业务的性质归类、汇总的，不利于会计核算的日常分工；当转账凭证较多时，编制汇总转账凭证的工作量较大。

汇总记账凭证账务处理程序主要适合于规模较大，交易或事项较多，特别是转账业务少，而收、付款业务较多的单位。

第四节　科目汇总表账务处理程序

一、科目汇总表账务处理程序的基本内容

科目汇总表账务处理程序，又称记账凭证汇总表账务处理程序，是指根据记账凭证定期编制科目汇总表，再根据科目汇总表登记总分类账的一种账务处理程序。

科目汇总表账务
处理程序

科目汇总表账务处理程序的特点是定期地将所有记账凭证汇总编制成科目汇总表，然后再根据科目汇总表登记总分类账。

科目汇总表的编制方法如下：

首先，将汇总期内各项交易或事项所涉及的总账科目填列在科目汇总表的"会计科目"栏内；

然后，根据汇总期内所有记账凭证，按相同会计科目分别汇总其借方发生额和贷方发生额，并将其汇总金额填在各相应会计科目的"借方"和"贷方"栏内；

最后，还应分别汇总全部会计科目"借方"和"贷方"发生额，进行发生额的试算平衡。

科目汇总表可以每汇总一次编制一张，也可以按旬汇总一次，每月编制一张。任何格式的科目汇总表，都只反映各个会计科目的借方本期发生额和贷方本期发生额，不反映各个会计科目之间的对应关系，但可以起到试算平衡的作用。

科目汇总表账务处理程序的一般步骤如下（见图8-3）：
（1）根据原始凭证编制汇总原始凭证。
（2）根据原始凭证或汇总原始凭证，编制记账凭证。
（3）根据收款凭证、付款凭证逐笔登记现金日记账和银行存款日记账。

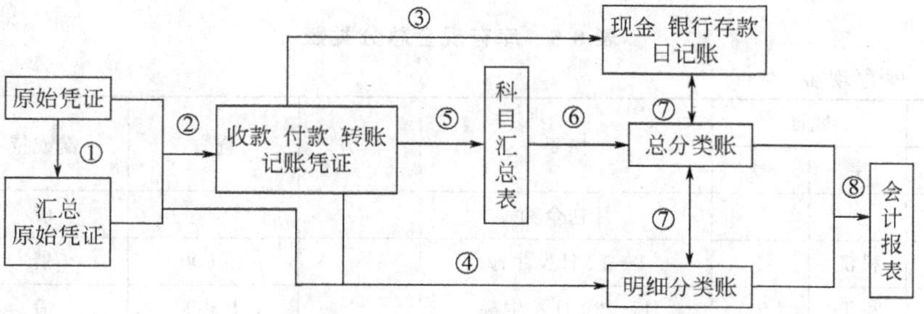

图 8-3　科目汇总表账务处理程序的一般步骤

（4）根据原始凭证、汇总原始凭证和记账凭证，登记各种明细分类账。
（5）根据各种记账凭证编制科目汇总表。
（6）根据科目汇总表登记总分类账。
（7）期末，现金日记账、银行存款日记账和明细分类账的余额与有关总分类账的余额核对相符。
（8）期末，根据总分类账和明细分类账的记录，编制会计报表。
科目汇总表账务处理程序的记账凭证、账簿的设置与记账凭证账务处理程序基本相同。

二、科目汇总表账务处理程序的优缺点及适用范围

科目汇总表账务处理程序的优点是根据科目汇总表一次或分次登记总分类账，大大减轻了登记总分类账的工作量；科目汇总表的编制和使用较为简便，简明易懂，方便易学；同时可以起到试算平衡的作用，保证账簿登记的正确性。其缺点是科目汇总表不能反映账户的对应关系，不便于分析和检查经济业务的过程，不便于查对账目。

科目汇总表账务处理程序的适用范围较广，特别适用于规模大、业务量多的单位。

三、科目汇总表账务处理程序举例

某企业20××年6月30日的科目汇总表资料见表8-4，请依据科目汇总表登记总分类账。

表 8-4　科目汇总表

20××年6月30日　　　　　　　　　　　　　　　　编号：1号

科目	1—10日发生额		11—20日发生额		21—30日发生额		本月发生额		账页
	借方	贷方	借方	贷方	借方	贷方	借方	贷方	
库存现金		10 000		1 600	1 000		1 000	11 600	略
银行存款	100 000	32 000				60 000	100 000	38 000	
其他应收款	10 000				10 000		10 000	10 000	
…	…	…	…	…	…	…	…	…	
合计	142 000	142 000	9 600	9 600	270 840	270 840	422 440	422 440	

依据科目汇总表登记库存现金总分类账见表8-5。

表8-5 库存现金总分类账

会计科目：库存现金

20××年		凭证		摘要	借方	贷方	借或贷	余额
月	日	字	号					
6	1			月初余额			借	12 000
6	10	科汇	1	1—10日发生额		10 000	借	2 000
6	20	科汇	1	11—20日发生额		1 600	借	400
6	30	科汇	1	21—30日发生额	1 000		借	1 400
6	30			本月合计	1 000	11 600	借	1 400

账务处理程序对比见表8-6。

表8-6 账务处理程序对比

项目	记账凭证账务处理程序	汇总记账凭证账务处理程序	科目汇总表账务处理程序
优点	简单明了，总分类账可以较详细地反映经济业务的发生情况	减轻了登记总分类账的工作量，便于了解账户之间的对应关系	可以简化总分类账的登记工作，并可做到试算平衡
缺点	登记总分类账的工作量较大	不利于日常分工，当转账凭证较多时，编制汇总转账凭证的工作量较大	不能反映账户对应关系，不便于查对账目
适用范围	规模较小、经济业务量较少的单位	规模较大、经济业务较多的单位	规模大、业务量多的单位
登总账的依据	据记账凭证逐笔登记	据汇总记账凭证登记	据科目汇总表登记

本章小结

1. 账务处理程序是指会计凭证、会计账簿、财务报表相结合的方式。

2. 账务处理程序根据登记总账的依据和方法不同，主要有记账凭证账务处理程序、汇总记账凭证账务处理程序和科目汇总表账务处理程序。

3. 记账凭证账务处理程序的特点是直接根据记账凭证登记总分类账，适用于规模较小、业务量较少的单位；科目汇总表账务处理程序的特点是在总分类账和记账凭证之间增加了科目汇总表，总分类账的登记依据是科目汇总表，适用于规模较大、业务量较多的单位；汇总记账凭证账务处理程序的特点是根据汇总记账凭证登记总分类账，适用于规模较大、业务量较多，特别是收、付款业务较多而转账业务较少的单位。

巩固练习

一、单项选择题

1. 科目汇总表账务处理程序与汇总记账凭证账务处理程序的共同优点是（   ）。

A. 保持科目之间的对应关系　　B. 减少了登记总分类账的工作量

C. 进行所有科目余额的试算平衡　　D. 总括反映同类经济业务
2. 记账凭证账务处理程序的显著特点是（　　）。
A. 根据记账凭证编制科目汇总表
B. 直接根据每一张记账凭证登记总账
C. 根据记账凭证编制汇总记账凭证
D. 所有经济业务都必须在日记账中进行登记
3. 科目汇总表账务处理程序的特点是（　　）。
A. 根据记账凭证直接登记总分类账
B. 根据科目汇总表登记总分类账
C. 根据汇总记账凭证登记总分类账
D. 根据记账凭证逐笔登记日记总账
4. （　　）账务处理程序的主要特点是直接根据记账凭证逐笔登记总分类账。
A. 记账凭证　　B. 科目汇总表　　C. 汇总记账凭证　　D. 多栏式日记账
5. 各种账务处理程序的主要区别是（　　）。
A. 凭证及账簿组织不同　　　　B. 记账方法不同
C. 记账程序不同　　　　　　　D. 登记总账的依据和方法不同
6. 一家小型商业流通企业，主要经销家电产品，其账务处理使用记账凭证账务处理程序。则月末登记总账的依据是（　　）。
A. 原始凭证　　　　　　　　　B. 原始凭证汇总表
C. 记账凭证　　　　　　　　　D. 记账凭证汇总表
7. 汇总记账凭证账务处理程序的特点是根据汇总记账凭证逐笔登记（　　）。
A. 日记账和明细分类账　　　　B. 总分类账和明细分类账
C. 总分类账　　　　　　　　　D. 明细分类账
8. 在各种不同账务处理程序中，不能作为登记总账依据的是（　　）。
A. 记账凭证　　　　　　　　　B. 汇总记账凭证
C. 汇总原始凭证　　　　　　　D. 科目汇总表
9. 记账凭证账务处理程序适用于（　　）的单位使用。
A. 规模大、业务多　　　　　　B. 规模小、业务少
C. 规模大、收付款业务多　　　D. 规模小、收付款业务多
10. 在科目汇总表账务处理程序下，总分类账的记账依据是（　　）。
A. 原始凭证　　　　　　　　　B. 记账凭证
C. 科目汇总表　　　　　　　　D. 汇总记账凭证

二、多项选择题
1. 关于记账凭证账务处理程序，下列说法中正确的有（　　）。
A. 便于查账、对账　　　　　　B. 登记总分类账的工作量较大
C. 是最基本的账务处理程序　　D. 简单明了，易于理解
2. 在科目汇总表账务处理程序下，记账凭证是用来（　　）的依据。
A. 登记库存现金日记账　　　　B. 登记总分类账
C. 登记明细分类账　　　　　　D. 编制科目汇总表
3. 各种账务处理程序的相同之处表现在（　　）。
A. 根据原始凭证编制汇总原始凭证
B. 根据原始凭证或原始凭证汇总表编制记账凭证

C. 根据各种记账凭证和有关的原始凭证或原始凭证汇总表登记明细账
D. 根据总账和明细账的记录编制财务报表

4. 汇总记账凭证账务处理程序的优点有（　　）。
A. 便于会计核算的日常分工
B. 便于了解账户之间的对应关系
C. 减轻了登记总分类账的工作量
D. 便于试算平衡

5. 科目汇总表账务处理程序的优点有（　　）。
A. 减轻了登记总分类账的工作量　　B. 可做到试算平衡
C. 简明易懂、方便易学　　D. 便于查对账目

6. 记账凭证账务处理程序的优点有（　　）。
A. 记账程序简单明了
B. 便于查对和分析账目
C. 能进行试算平衡，有利保证总账登记的正确性
D. 总分类账可以详细地反映经济业务的发生情况

7. 汇总记账凭证账务处理程序的缺点在于（　　）。
A. 不利于会计核算的日常分工　　B. 不能试算平衡
C. 不能保持科目之间的对应关系　　D. 不能节省会计工作时间

8. 下列登账方法中正确的有（　　）。
A. 依据记账凭证和原始凭证逐日逐笔登记明细账
B. 依据记账凭证和汇总原始凭证逐日逐笔或定期汇总登记明细账
C. 依据记账凭证逐笔登记总账
D. 依据汇总原始凭证定期汇总登记现金日记账

9. 账务处理程序的主要内容包括（　　）。
A. 会计凭证、会计账簿种类及格式
B. 会计凭证与账簿之间的联系方法
C. 会计机构及会计岗位的设置
D. 会计工作人员的职责

10. 记账凭证账务处理程序、汇总记账凭证账务处理程序和科目汇总表账务处理程序应共同遵循的程序有（　　）。
A. 根据原始凭证、汇总原始凭证和记账凭证登记各种明细分类账
B. 期末，现金日记账、银行存款日记账和明细分类账的余额与有关总分类账的余额核对相符
C. 根据记账凭证逐笔登记总分类账
D. 根据总分类账和明细分类账的记录，编制会计报表

三、判断题

1. 在规模较大、业务量较多的单位，应采用记账凭证账务处理程序，因为该账务处理程序简单明了、方法易学。（　　）

2. 汇总记账凭证账务处理程序和科目汇总表账务处理程序的根本区别在于汇总记账凭证和科目汇总表的编制方法不同。（　　）

3. 在实际工作中，科目汇总表中所有科目本期借方发生额合计数可能不等于所有科目本期贷方发生额合计数。（　　）

4. 科目汇总表账务处理程序只适用于经济业务不太复杂的小型企业。（   ）
5. 科目汇总表不仅可以起到试算平衡的作用，而且可以反映账户之间的对应关系。（   ）
6. 编制会计报表是企业账务处理程序的组成部分。（   ）
7. 账务处理程序是指记账程序与会计凭证有机结合的方法和步骤，它贯穿到会计核算的全过程，从原始凭证的取得和审核、记账凭证的填制、明细分类账和总分类账的登记，最后到会计报表的编制。（   ）
8. 记账凭证账务处理程序是最基本的账务处理程序，其特点就是登记账簿的工作量小。（   ）
9. 各种账务处理程序的不同之处在于登记明细账的直接依据不同。（   ）
10. 汇总记账凭证账务处理程序是会计核算中最基本的会计账务处理程序，其他会计账务处理程序都是在它的基础上演变来的。（   ）

第九章 财产清查

教学目标

1. 知识传授目标

了解财产清查的意义与种类；熟悉财产清查的一般程序及货币资金、实物资产和往来款项的清查方法；掌握银行存款余额调节表的编制及财产清查结果的账务处理。

2. 能力培养目标

明确财产清查对于保证会计核算质量的重要作用；熟练分辨出实际工作中存在未达账项的四种情况，并正确编制出银行存款余额调节表；正确区分各项资产清查结果的会计处理不同点。

3. 价值塑造目标

引导学生养成细心严谨的工作作风以及科学的质疑精神；培养学生求真求实的探索精神，激励学生透过现象不断探寻事物本质；强调规律的客观性，引导学生遵循原则、尊重规则，实事求是，不弄虚作假。

思维导图

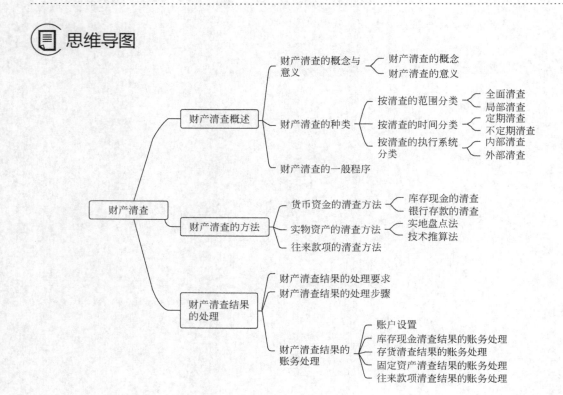

第一节　财产清查概述

一、财产清查的概念与意义

（一）财产清查的概念

财产清查是通过对企业的各项财产物资、货币资金及往来款项等进行盘点和核对，查明其实存数，并与账存数进行核对，以检查账实是否相符的一种会计核算方法。

企业各种财产物资的增减变动和结存情况，通过凭证的填制与审核、账簿的登记与核对，已经在账簿体系中得到了正确的反映，但账簿记录的正确性并不足以说明各种财产物资实际结存情况的正确与否。在会计工作中，即使是在账证相符、账账相符的情况下，财产物资的账面数与实际结存数仍然可能存在不相一致的情况。根据资产管理制度以及为编制会计报表提供正确可靠核算资料的要求，必须使账簿中所反映的财产物资和债权债务的结存数额与其实际数额保持一致，做到账实相符，因此，必须运用财产清查这一会计核算的专门方法。

在实际工作中，由于各种主、客观原因，可能导致某些财产物资的账面数与实存数存在差异，导致账实不符。造成账实不符的具体原因有很多，概括而言，主要有以下几个方面：

（1）在财产物资收发过程中，由于计量、检验器具不准确而造成品种或数量上的差错。

（2）财产物资在运输、保管、收发过程中发生了自然损耗。

（3）在财产物资发生增减变动时，会计人员没有及时填制凭证登记入账，或是计算、登记时出现漏记、重记、多记、少记等错账现象。

（4）由于规章制度不健全，管理不善或工作人员失职造成财产损坏、变质或短缺。

（5）不法分子贪污盗窃，营私舞弊而发生的财产损失。

（6）由于自然灾害造成的非常损失。

（7）由于结算凭证传递不及时而造成了未达账项。

（二）财产清查的意义

财产清查作为会计核算的一种专门方法，在会计核算过程中具有十分重要的意义。

1. 保证账实相符，使会计资料真实可靠

通过财产清查，可以查明各项财产物资的实有数量，确定实有数量与账面数量之间的差异，查明原因和责任，以便采取有效措施，消除差异，改进工作，从而保证账实相符，提高会计资料的准确性。

2. 切实保障各项财产物资的安全完整

通过财产清查，可以查明各项财产物资的保管情况是否良好，有无因管理不善，造成霉烂、变质、损失浪费，或者被非法挪用、贪污盗窃的情况，以便采取有效措施，改善管理，切实保障各项财产物资的安全完整。

3. 加速资金周转，提高资金使用效益

通过财产清查，可以及时查明各种财产物资的库存和使用情况。如发现企业有闲置不用

的财产物资应及时加以处理,以充分发挥他们的效能;如发现企业有呆滞积压的财产物资,也应及时加以处理,并分析原因,采取措施,改善经营管理。这样,可以使财产物资得到充分合理的利用,加速资金周转,提高企业的经济效益。

4．保证财经纪律和结算纪律的执行

通过对财产物资、货币资金及往来款项的清查,可以查明有关业务人员是否遵守财经纪律和结算纪律,有无贪污盗窃、挪用公款的情况;查明资金使用是否合理,是否符合党和国家的方针政策和法规,从而使工作人员更加自觉地遵纪守法,自觉维护和遵守财经纪律。

二、财产清查的种类

根据清查的范围、时间、执行系统等方面的不同,财产清查可以进行不同的分类。

财产清查的种类

(一) 按清查的范围分类

根据清查的范围不同,财产清查可分为全面清查和局部清查。

1．全面清查

全面清查,是指对属于本单位和存放在本单位的全部财产物资、货币资金和债权债务等全部财产进行全面的盘点和核对。

(1) 全面清查的对象主要包括:

① 固定资产、材料、在产品、半成品、产成品、库存商品、在建工程和其他物资。

② 现金、银行存款及各种有价证券。

③ 在途货币资金、在途材料、在途商品、委托加工物资。

④ 各项往来款项、银行借款、缴拨款项和其他结算账项。

(2) 全面清查的特点是清查内容多、范围广、工作量大,难以实行常态化,需要进行全面清查的情况通常主要有:

① 年终决算之前,为确保年终决算会计信息的真实和准确,需要进行一次全面清查。

② 单位合并、撤销、改变原来隶属关系或采取新的经营方式时,需要进行全面清查,以明确经济责任。

③ 中外合资、国内联营以及股份制改制时,需要进行全面清查。

④ 开展全面的资产评估、清产核资等活动时,需要进行全面清查。

⑤ 单位主要负责人调离工作时,需要进行全面清查。

2．局部清查

局部清查,是指根据管理的需要或依据有关规定,对企业的部分财产物资、货币资金和债权债务进行盘点和核对。

局部清查的特点是清查范围小、内容少、涉及的人员较少,但专业性较强。其清查对象主要是流动性较强的财产,一般包括:

(1) 库存现金应由出纳员在每日业务终了时清点,做到日清月结。

(2) 银行存款应由出纳员每月至少同银行核对一次。

(3) 对于原材料、在产品和库存商品等流动性较大的存货,除年终清查外,每月应有计划地重点抽查;对于贵重的财产物资,应每月清查盘点一次。

(4) 对于债权、债务，应在年度内至少同对方核对一至两次。

（二）按清查的时间分类

根据清查的时间不同，财产清查可分为定期清查和不定期清查。

1. 定期清查

定期清查，是指根据管理制度的规定或预先计划安排的时间对财产物资、货币资金和债权债务所进行的清查。

定期清查的对象和范围不定，可以是全面清查也可以是局部清查，其清查的目的在于保证会计核算资料的真实正确。定期清查通常在年末、季末或月末结账前进行。

2. 不定期清查

不定期清查，是指事先没有规定清查时间，而是根据偶发事件或实际需要临时进行的财产清查，也称临时清查。

不定期清查主要在以下几种情况下进行：

（1）更换财产物资保管人员和现金出纳人员时。
（2）财政、税务、银行以及审计等部门，对本单位进行审查时。
（3）单位发生撤销、合并、重组等事项时。
（4）发生自然灾害或贪污盗窃、营私舞弊等事件时。

（三）按清查的执行系统分类

根据清查的执行系统不同，财产清查可分为内部清查和外部清查。

1. 内部清查

内部清查是指由本企业的有关人员组成清查工作组对本企业的财产所进行的清查。这种清查也称为自查，可以是全部清查，也可以是局部清查；可以是定期清查，也可以是不定期清查，应根据实际情况和具体要求加以确定。大多数财产清查都是内部清查。

2. 外部清查

外部清查是由上级主管部门、审计机关、司法部门、注册会计师根据国家有关规定或情况需要对本单位所进行的财产清查。一般来讲，进行外部清查时应有本单位相关人员参加。

三、财产清查的一般程序

财产清查的程序

为了保证清查工作有条不紊地进行，一般可按照以下程序组织财产清查工作：

（1）建立财产清查小组。清查小组一般由会计部门、财产保管部门及使用部门等人员组成，由管理层研究制订财产清查计划，确定工作进度和方式方法。

（2）组织清查人员学习有关政策规定，掌握有关法律、法规和相关业务知识，以提高财产清查工作的质量。

（3）确定清查对象、范围，明确清查任务。

（4）制定清查方案，具体安排清查内容、时间、步骤、方法，以及做好必要的清查前准备工作。

（5）清查应本着先清查数量、核对有关账簿记录等，后认定质量的原则进行。

（6）填制盘存清单。清查人员要做好盘点记录，填制盘存清单，列明所查财产物资的实存数量和款项及债权债务的实有数额。

(7) 根据盘存清单填制实物、往来账项清查结果报告表。

第二节　财产清查的方法

一、货币资金的清查方法

货币资金的清查包括对库存现金的清查和对银行存款的清查。

(一) 库存现金的清查

库存现金应采用实地盘点法进行清查,即通过盘点确定库存现金的实存数,并与现金日记账的账面余额核对,以查明账存与实存是否相符,并确定是否存在盘盈盘亏的情况。

库存现金的清查方法

库存现金清查主要包括两种情况：

(1) 由出纳人员每日业务终了清点库存现金实有数,并与现金日记账的账面余额核对,做到账实相符。

(2) 由清查小组对库存现金进行定期或不定期清查。清查小组盘点时,出纳人员必须在场,库存现金由出纳人员经手盘点,清查人员从旁监督。清查人员应认真审核现金收、付凭证和账簿,注意检查管理制度执行情况,是否存在借条、白条抵充现金或超过库存现金限额、挪用公款、坐支现金等问题。

在库存现金盘点结束后,直接填制"库存现金盘点报告表",由盘点人员、出纳人员共同签名、盖章,并据以调整现金日记账的账面记录。"库存现金盘点报告表"兼有"盘存单"和"实存账存对比表"的作用,是反映库存现金实有数和调整账簿记录的原始凭证,见表 9-1。

表 9-1　库存现金盘点报告表

单位名称：　　　　　　　　　年　　月　　日

实存金额	账存金额	实存与账存对比		备注
		盘盈(长款)	盘亏(短款)	
盘点后得到的实存数	现金日记账的余额	实存金额＞账存金额	实存金额＜账存金额	

盘点人签章：　　　　　　　　　　　　　　　　　　　　　　　出纳员签章：

(二) 银行存款的清查

银行存款的清查是采用与开户银行核对账目的方法进行的,即将本单位银行存款日记账的账簿记录与开户银行转来的对账单逐笔进行核对,来查明银行存款的实有数额。

银行存款的清查方法

银行存款的清查一般在月末进行。

1. 银行存款日记账余额与银行对账单余额不一致的原因

(1) 在实际工作中,由于银行存款日常收、付业务频繁,银行对账单余额与企业银行存款日记账余额往往是不相符的,造成不符的原因主要有两个方面：

① 某一方或双方账目存在错误,发生重记、漏记或者金额、科目记错等问题。

② 在银行与企业双方的记账均无差错的情况下,未达账项的存在造成双方银行存款余额不一致。

如果在核对中发现属于企业方面的记账差错,经确定后企业应立即更正;若属于银行方面的记账差错,则应通知银行更正。在查明双方记账无误后,企业应重点审查未达账项。

(2) 未达账项,是指企业和银行双方在凭证传递的过程中,由于凭证接收时间差异造成记账时间不一致,从而发生的一方已经入账,而另一方尚未入账的事项。

未达账项一般分为以下四种情况:

① 企业已收款入账,而银行尚未收款入账的款项。如企业收到外单位的转账支票,送存银行,对账前银行尚未入账的款项。

② 企业已付款入账,而银行尚未付款入账的款项。如企业已开出转账支票后企业记银行存款减少,而持票人尚未到银行办理转账。

③ 银行已收款入账,而企业尚未收款入账的款项。如企业委托银行收到货款,银行已登记入账,企业尚未收到银行的通知,而未入账。

④ 银行已付款入账,而企业尚未付款入账的款项。如企业委托银行代付的水电费,银行已付款入账,而企业尚未收到银行通知,还未入账。

上述任何一种未达账项的存在,都会使企业银行存款日记账的余额与银行开出的对账单的余额不符。所以,在与银行对账时首先应查明是否存在未达账项,如果存在未达账项,就应该编制"银行存款余额调节表",据以调节双方的账面余额,来检验调节后的账面余额是否相等,确定企业银行存款实有数。其计算公式如下:

$$\begin{matrix} 企业的银\\ 行存款日\\ 记账余额 \end{matrix} + \begin{matrix} 银行收款\\ 企业未收\\ 款的账项 \end{matrix} - \begin{matrix} 银行付款\\ 企业未付\\ 款的账项 \end{matrix} = \begin{matrix} 银行对\\ 账单的\\ 余额 \end{matrix} + \begin{matrix} 企业收款\\ 银行未收\\ 款的账项 \end{matrix} - \begin{matrix} 企业付款\\ 银行未付\\ 款的账项 \end{matrix}$$

2. 银行存款清查的步骤

(1) 将本单位银行存款日记账与银行对账单,以结算凭证的种类、号码和金额为依据,逐日逐笔核对。凡双方都有记录的,用铅笔在金额旁打上记号"√"。

(2) 找出未达账项(即银行存款日记账和银行对账单中没有打"√"的款项)。

(3) 将日记账和对账单的月末余额及找出的未达账项填入"银行存款余额调节表",并计算出调整后的余额。

(4) 将调整平衡的"银行存款余额调节表",经主管会计签章后,呈报开户银行。

【例 9-1】 某企业收到开户银行转来的 12 月 31 日对账单余额为 67 000 元,该企业 12 月 31 日银行存款日记账余额为 59 650 元,经逐笔核对,发现以下几笔未达账项,请编制银行存款余额调节表。

(1) 12 月 27 日,企业购买设备,开出转账支票 8 200 元,持票人尚未到银行兑现。

(2) 12 月 27 日,银行收到汇款 7 900 元,已存入企业账户,企业尚未收到收款通知。

(3) 12 月 28 日,银行代企业支付本月电话费 1 200 元,企业尚未收到付款通知。

(4) 12 月 29 日,企业预收货款,收到转账支票 5 000 元,送存银行,银行尚未入账。

(5) 12月30日，银行已从企业存款账户中扣掉企业应付的短期借款利息3 600元，企业尚未收到付息通知。

(6) 12月30日，企业的银行存款利息收入1 050元，银行已入账但企业尚未收到利息清单。

银行存款余额调节表见表9-2。

表 9-2　银行存款余额调节表

12月31日　　　　　　　　　　　　　　　　　　　　　　　　　　单位：元

项目	金额	项目	金额
银行存款日记账余额	59 650	银行对账单余额	67 000
加：银行已收，企业未收	8 950	加：企业已收，银行未收	5 000
减：银行已付，企业未付	4 800	减：企业已付，银行未付	8 200
调节后的存款余额	63 800	调节后的存款余额	63 800

3. 银行存款余额调节表的作用

(1) 银行存款余额调节表是一种对账记录或对账工具，不是原始凭证，不能作为调整账面记录的依据。即不能根据银行存款余额调节表中的未达账项来调整银行存款账面记录，未达账项只有在收到有关凭证后才能进行有关的账务处理。

银行存款余额调节表的作用

(2) 调节后的余额如果相等，通常说明企业和银行的账面记录一般没有错误，该余额通常为企业可以动用的银行存款实有数。

(3) 调节后的余额如果不相等，通常说明一方或双方记账有误，需进一步追查，查明原因后予以更正和处理。

二、实物资产的清查方法

实物资产是指具有实物形态的各种资产，包括固定资产、原材料、委托加工物资、在产品、半成品、产成品等。实物资产的清查就是对实物资产在数量和质量上所进行的清查。

实物资产的清查方法

由于实物资产的形态、体积、重量、码放方式等不尽相同，因而所采用的清查方法也不尽相同。主要有以下清查方法：

(一) 实地盘点法

实地盘点法，是指在财产物资存放现场，逐一清点数量或用计量仪器确定其实存数量的一种方法。其适用的范围较广，在多数财产物资清查中都可以采用这种方法。

(二) 技术推算法

采用这种方法，对于财产物资不是逐一清点计数，而是通过量方、计尺等技术推算财产物资的实存数量。这种方法一般适用于大量成堆、价值不高且难以逐一清点的财产物资，如露天堆放的煤炭、砂石等大宗物资的清查。

对实物资产的数量进行清查的同时，还要对实物的质量进行鉴定。为了明确经济责任，进行实物清查时，实物保管人员和盘点人员必须同时在场。

对于财产物资的盘点结果，应逐一填制"盘存单"，由盘点人员和实物保管人员签字或盖章。"盘存单"既是记录盘点结果的书面证明，也是反映财产物资实存数的原始凭证，见表9-3。

表 9-3　盘存单

单位名称：　　　　　　　　　盘点时间：　　　　　　　　　编　　号：
财产类别：　　　　　　　　　存放地点：　　　　　　　　　金额单位：

编号	名称	计量单位	数量	单价	金额	备注

盘点人签章：　　　　　　　　　　　　　实物保管人签章：

为了查明实存数与账存数是否一致，确定盘盈或盘亏情况，相关人员还应根据盘存单和账簿记录，编制"实存账存对比表"。该表是用以调整账簿记录的重要原始凭证，也是分析差异产生、明确经济责任的重要依据，见表9-4。

表 9-4　实存账存对比表

单位名称：　　　　　　　　　　　　　年　　月　　日

编号	类别及名称	计量单位	单价	对比结果								备注
				实存		账存		盘盈		盘亏		
				数量	金额	数量	金额	数量	金额	数量	金额	

保管人员：　　　　　　　　会计：　　　　　　　　制表：

三、往来款项的清查方法

往来款项，是指各种债权债务结算款项，主要包括单位与其他单位或个人之间的各种应收款项、应付款项、预收账款、预付账款及其他应收款项、其他应付款项等。

往来款项的清查方法

往来款项的清查一般采用发函询证的方法进行核对，即派人或以通信的方式，向结算往来单位核实账目。

清查前，应先将本企业往来账目核对清楚，确认准确无误后，再向对方填发对账单。对账单应按明细账逐笔抄列，一式两联，其中一联作为回单，对方单位如核对相符，应在回单上盖章后退回；如核对不相符，应将不符情况在回单上注明或另抄对账单退回，作为进一步核对的依据。

"往来款项对账单"的格式和内容如图 9-1 所示。

往来款项清查以后，将清查结果编制"往来款项清查表"，填列各项债权、债务的余额，见表 9-5。

表 9-5　往来款项清查表

总账		明细账		清查结果		核对不符及原因				备注
名称	金额	名称	金额	核对相符金额	核对不符金额	未达账项金额	争执款项金额	无法收回款项金额	其他	

记账人员签章：　　　　　　　　　清查人员签章：

往来款项对账单

_____单位：

贵单位20××年×月×日购入我单位×产品××台，已付货款×××元，尚有×××元货款未付，请核对后将回联单寄回。

核查单位：（盖章）
20××年×月×日

沿此虚线裁开，将以下回联单寄回！

往来款项对账单（回联）

核查单位：

贵单位寄来的"往来款项对账单"已经收到，经核对相符无误（或不符，应注明具体内容）。

××单位（盖章）
20××年×月×日

图 9-1　往来款项对账单

对于有争执的款项以及无法收回的款项，应在报告单上详细列明情况，以便及时采取措施进行处理，避免或减少坏账损失。

第三节　财产清查结果的处理

一、财产清查结果的处理要求

财产清查结果处理
的要求、步骤、方法

财产清查结果处理，是指对清查过程中发现的账面结存数与实际结存数不一致的情况进行有关会计处理。

通过财产清查，如果账实相符，则无须进行账务处理。当实存数大于账存数时，称为盘盈；实存数小于账存数，称为盘亏；如果实存的财产物资质量存在问题，不能按正常的财产物资进行使用的，称为毁损。通过财产清查所发现的财产管理和核算方面存在的问题，应当认真分析研究，以有关的法令、制度为依据进行严肃处理。为此，应切实作好以下几个方面的工作：

1. 查明差异，分析原因

通过财产清查所确定的清查资料和账簿记录之间的差异，比如财产的盘盈、盘亏和多余积压，以及逾期债权、债务等，都要认真查明其性质和原因，明确经济责任，提出处理意见，按照规定程序经有关部门批准后，予以认真严肃的处理。财产清查人员应以高度的责任心，深入调查研究，实事求是，问题定性要准确，处理方法要得当。

2. 认真总结，加强管理

财产清查以后，针对所发现的问题和缺点，应当认真总结经验教训，表彰先进，巩固成绩，发扬优点，克服缺点，做好工作。同时，要建立和健全以岗位责任制为中心的财产管理制度，切实提出改进工作的措施，进一步加强财产管理，保护财产的安全和完整。

3. 调整账目，账实相符

财产清查的重要任务之一就是为了保证账实相符，财会部门对于财产清查中所发现的差异必须及时地进行账簿记录的调整。

二、财产清查结果的处理步骤

如果在财产清查过程中出现盘盈、盘亏、毁损等账实不符的情况，那么需要进行账务处理。账务处理分为领导批准处理前和领导批准处理后两个步骤进行：

1. 审批之前的处理

会计部门根据"盘点报告表""账存实存对照表"等已经查实的数据资料，填制记账凭证，记入有关账簿，使账簿记录与实际盘存数相符，同时根据权限，将处理建议报送股东大会或董事会，或其他类似机构批准。

2. 审批之后的处理

企业清查的各种财产损溢，应于期末前查明原因，并根据企业的管理权限，经股东大会或董事会，或其他类似机构批准后，在期末结账前处理完毕。会计人员应严格按照有关部门对财产清查结果提出的处理意见，进行账务处理，填制有关记账凭证，登记有关账簿，并追回由于责任者原因造成的财产损失。如果在期末结账前尚未经批准，那么在对外提供财务报表时，要先按上述规定进行处理，并在附注中做出说明；其后批准处理的金额与已处理金额不一致的，再调整财务报表相关项目的年初数。

三、财产清查结果的账务处理

（一）账户设置

为了反映和监督企业在财产清查中查明的各种财产盘盈、盘亏和毁损及其处理情况，应设置"待处理财产损溢"账户。

"待处理财产损溢"账户属于资产类账户，用于核算财产物资盘盈、盘亏和毁损情况及处理情况。该账户借方登记发生的待处理财产盘亏、毁损数和结转已批准处理的财产盘盈数；贷方登记发生的待处理财产盘盈数和结转已批准处理的财产盘亏和毁损数。该账户的余额如在借方，表示尚未批准处理的财产物资的净损失；余额如在贷方，表示尚未批准处理的财产物资的净溢余。

为了进行明细核算，可在"待处理财产损溢"账户下设置"待处理固定资产损溢"和"待处理流动资产损溢"两个明细账户。企业清查的各种财产的盘盈、盘亏和毁损应在期末结账前处理完毕，因此"待处理财产损溢"账户在期末结账后没有余额。

（二）库存现金清查结果的账务处理

库存现金清查中，发现现金盘盈或者盘亏时，应根据"库存现金盘点报告表"及时进行账务处理，调整账簿记录，同时查明盘盈或者盘亏的原因，报经批准后，按批准的处理意见再进行账务处理。

视频扫一扫
库存现金清查结果的账务处理

1. 库存现金盘盈

对于库存现金盘盈，应按盘盈的金额，借记"库存现金"账户，贷记"待处理财产损溢——待处理流动资产损溢"账户。查明原因并报经批准后，按盘盈的金额，借记"待处理财产损溢——待处理流动资产损溢"账户；按需要支付或退还的金额，贷记"其他应付款"

账户；按无法查明原因的金额，贷记"营业外收入"账户。

【例 9-2】 现金清查中，发现库存现金较账面余额多出 800 元。经查其中 500 元为应付 A 单位的账款，其余部分原因不明。

（1）在报经批准前，根据"库存现金盘点报告表"确定的库存现金盘盈数，调整账面记录，编制会计分录如下：

  借：库存现金   800
    贷：待处理财产损溢——待处理流动资产损溢   800

（2）经过审批，查明原因后，结平待处理财产损溢科目，编制会计分录如下：

  借：待处理财产损溢——待处理流动资产损溢 800
    贷：其他应付款——A 单位   500
      营业外收入   300

2. 库存现金盘亏

对于库存现金盘亏，应按盘亏的金额，借记"待处理财产损溢——待处理流动资产损溢"账户，贷记"库存现金"账户。查明原因并报经批准后，按可收回的保险赔偿或过失人的金额，借记"其他应收款"；按无法查明原因等管理不善造成的净损失金额，借记"管理费用"账户；按自然灾害等原因造成净损失的金额，借记"营业外支出"账户；按盘亏的金额，贷记"待处理财产损溢——待处理流动资产损溢"账户。

【例 9-3】 现金清查中，发现库存现金较账面余额短缺 600 元。经查现金的短缺属于出纳员李丽的责任，责任人赔偿 400 元，其余不明。

（1）在报经批准前，根据"库存现金盘点报告表"确定的库存现金盘亏数，调整账面记录，编制会计分录如下：

  借：待处理财产损溢——待处理流动资产损溢 600
    贷：库存现金   600

（2）经过审批，查明原因后，根据批准处理意见，转销库存现金盘亏的会计分录如下：

  借：其他应收款——李丽   400
    管理费用   200
    贷：待处理财产损溢——待处理流动资产损溢 600

（三）存货清查结果的账务处理

存货清查中，发现存货盘盈或者盘亏、毁损时，应根据"实存账存对比表"及时进行账务处理，调整账簿记录，同时查明盘盈或者盘亏、毁损的原因，报经批准后按批准的处理意见再进行账务处理。

存货清查结果的账务处理

1. 存货盘盈

对于原材料、库存成品等存货盘盈，应按盘盈的金额，借记"原材料""库存商品"等账户，贷记"待处理财产损溢——待处理流动资产损溢"账户。查明原因并报经批准后，应按盘盈的金额，借记"待处理财产损溢——待处理流动资产损溢"账户；按计量器具等管理原因造成盘盈的金额，贷记"管理费用"账户；按查不出原因盘盈的金额，贷记"营业外收入"账户。

【例 9-4】 某企业财产清查中，发现盘盈甲材料 2 000 元，经查明是由收发计量上的错误所致。

（1）在报经批准前，根据"实存账存对比表"确定的材料盘盈数，调整账面记录，编制会计分录如下：

借：原材料——甲材料　　　　　　　　　　　2 000
　　贷：待处理财产损溢——待处理流动资产损溢　　2 000
（2）报经批准后，结平待处理财产损溢科目：
借：待处理财产损溢——待处理流动资产损溢　2 000
　　贷：管理费用　　　　　　　　　　　　　　　2 000

2．存货盘亏

对于原材料、库存成品等存货盘亏、毁损，按盘亏、毁损的金额，借记"待处理财产损溢——待处理流动资产损溢"账户，贷记"原材料""库存商品"等账户。待查明原因并报经批准后，按可收回的保险赔偿或过失人的金额，借记"其他应收款"账户；按定额内的自然损耗或者无法查明原因等管理不善造成的净损失金额，借记"管理费用"账户；按自然灾害等原因造成净损失的金额，借记"营业外支出"账户；按盘亏、毁损的金额，贷记"待处理财产损溢——待处理流动资产损溢"账户。

【例9-5】 某企业盘亏乙材料2 000元，经查明部分是由于保管人员过失造成的材料毁损，应由过失人赔偿1 500元，其余为自然灾害造成，假设不考虑增值税因素。

（1）在报经批准前，根据"账存实存对比表"确定的材料盘亏数，调整账面记录，编制会计分录如下：

借：待处理财产损溢——待处理流动资产损溢　2 000
　　贷：原材料——乙材料　　　　　　　　　　　2 000
（2）报经批准后，结平待处理财产损溢科目：
借：其他应收款——保管人员　　　　　　　　1 500
　　营业外支出　　　　　　　　　　　　　　　500
　　贷：待处理财产损溢——待处理流动资产损溢　2 000

（四）固定资产清查结果的账务处理

固定资产清查中，发现固定资产盘盈或者盘亏、毁损时，应根据"实存账存对比表"及时进行账务处理，调整账簿记录。对于固定资产盘盈不通过"待处理财产损溢"账户进行账务处理；对于固定资产盘亏、毁损应查明原因，报经批准后按批准的处理意见再进行账务处理。

固定资产清查结果的账务处理

1．固定资产盘盈

对于盘盈的固定资产，作为前期差错处理，通过"以前年度损益调整"账户进行账务处理。"以前年度损益调整"账户用于核算企业本年度发生的调整以前年度损益的事项，以及本年度发现的重要前期差错更正涉及调整以前年度损益的事项。

盘盈固定资产时，通常按重置成本作为入账价值，借记"固定资产"账户，贷记"以前年度损益调整"账户。在对盘盈固定资产作为前期差错处理的同时，按应交纳的所得税，借记"以前年度损益调整"账户，贷记"应交税费——应交所得税"账户。将"以前年度损益调整"账户的差额结转到留存收益账户时，借记"以前年度损益调整"账户，贷记"利润分配——未分配利润"账户和"盈余公积"账户。涉及增值税的，还应按相关规定处理。

【例9-6】 某企业在财产清查中，发现账外生产用设备一台，其同类产品市场价为20 000元，估计折旧为8 000元。

（1）在报经批准前根据"账存实存对比表"确定的固定资产盘盈数，调整账簿记录，编制会计分录如下：

借：固定资产　　　　　　　　　　　　　　　　　　12 000
　　贷：以前年度损益调整　　　　　　　　　　　　　　　12 000
（2）报经批准后，结平以前年度损益调整科目：
借：以前年度损益调整　　　　　　　　　　　　　　12 000
　　贷：盈余公积/利润分配　　　　　　　　　　　　　　12 000

2．固定资产盘亏

对于固定资产的盘亏、毁损，按固定资产的账面原始价值贷记"固定资产"账户，按账面已提折旧借记"累计折旧"账户，按两者的差额借记"待处理财产损溢——待处理固定资产损溢"账户。待查明原因并报经批准后，按能够收回的残料或净残值，借记"原材料""银行存款"等账户；按可收回的保险赔偿或过失人的金额，借记"其他应收款"等账户；按自然灾害等原因造成净损失的金额，借记"营业外支出"账户；按实际盘亏、毁损的损失金额，贷记"待处理财产损溢——待处理固定资产损溢"账户。

【例 9-7】 某企业在财产清查中，发现盘亏设备一台，其原值为 50 000 元，已提折旧额 30 000 元。

（1）在报经批准前根据"账存实存对比表"确定的固定资产盘亏数，调整账簿记录，编制会计分录如下：

借：待处理财产损溢——待处理固定资产损溢　　　　20 000
　　累计折旧　　　　　　　　　　　　　　　　　　30 000
　　贷：固定资产　　　　　　　　　　　　　　　　　　50 000

（2）报经批准后，同意作为损失，列作营业外支出处理，结平待处理财产损溢科目：

借：营业外支出　　　　　　　　　　　　　　　　　20 000
　　贷：待处理财产损溢——待处理固定资产损溢　　　　20 000

（五）往来款项清查结果的账务处理

1．无法收回的应收账款

企业的各项应收款项因购货人拒付、破产、死亡等原因而无法收回，一般称为坏账。因坏账造成的损失，称为坏账损失。在财产清查过程中，如果发现长期不能结清的往来款项，若属于上述坏账的标准范围，应及时进行处理，经有关部门批准予以转销。

往来款项清查结果的账务处理

坏账损失的转销在批准前不作账务处理，即不通过"待处理财产损溢"账户，在报经批准后，应当冲减已提取的坏账准备。

【例 9-8】 企业在财产清查中查明应收 A 公司的货款中有 20 000 元无法收回，报经批准后，冲销已提取的坏账准备。

借：坏账准备　　　　　　　　　　　　　　　　　20 000
　　贷：应收账款——A 公司　　　　　　　　　　　　　20 000

2．无法偿还的应付账款

企业无法偿还的债务，经有关部门批准后，直接记入"营业外收入"账户。

【例 9-9】 企业在财产清查中应付 B 单位货款 8 000 元，因 B 单位解散，原应付账款确实无法支付，经上级领导部门批准转作营业外收入。

借：应付账款——B 单位　　　　　　　　　　　　　8 000
　　贷：营业外收入　　　　　　　　　　　　　　　　　8 000

本章小结

1. 财产清查是通过对各项实物资产、货币资金及往来款项等进行盘点和核对，查明其实存数，并与账存数进行核对，以检查账实是否相符的一种会计核算方法。它按清查范围分为全面清查和局部清查，按清查时间分为定期清查和不定期清查，按清查执行系统分为内部清查和外部清查。

2. 财产清查内容包括货币资金清查、实物资产清查及往来款项清查。其中库存现金清查采用实地盘点法，银行存款清查采用核对法，并通过编制银行存款余额调节表来消除未达账项产生的影响。银行存款余额调节表只起到对账作用，不能作为调节银行存款账面余额的原始凭证。实物资产清查主要采用实地盘点法，根据盘存单及实存账存对比表调整账簿记录。往来款项清查采用发函询证核对法，与往来单位进行核对，以确保往来款项准确无误。

3. 财产清查结束后，应及时对清查结果进行相关账务处理，调整账簿记录，以确保各项财产物资账实相符。财产清查中发现的盘亏和毁损，应根据相关规定进行处理。一般而言，个人造成的损失，应由个人赔偿；因管理不善造成的损失，应作为企业管理费用入账；因自然灾害造成的非常损失，列入企业的营业外支出。

巩固练习

一、单项选择题

1. 经查明盘盈的材料，如果因收发错误所致，一般应当（　　）。
   A. 增加管理费用　　　　　　　　B. 冲减管理费用
   C. 增加营业外支出　　　　　　　D. 冲减营业外支出
2. （　　）不应当采用实地盘点的清查方法。
   A. 原材料　　　　B. 库存商品　　　　C. 应收账款　　　　D. 固定资产
3. 对财产清查结果进行账务处理的主要目的是使（　　）。
   A. 账实相符　　　　B. 账证相符　　　　C. 账账相符　　　　D. 账表相符
4. 下列各项中，对（　　）进行财产清查可以采用实地盘点法。
   A. 银行存款　　　　B. 债权　　　　　　C. 库存现金　　　　D. 债务
5. 在财产清查中填制的"实存账存对比表"是（　　）。
   A. 调整账面记录的原始凭证　　　B. 调整账面记录的记账凭证
   C. 登记总分类账的直接依据　　　D. 登记日记账的直接依据
6. 企业在遭受自然灾害后，对其受损的财产物资进行的清查，属于（　　）。
   A. 局部清查和定期清查　　　　　B. 全面清查和定期清查
   C. 局部清查和不定期清查　　　　D. 全面清查和不定期清查
7. 某月末企业银行存款日记账余额为 200 000 元，银行对账单余额为 210 000 元，经过未达账项调节后的余额为 190 000 元，则对账日企业可以动用的银行存款实有数额为（　　）元。
   A. 200 000　　　　B. 210 000　　　　C. 190 000　　　　D. 不能确定
8. 企业在进行现金清查时，查出现金溢余，并将溢余数记入"待处理财产损溢"科目，后经进一步核查，无法查明原因，经批准后，对该现金溢余正确的会计处理方法是（　　）。
   A. 将其从"待处理财产损溢"科目转入"管理费用"科目

B. 将其从"待处理财产损溢"科目转入"营业外收入"科目
C. 将其从"待处理财产损溢"科目转入"其他应付款"科目
D. 将其从"待处理财产损溢"科目转入"其他应收款"科目

9. 库存商品因管理不善盘亏，经批准核销时，应借记（　　）账户。
A. 管理费用　　　　B. 营业外收入　　　　C. 库存商品　　　　D. 待处理财产损溢

10. 通常，在年终决算之前要（　　）。
A. 对企业所有财产进行技术推算盘点
B. 对企业流动性较大的财产进行全面清查
C. 对企业部分财产进行局部清查
D. 对企业所有财产进行全面清查

二、多项选择题

1. 下列各项中，属于账实核对的有（　　）。
A. 库存现金日记账账面余额与现金实际库存数的核对
B. 银行存款日记账账面余额与银行对账单的核对
C. 财产物资明细账账面余额与财产物资实存数额的核对
D. 应收、应付款明细账账面余额与债务、债权单位核对

2. 库存现金清查的内容主要包括（　　）。
A. 是否有未达账项　　　　　　　　B. 是否有白条顶库
C. 是否超限额留存现金　　　　　　D. 账实是否相符

3. 实物资产的清查方法主要有（　　）。
A. 技术推算法　　　B. 查询核对法　　　C. 对账单法　　　D. 实地盘点法

4. 财产清查盘点表是（　　）。
A. 分析盈亏原因，明确经济责任的重要依据
B. 会计账簿的重要组成部分
C. 调整账簿的原始凭证
D. 资产负债表的附表之一

5. 企业需要进行全面财产清查的情形包括（　　）。
A. 破产　　　　B. 改变隶属关系　　　　C. 清产核资　　　　D. 年终决算

6. 年终决算之前，为确保年终决算会计信息的真实和准确，需要进行的财产清查，是（　　）。
A. 全面清查　　　B. 局部清查　　　C. 定期清查　　　D. 不定期清查

7. 以下资产可以采用发函询证方法进行清查的是（　　）。
A. 原材料　　　B. 预收账款　　　C. 固定资产　　　D. 应收账款

8. 进行局部财产清查时，正确的做法是（　　）。
A. 现金每月清点一次　　　　　　　B. 银行存款每月同银行核对一次
C. 贵重物品每月至少盘点一次　　　D. 债权债务每年至少核对一至两次

9. 关于现金清查，下列说法不正确的是（　　）。
A. 采用实地盘点法进行清查　　　　B. 出纳员应对其进行不定期清查
C. 单位应定期或不定期组织专门清查　D. 现金清查报告表由出纳签章即可

10. 下列凭证不可以作为调整账面数字的原始凭证的是（　　）。
A. 盘存单　　　　　　　　　　　　B. 实存账存对比表
C. 银行存款余额调节表　　　　　　D. 库存现金盘点报告表

三、判断题

1. 存货的盘亏或毁损属于自然灾害造成的,其净损失记入"管理费用"账户。(   )
2. 对各项实物资产的盘点结果,应如实填制盘存单,并同账面余额记录核对,确认盘盈、盘亏数,填制实存账存对比表,作为调整账面记录的原始凭证。(   )
3. 为了明确经济责任,对现金清查时出纳人员必须在场,现金由出纳人员经手盘点,清查人员从旁监督,不允许用不具法律效力的借条、收据等抵充库存现金。(   )
4. 财产清查就是对各种实物资产进行的清查盘点。(   )
5. 不定期清查,可以是全面清查,也可以是局部清查。(   )
6. "银行存款余额调整表"编制完成后,可以作为调整企业银行存款余额的原始凭证。(   )
7. 在进行现金和存货清查时,出纳人员和实物保管人员不得在场。(   )
8. "银行存款余额调节表"只起对账的作用,不能作为登记账簿的依据,所有未达账项只能待收到银行转来的有关收、付款结算凭证时方可登记入账。(   )
9. 原材料盘盈核实后,应从"待处理财产损溢"科目转入"营业外收入"。(   )
10. 企业固定资产盘亏,一般情况下,经过规定程序批准后,应转入"营业外支出"账户。(   )
11. 财产清查结果应该根据审批意见进行差异处理,但不得调整账项。(   )
12. 盘点实物时,发现账面数大于实存数,即为盘盈。(   )

四、计算分析题

1. 根据下列资料编制银行存款余额调节表。

11月30日,某企业银行存款日记账余额70 000元,银行对账单余额84 000元。该企业经对账发现如下未达账项:
(1) 银行代企业付电费2 000元,企业尚未记账。
(2) 银行代企业收取货款26 000元,企业尚未记账。
(3) 银行代企业支付水费500,企业尚未记账。
(4) 企业开出现金支票600元购买办公用品,持票人尚未到银行提取。
(5) 企业开出转账支票2 500元,银行尚未记账。
(6) 企业收到转账支票12 600元,已入账,尚未将支票送存银行。

2. 大成工厂12月份进行财产清查,其结果如下:
(1) 甲材料盘盈100千克,每千克50元,共计5 000元,原因待查。
(2) 乙材料盘亏50千克,每千克20元,共计1 000元,原因待查。
(3) 经查明,上述盘盈的甲材料是由于收发计量上的错误所致,予以转账。
(4) 经查明,上述盘亏的乙材料属于定额内的自然损耗,经批准转作管理费用。
(5) A产品盘亏10件,单位实际成本50元,计500元,经查明是由于保管不善被盗,应由过失人赔偿。
(6) B产品盘亏50件,每件实际成本30元,计1 500元,经查明是非常事故造成的损失。
(7) 基本生产车间盘盈磨床一台,重置价值4 500元。
(8) 基本生产车间盘亏铣床一台,其原始价值80 000元,已提折旧50 000元,经批准列作营业外支出处理。

要求:根据上述资料,编制会计分录。

第十章 财务报表

教学目标

1. 知识传授目标

了解财务报表的概念、分类、编制的基本要求和前期准备工作；理解资产负债表与利润表的概念、作用；熟悉资产负债表与利润表的结构和内容；掌握资产负债表和利润表的编制方法。

2. 能力培养目标

灵活运用报表编制方法，根据大量的经济业务正确地分析计算资产负债表各个项目，正确计算利润表中各个项目的实际发生额；将报表理论基础运用到实际业务中，培养学生的计算分析能力，最终达到准确填列各报表项目的目的。

3. 价值塑造目标

引导学生工作中要注重细节，以精益求精的工匠精神和严肃认真的科学精神编制会计报表，保证会计报表真实准确、客观公正；引导学生树立对职业敬畏、对工作执着、对产品负责的态度，增强注重细节，不断追求完美和极致的态度；将一丝不苟、精益求精的"工匠精神"融入每一件事、每一个过程。

思维导图

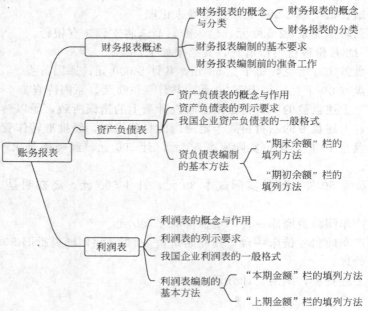

第一节 财务报表概述

一、财务报表的概念与分类

(一) 财务报表的概念

财务报表是指企业对外提供的反映企业某一特定日期的财务状况和某一会计期间的经营成果、现金流量等会计信息的文件。企业在生产经营过程中,会发生大量的经济业务,为了向企业的管理者、投资者和其他信息使用者提供企业的经营成果和财务状况等信息,财务部门就必须将大量分散的信息进行归集、整理、分析。财务报表是以一种简洁的形式对企业的财务状况、经营成果及现金流量进行刻画,是企业与企业信息使用者之间信息传递的桥梁和纽带。

财务报表是对企业财务状况、经营成果和现金流量的结构性表述,一套完整的财务报表至少应当包括下列组成部分:

1. 资产负债表

资产负债表是反映企业在某一特定日期的财务状况的会计报表。企业编制资产负债表的目的是通过如实反映企业的资产、负债和所有者权益金额及其结构情况,从而有助于使用者评价企业资产的质量以及短期偿债能力、长期偿债能力等。

2. 利润表

利润表是反映企业在某一会计期间的经营成果的会计报表。企业编制利润表的目的是通过如实反映企业实现的收入、发生的费用、应计入当期利润的利得和损失以及其他综合收益等金额及其结构情况,从而有助于使用者分析评价企业的盈利能力及其构成与质量。

3. 现金流量表

现金流量表是反映企业在某一会计期间的现金和现金等价物流入和流出的会计报表。企业编制现金流量表的目的是通过如实反映企业各项活动的现金流入、流出情况,从而有助于使用者评价企业的现金流和资金周转情况。

4. 所有者权益变动表

所有者权益变动表是反映企业所有者权益的增减变动情况的会计报表。企业编制所有者权益变动表的目的是通过如实反映企业所有者权益的各组成部分当期的增减变动情况及其结构,从而有助于报表使用者理解所有者权益增减变动的根源。

5. 附注

附注是对资产负债表、利润表、现金流量表等报表中列示项目所作的进一步说明,以及对未能在这些报表中列示项目的说明。如关联方关系及其交易的说明;重要资产转让及其出售情况;企业合并、分立;重大投资、融资活动等。

财务报表是对外提供的文件,通常具有统一的标准化格式。附注虽然是非标准的文件,但附注作为财务报表的组成部分,与其他组成部分同等重要。

(二) 财务报表的分类

财务报表可以根据不同的标准进行分类。

(1) 按编报期间的不同,财务报表可以分为中期财务报表和年度财务报表。年度财务报表是以一个完整的会计年度为报告期间的会计报表。中期财务报表是以短于一个完整的会计年度为报告期间的会计报表,包括半年报、季报和月报。中期财务报表附注披露部分可以适当简略。

(2)按编报主体的不同,财务报表可以分为个别财务报表和合并财务报表。个别财务报表是以企业自身为会计主体,只反映一个会计主体的财务状况、经营成果和现金流量信息的报表。合并财务报表是以企业集团为会计主体,根据母公司和所属子公司的财务报表编制的综合反映企业集团财务状况、经营成果及现金流量的报表。

二、财务报表编制的基本要求

财务报表应当客观、真实、完整地反映企业的财务状况、经营成果和现金流量等信息。编制财务报表具体应当遵循以下要求:

(一)以持续经营为基础编制

持续经营是会计基本假设,企业应当以持续经营为基础,根据实际发生的交易和事项,按照《企业会计准则——基本准则》和其他各项会计准则的规定进行确认和计量,并在此基础上编制财务报表。

企业管理层应当利用所有可获得的信息来评价企业自报告期末起至少 12 个月的持续经营能力。评价时,需要考虑宏观政策风险、市场经营风险、企业目前或长期的盈利能力、偿债能力、财务弹性以及企业管理层改变经营政策的意向等因素。评价结果表明对持续经营能力产生重大怀疑的,企业应当在附注中披露导致对持续经营能力产生重大怀疑的因素以及企业拟采取的改善措施。

企业近期如有获利经营的历史且有财务资源支持,通常表明以持续经营为基础编制财务报表是合理的。企业正式决定或被迫在当期或者下一个会计期间进行清算或停止营业的,企业应当采用其他基础编制财务报表,并在附注中声明财务报表未以持续经营为基础编制,披露未以持续经营为基础编制的原因和财务报表的编制基础。

(二)按正确的会计基础编制

企业会计的确认、计量和报告应当以权责发生制为基础。权责发生制要求凡是当期已经实现的收入和已经发生或应当负担的费用,无论款项是否收付,都应当作为当期的收入和费用,计入利润表;凡是不属于当期的收入和费用,即使款项已在当期收付,也不应当作为当期的收入和费用。

(三)至少按年编制财务报表

企业至少应当按年编制财务报表。年度财务报表涵盖的期间短于一年的,应当披露年度财务报表涵盖的期间、短于一年的原因以及报表数据不具可比性的事实。

(四)项目列报遵守重要性原则

重要性是指在合理预期下,财务报表某项目的省略或错报会影响使用者据此做出经济决策的,该项目具有重要性。重要性应当根据企业所处的具体环境,从项目的性质和金额两方面予以判断,且对各项目重要性的判断标准一经确定,不得随意变更。判断项目性质的重要性,应当考虑该项目在性质上是否属于企业日常活动,是否显著影响企业的财务状况、经营成果和现金流量等因素;判断项目金额大小的重要性,应当考虑该项目金额占资产总额、负债总额、所有者权益总额、营业收入总额、营业成本总额、净利润及综合收益总额等直接相关项目金额的比重或所属报表单列项目金额的比重。

性质或功能不同的项目，应当在财务报表中单独列报，但是不具有重要性的项目可以合并列报。性质或功能相似的项目，但其所属类别具有重要性的，应当按其类别单独列报。如果某些项目的重要程度不足以在资产负债表、利润表、现金流量表或者所有者权益变动表中单独列示，但对附注却具有重要性，则应当在附注中单独予以披露。

（五）保持各个会计期间财务报表项目列报的一致性

财务报表项目的列报应当在各个会计期间保持一致，不得随意变更，但下列情况除外：

（1）《企业会计准则》要求改变财务报表项目的列报。

（2）企业经营业务的性质发生重大变化或对企业经营影响较大的交易或事项发生后，变更财务报表项目的列报能够提供更可靠、更相关的会计信息。

（六）各项目之间的金额不得相互抵消

财务报表中的资产项目和负债项目的金额、收入项目和费用项目的金额、直接计入当期损益的利得项目和损失项目不得相互抵消，其他会计准则另有规定的除外。

一组类似交易形成的利得和损失应当以净额列示，但是具有重要性的除外。资产或负债项目按扣除备抵项目后的净额列示，不属于抵消。非日常活动产生的利得和损失，以同一交易形成的收益扣减相关费用后的净额列示更能反映交易实质的，不属于抵消。

（七）至少应当提供所有列报项目上一个可比会计期间的比较数据

当期财务报表的列报，至少应当提供所有列报项目上一个可比会计期间的比较数据，以及与理解当期财务报表相关的说明。财务报表的列报项目发生变更的，应当至少对可比期间的数据按照当期的列报要求进行调整，并在附注中披露调整的原因和性质，以及调整的各项金额。对可比数据进行调整不切实可行的，应当在附注中披露不能调整的原因。

（八）应当在财务报表的显著位置披露编报企业的名称等重要信息

企业应当在财务报表的显著位置至少披露以下事项：

（1）编报企业的名称。

（2）资产负债表日或财务报表涵盖的会计期间。

（3）人民币金额单位。

（4）财务报表是合并财务报表的，应当予以标明。

三、财务报表编制前的准备工作

财务部门在编制财务报表前，应当将本期发生的所有经济业务全部登记入账，不得为编制报表提前结账，应当认真对账和进行财产清查，保证账证相符、账账相符、账实相符。在此基础上还应编制试算平衡表对账簿记录进行检查，为编制财务报表提供准确可靠的数据资料，不得隐瞒、篡改企业财务资料，提供虚假的会计信息。具体来说，需要完成下列工作：

（1）严格审核会计账簿的记录和有关资料。

（2）进行全面财产清查、核实债务，并按规定程序报批，进行相应的会计处理。

（3）按规定的结账日进行结账，结出有关会计账簿的余额和发生额，并核对各会计账簿之间的余额。

（4）检查相关的会计核算是否按照国家统一的会计制度的规定进行。

（5）检查是否存在因会计差错、会计政策变更等原因需要调整前期或本期相关项目的情况。

第二节 资产负债表

一、资产负债表的概念与作用

资产负债表根据"资产=负债+所有者权益"会计恒等式编制,反映企业在某一特定日期(如月末、季末、年末等)财务状况的财务报表,也称财务状况表。财务状况是指企业资产、负债和所有者权益的构成以及各自的结构。因其所列报的是时点数据,因此也被称为静态报表。

资产负债表作为反映企业财务状况的财务报表,对于使用者具有如下作用:

(1)可以反映企业资产的构成及其状况,分析企业在某一日期所拥有或控制的经济资源及其分布情况。

(2)可以反映企业某一日期的负债总额及其结构,分析企业未来需要用多少资产或劳务清偿债务以及清偿时间。

(3)可以反映企业所有者权益的情况,了解企业现有的投资者在企业资产总额中享有的份额,据以判断资本保值、增值的情况以及对负债的保障程度。

(4)通过对资产负债表项目金额及其相关比率的分析,可以帮助报表使用者全面了解企业的资产状况、盈利能力,分析企业的债务偿还能力,从而为未来的经济决策提供信息。

二、资产负债表的列示要求

1. 分类别列报

资产负债表应当按照资产、负债和所有者权益三大类别分类列报。

2. 资产按流动性列报,负债及所有者权益按要求清偿时间的先后顺序排列。

资产应当按照流动性分为流动资产和非流动资产,流动性大的资产如"货币资金""交易性金融资产"等排在前面,流动性小的资产如"长期股权投资""固定资产"等排在后面。负债及所有者权益项目一般按要求清偿时间的先后顺序排列,"短期借款""应付票据""应付账款"等需要在一年以内或者长于一年的一个正常营业周期内偿还的流动负债排在前面,"长期借款"等在一年以上才需偿还的非流动负债排在中间,企业清算前不需要偿还的所有者权益项目排在后面。

3. 列报相关的合计、总计项目

资产类至少应当列示流动资产和非流动资产的合计项目;

负债类至少应当列示流动负债、非流动负债以及负债的合计项目;

所有者权益类应当列示所有者权益的合计项目。

分别列示资产总计项目和负债与所有者权益之和的总计项目,并且这二者的金额应当相等。

三、我国企业资产负债表的一般格式

在我国,资产负债表采用账户式的格式,即左侧列示资产,右侧列示负债和所有者权益。另将资产区分为流动资产和非流动资产,将负债区分为流动负债和非流动负债分别列示。

资产负债表由表头和表体两部分组成。表头部分应列明报表名称、编制单位、报表日期、报表编号、货币名称和计量单位等；表体部分列明资产、负债和所有者权益。表体部分是资产负债表的主体和核心，各项资产按流动性排列，负债及所有者权益按要求清偿时间的先后顺序排列。我国企业资产负债表的格式一般见表10-1。

表 10-1 资产负债表

编制单位：　　　　　　　　　　　　　　　年　　月　　日

会企 01 表

单位：元

资产	期末余额	期初余额	负债和所有者权益(或股东权益)	期末余额	期初余额
流动资产：			流动负债：		
货币资金			短期借款		
交易性金融资产			交易性金融负债		
衍生金融资产			衍生金融负债		
应收票据			应付票据		
应收账款			应付账款		
应收款项融资			预收款项		
预付款项			合同负债		
其他应收款			应付职工薪酬		
存货			应交税费		
合同资产			其他应付款		
持有待售资产			持有待售负债		
一年内到期的非流动资产			一年内到期的非流动负债		
其他流动资产			其他流动负债		
流动资产合计			流动负债合计		
非流动资产：			非流动负债：		
债权投资			长期借款		
其他债权投资			应付债券		
长期应收款			其中：优先股		
长期股权投资			永续债		
其他权益工具投资			租赁负债		
其他非流动金融资产			长期应付款		
投资性房地产			预计负债		
固定资产			递延收益		
在建工程			递延所得税负债		
生产性生物资产			其他非流动负债		
油气资产			非流动负债合计		
使用权资产			负债合计		
无形资产			所有者权益(或股东权益)：		
开发支出			实收资本(或股本)		
商誉			其他权益工具		

续表

资产	期末余额	期初余额	负债和所有者权益（或股东权益）	期末余额	期初余额
长期待摊费用			其中：优先股		
递延所得税资产			永续债		
其他非流动资产			资本公积		
非流动资产合计			减：库存股		
			其他综合收益		
			专项储备		
			盈余公积		
			未分配利润		
			所有者权益（或股东权益）合计		
资产合计			负债和所有者权益（或股东权益）总计		

四、资产负债表编制的基本方法

我国《企业会计准则》规定，会计报表至少应当反映相关两个期间的比较数据，所以资产负债表各项目需要分为"期初余额"和"期末余额"两栏填列。

资产负债表的
编制方法(1)

（一）"期末余额"栏的填列方法

资产负债表"期末余额"栏内各项数字，一般应根据资产、负债和所有者权益类账户的期末余额填列，具体方法如下：

1. 根据一个总账账户的期末余额直接填列

如"短期借款""实收资本（或股本）""资本公积""盈余公积"和"其他综合收益"等项目根据各总账账户的期末余额直接填列。

资产负债表的
编制方法(2)

【例10-1】 某企业12月31日结账后，"实收资本"总账账户贷方余额为2 000 000元。

则，填列资产负债表时，"实收资本"项目的金额＝2 000 000（元）。

2. 根据几个总账账户的期末余额计算填列

如"货币资金"项目和"其他应付款"项目等。"货币资金"项目应根据"库存现金""银行存款"和"其他货币资金"三个总账账户期末余额的合计数填列。"其他应付款"项目应根据"其他应付款""应付利息"和"应付股利"三个总账账户期末余额的合计数填列。

资产负债表的
编制方法(3)

【例10-2】 某企业12月31日结账后，"库存现金"总账账户借方余额为30 000元，"银行存款"总账账户借方余额为500 000元，"其他货币资金"总账账户借方余额为60 000元。

则，填列资产负债表时，"货币资金"项目的金额＝30 000＋500 000＋60 000＝590 000（元）。

3. 根据有关明细账户的余额计算填列

（1）"应收账款"项目反映企业因销售产品和提供劳务等经营活动应收取的各种款项。本项目应根据"应收账款"和"预收账款"总账账户所属明细账户的期末借方余额合计数，减去"坏账准备"总账账户中有关应收账款计提的坏账准备期末余额后的金额填列。

（2）"预付款项"项目反映企业按照购货合同规定预付给供应单位的款项等。本项目应根据"预付账款"和"应付账款"总账账户所属各明细账户的期末借方余额合计数,减去"坏账准备"总账账户中有关预付款项计提的坏账准备期末余额后的金额填列。如"预付账款"总账账户所属有关明细账户期末有贷方余额的,应在资产负债表"应付账款"项目填列。

(3)"应付账款"项目反映企业购买原材料、燃料、外购电力和接受劳务等经营活动而应付给供应单位的款项。本项目应根据"应付账款"和"预付账款"总账账户所属各明细账户的期末贷方余额合计数填列。

(4)"预收款项"项目反映企业按照销货合同规定预收购买单位的款项。本项目应根据"预收账款"和"应收账款"总账账户所属各明细账户的期末贷方余额合计数填列。

【例 10-3】 某企业 12 月 31 日结账后:

"应收账款"总账账户借方余额为 450 000 元,其中:

"应收账款——A 公司"明细账户借方余额为 500 000 元

"应收账款——B 公司"明细账户贷方余额为 50 000 元

"预收账款"总账账户贷方余额为 300 000 元,其中:

"预收账款——C 公司"明细账户贷方余额为 320 000 元

"预收账款——D 公司"明细账户借方余额为 20 000 元

则,填列资产负债表时,"应收账款"项目的金额=500 000+20 000=520 000(元)

"预收款项"项目的金额=320 000+50 000=370 000(元)

(5)"交易性金融资产"项目反映分类为以公允价值计量且其变动计入当期损益的金融资产,以及直接指定以公允价值计量且其变动计入当期损益的金融资产的期末账面价值,应根据"交易性金融资产"相关的明细账户期末余额分析填列。自资产负债表日起超过一年到期且预期持有超过一年的以公允价值计量且其变动计入当期损益的非流动金融资产的期末账面价值,在"其他非流动金融资产"项目反映,见表 10-2。

表 10-2 交易性金融资产及有关项目的填列

科目		资产负债表列报项目
交易性金融资产	小于等于一年	交易性金融资产
	大于一年	其他非流动金融资产
合同资产	小于等于一年	合同资产
	大于一年	其他流动负债
合同负债	小于等于一年	合同负债
	大于一年	其他流动负债

"合同资产"项目反映企业按照《企业会计准则第 14 号——收入》(财会〔2017〕22 号)的相关规定,根据本企业履行履约义务与客户付款之间的关系在资产负债表中列示的合同资产。"合同资产"项目应根据"合同资产"的相关明细账户期末余额分析填列,同一合同下的合同资产和合同负债应当以净额列示,其中净额为借方余额的,应当根据其流动性在"合同资产"或者"其他流动负债"项目中填列;已计提减值准备的,还应减去"合同资产减值准备"账户中相关的期末余额后的金额填列;其中净额为贷方余额的,应当根据其流动性在"合同负债"或"其他流动负债"项目中填列。

(6)其他科目

"开发支出"项目反映企业开发无形资产过程中能够资本化形成无形资产成本的支出部

分。本项目应根据"研发支出——资本化支出"明细账户填列。

"应付职工薪酬"项目反映企业为获得职工提供的服务或解除劳动关系而给予的各种形式的报酬或补偿。本项目应根据"应付职工薪酬"总账账户所属各明细账户的期末贷方余额分析填列。

"一年内到期的非流动资产/负债"根据有关非流动资产和非流动负债明细账户的信息填列。

4. 根据总账账户和明细账户的余额分析计算填列

如"长期借款"项目应根据"长期借款"总账账户期末余额扣除该项目所属的明细账户中归还期已不满 1 年的长期借款部分后的金额填列。归还期已不满 1 年的长期借款部分应计入"一年内到期的非流动负债"项目。

【例 10-4】 企业 20×4 年 12 月 31 日长期借款情况见表 10-3。

表 10-3 长期借款期限及金额

借款起始日期	剩余借款期限	金额/元
20×4 年 1 月 1 日	5 年	1 200 000
20×3 年 3 月 1 日	3 年	2 400 000
20×2 年 8 月 1 日	5 个月	1 650 000

则，填列资产负债表时：

将于 1 年内到期的长期借款 1 650 000 元应填列在流动负债下"一年内到期的非流动负债"项目中；

"长期借款"项目的金额＝1 200 000＋2 400 000＝3 600 000(元)。

5. 根据有关总账账户余额减去其备抵账户余额后的净额填列

(1) "应收票据"项目反映资产负债表日以摊余成本计量的、企业因销售商品、提供服务等收到的商业汇票，包括银行承兑汇票和商业承兑汇票。该项目应根据"应收票据"总账账户的期末余额减去"坏账准备"总账账户中与应收票据有关坏账准备期末余额后的金额分析填列。

(2) "其他应收款"项目反映企业除应收票据、应收账款、预付账款等经营活动以外的其他各种应收、暂付的款项。本项目应根据"其他应收款""应收利息"和"应收股利"总账账户期末余额合计数，减去"坏账准备"总账账户中与其相关坏账准备期末余额后的金额分析填列。

(3) "固定资产"项目反映资产负债表日企业固定资产的期末余额账面价值和企业尚未清理完毕的固定资产清理净损益。本项目应根据"固定资产"总账账户的期末余额减去"累计折旧"和"固定资产减值准备"总账账户的期末余额后的金额，以及"固定资产清理"总账账户的期末余额填列。

若"固定资产清理"出现借方余额，则在填列"固定资产"项目时应加上"固定资产清理"借方余额；若"固定资产清理"出现贷方余额，则在填列"固定资产"项目时应减去"固定资产清理"贷方余额。

(4) "在建工程"项目反映资产负债表日企业尚未达到预定可使用状态的在建工程的期末账面价值和企业为在建工程准备的各种物资的期末账面价值。本项目应根据"在建工程"总账账户的期末余额减去"在建工程减值准备"总账账户的期末余额后的金额，以及"工程物资"总账账户的期末余额减去"工程物资减值准备"总账账户的期末余额后的金额填列。

（5）"无形资产"项目反映企业持有的专利权、非专利权、商标权、著作权、土地使用权等无形资产的成本减去累计摊销和减值准备后的净值。本项目应根据"无形资产"总账账户的期末余额减去"无形资产减值准备"和"累计摊销"总账账户期末余额后的净额填列。

（6）"长期股权投资"项目反映投资方对被投资单位实施控制、重大影响的权益性投资，以及对其合营企业的权益性投资。本项目应根据"长期股权投资"总账账户期末余额减去"长期股权投资减值准备"总账账户期末余额后的金额分析填列。

6. 综合运用上述填列方法分析填列

如"存货"项目应根据"材料采购""在途物资""原材料""库存商品""生产成本""周转材料""委托加工物资""发出商品"等总账账户的期末余额合计减去"存货跌价准备"等总账账户期末余额后的金额填列。原材料采用计划成本核算的企业，还应按加上或减去"材料成本差异"总账账户后的金额填列。

（二）"期初余额"栏的填列方法

"期初余额"栏通常根据上期末有关项目的期末余额填列，且与上期末资产负债表"期末余额"栏一致。如果企业上一期资产负债表规定的项目名称和内容与本期不一致，应当对上期末资产负债表相关项目的名称和数字按照本期的规定进行调整，填入"期初余额"栏。

【例 10-5】 请根据表 10-4 试算平衡表编制资产负债表。

表 10-4 试算平衡表

20××年12月31日　　　　　　　　　　　　　　　　　　单位：元

账户名称	期初余额		本期发生额		期末余额	
	借方	贷方	借方	贷方	借方	贷方
银行存款	600 000		800 000	380 000	1 020 000	
原材料			30 000		30 000	
固定资产	1 000 000		200 000		1 200 000	
短期借款		200 000	40 000			160 000
应付账款		160 000	160000	10 000		10 000
应付票据				40 000		40 000
实收资本		1 000 000		960 000		1 960 000
盈余公积		240 000	160 000			80 000
合计	1 600 000	1 600 000	1 390 000	1 390 000	2 250 000	2 250 000

编制的资产负债表（简表）见表 10-5。

表 10-5 资产负债表（简表）

20××年12月31日　　　　　　　　　　　　　　　　　　单位：元

资产	期初数	期末数	负债和所有者权益	期初数	期末数
货币资金	600 000	1 020 000	短期借款	200 000	160 000
存货		30 000	应付账款	160 000	10 000
固定资产	1 000 000	1 200 000	应付票据		40 000
			实收资本	1 000 000	1 960 000
			盈余公积	240 000	80 000
合计	1 600 000	2 250 000	合计	1 600 000	2 250 000

第三节 利润表

一、利润表的概念与作用

利润表根据"收入-费用=利润"这一会计等式编制,反映企业在一定会计期间的经营成果的财务报表。因其所记载的是期间数据,故又称为动态报表。

利润表的概念、列示要求、一般格式

通过利润表,可以从总体上了解单位收入、成本和费用、净利润(或亏损)的实现及构成情况,帮助财务报表使用者全面了解企业的经营成果;同时,通过利润表提供的不同时期的比较数字,可以分析单位的获利能力及利润的未来发展趋势,了解投资者投入资本的保值、增值情况,从而为其做出经济决策提供依据。

二、利润表的列示要求

利润表主要反映企业利润的来源及其构成,通常同时披露两个会计期间的损益数据。年度利润表同时列示本年利润和上年利润,提供纵向可比信息。月度利润表除列示本月利润外,还列示本年累计利润,同时披露当月和全年累计经营成果。利润表列示的基本要求如下:

(1)对费用按照功能分类,分为从事经营业务发生的成本、管理费用、销售费用和财务费用等。

(2)应当单独列示反映收入、费用项目的信息。

三、我国企业利润表的一般格式

利润表由表头和表体两部分组成。表头部分应列明报表名称、编表单位名称、报表所属期间、报表编号和金额单位;表体部分列明经营成果的各项目和计算过程。利润表一般采用报告式,其结构形式又有多步式利润表和单步式利润表两种。在我国,企业应当采用多步式(分三步计算净利润)利润表,将不同性质的收入和费用分别进行对比,以便得出一些中间性的利润数据(营业利润、利润总额),帮助使用者理解企业经营成果的不同来源。

第一步:以营业收入为基础,计算营业利润。

营业利润=营业收入-营业成本-税金及附加-销售费用-管理费用-研发费用-财务费用+其他收益+投资收益+净敞口套期收益+公允价值变动收益-资产减值损失-信用减值损失+资产处置收益

第二步:以营业利润为基础,计算利润总额。

利润总额=营业利润+营业外收入-营业外支出

第三步:以利润总额为基础,计算净利润。

净利润=利润总额-所得税费用

普通股已经公开交易的企业,以及正处于公开发行普通股过程中的企业,还应当在利润表净利润项目的下面列示每股收益信息(表10-6)。

表 10-6 利润表

会企 02 表

编制单位：　　　　　　　　　　　年　月　　　　　　　　　　　单位：

项目	本期金额	上期金额
一、营业收入		
减：营业成本		
税金及附加		
销售费用		
管理费用		
研发费用		
财务费用		
其中：利息费用		
利息收入		
加：其他收益		
投资收益（损失以"－"号填列）		
其中：对联营企业和合营企业投资的收益		
以摊余成本计量的金融资产终止确认收益		
净敞口套期收益（损失以"－"号填列）		
公允价值变动收益（损失以"－"号填列）		
资产减值损失（损失以"－"号填列）		
信用减值损失（损失以"－"号填列）		
资产处置收益（损失以"－"号填列）		
二、营业利润（亏损以"－"号填别）		
加：营业外收入		
减：营业外支出		
三、利润总额（亏损总额以"－"号填列）		
减：所得税费用		
四、净利润（净亏损以"－"号填列）		
（一）持续经营净利润		
（二）终止经营净利润		
五、其他综合收益的税后净额		
（一）不能重分类进损益的其他综合收益		
1. 重新计量设定受益计划变动额		
2. 权益法下不能转损益的其他综合收益		
3. 其他权益工具投资公允价值变动		
4. 企业自身信用风险公允价值变动		
5. 其他		

续表

项目	本期金额	上期金额
(二)将重分类进损益的其他综合收益		
1. 权益法下可转损益的其他综合收益		
2. 其他债权投资公允价值变动		
3. 金融资产重分类计入其他综合收益的金额		
4. 其他债权投资信用减值准备		
5. 现金流量套期储备		
6. 外币财务报表折算差额		
7. 其他		
六、综合收益总额		
七、每股收益		
(一)基本每股收益		
(二)稀释每股收益		

四、利润表编制的基本方法

利润表中的各项目主要是根据各损益类账户的发生额分析填列。

视频扫一扫

利润表的编制方法

(一)"本期金额"栏的填列方法

"本期金额"栏根据"主营业务收入""主营业务成本""税金及附加""销售费用""管理费用""财务费用""资产减值损失""信用减值损失""公允价值变动损益""投资收益""营业外收入""营业外支出""所得税费用"等总账账户的发生额分析填列。

其中,"营业利润""利润总额""净利润"等项目根据该表中相关项目计算填列。

(1)"营业收入"项目反映企业通过销售商品、提供劳务和让渡资产使用权等日常经营活动取得的经济利益总流入,即经营主营业务和其他业务所确认的收入总额。本项目应根据"主营业务收入"和"其他业务收入"两个总账账户贷方发生额的合计计算填列。

(2)"营业成本"项目反映企业为销售商品、提供劳务等日常活动发生的可归属于商品的生产或采购成本、劳务成本等直接费用,即经营主营业务和其他业务所发生的成本总额。本项目应根据"主营业务成本"和"其他业务成本"两个总账账户借方发生额的合计计算填列。

(3)"税金及附加"项目反映企业日常经营活动中发生的消费税、城市维护建设税、教育费附加税、资源税等相关税费。本项目应根据"税金及附加"总账账户发生额分析填列。

(4)期间费用是企业根据经营活动发生期间计入损益的费用,包括"销售费用""管理费用""研发费用"和"财务费用"。"销售费用"项目反映企业为销售商品或提供劳务所发生的各种费用,本项目应根据"销售费用"总账账户发生额分析填列;"管理费用"项目反映企业为组织和管理经营活动而发生的各种费用,本项目应根据"管理费用"总账账户发生额分析填列;"研发费用"反映企业进行研究与开发过程中发生的费用变化支出,以及计入管理费用的自行开发无形资产的摊销,本项目应根据"管理费用"总账账户下的"研究费用"明细账户的发生额，以及"管理费用"总账账户下的"无形资产摊销"明细账户发生额分析填列。"财务费用"项目反映企业为筹集生产经营所需资金而发生的用资成本，本项目应根据"财务费用"总账账户发生额分析填列。

（5）"其他收益"项目反映计入其他收益的政府补助，以及其他与日常活动相关且计入其他收益的项目。本项目应根据"其他收益"总账账户发生额填列。根据《中华人民共和国个人所得税法》收到的扣缴税款手续费，应作为其他与日常活动相关的收益在该项目中填列。

（6）"投资收益"项目反映企业以各种方式对外投资所取得的收益。本项目应根据"投资收益"总账账户发生额分析填列。如为投资损失，本项目以"－"号填列。

（7）"公允价值变动收益"项目反映企业应当计入当期损益的资产或负债公允价值变动。本项目应根据"公允价值变动损益"总账账户发生额分析填列。如期末余额在借方为净损失，本项目以"－"号填列。

（8）"资产减值损失"项目反映企业计提各项资产减值准备所形成的损失，本项目应根据"资产减值损失"总账账户发生额分析填列。

（9）"信用减值损失"项目反映企业按照《企业会计准则第22号——金融工具确认和计量》（财会〔2017〕7号）要求计提的各项金融工具信用减值准备所确认信用损失。本项目应根据"信用减值损失"总账账户发生额分析填列。

（10）"资产处置收益"项目反映企业出售划分为持有待售的非流动资产（金融工具、长期股权投资和投资性房地产除外）或处置组时确认的处置利得或损失，以及处置未划分为持有待售的固定资产、在建工程、生产性生物资产及无形资产而产生的处置利得或损失。债务重组中因处置非流动资产产生的利得或损失和非货币性资产交换产生的利得或损失也包括在本项目内。该项目应根据"资产处置损益"总账账户发生额分析填列；如为处置损失，以"－"号填列。

（11）"营业外收入"项目反映企业发生的营业利润以外的收益，主要包括与企业日常经营活动无关的政府补助、盘盈利得、捐赠利得等，本项目应根据"营业外收入"总账账户发生额分析填列。

（12）"营业外支出"项目反映企业发生的营业利润以外的支出，主要包括债务重组损失、公益性捐赠支出、非常损失、盘亏损失、非流动资产毁损报废损失等。本项目应根据"营业外支出"总账账户发生额分析填列。

（13）"所得税费用"项目反映企业确认的应从当期利润总额中扣除的所得税费用，包括当期所得税费用和递延所得税费用。本项目应根据"所得税费用"总账账户发生额分析填列。

（二）"上期金额"栏的填列方法

"上期金额"栏应根据上年该期利润表"本期金额"栏内所列数字填列。若上年该期利润表规定的各项目名称和内容与本期不一致，则应对上年该期利润表各项的名称和数字按本期规定进行调整，填入利润表"上期金额"栏。

【例10-6】 甲公司20××年损益类账户发生额资料见表10-7，请编制利润表。

表10-7 损益类账户发生额

20××年   单位：元

账户	借方发生额	贷方发生额
主营业务收入		12 861
其他业务收入		584

续表

账户	借方发生额	贷方发生额
投资收益		875
营业外收入		651
主营业务成本	9 375	
销售费用	891	
税金及附加	656	
其他业务成本	420	
管理费用	1 082	
财务费用	418	
营业外支出	349	
所得税费用	445	
合计	13 636	14 971

编制的利润表（简表）见表10-8。

表 10-8 利润表（简表）

编制单位：甲公司　　　　　　　20××年　　　　　　　单位：元

项目	本期金额	上期金额
一、营业收入	13 445	
减：营业成本	9 795	
税金及附加	656	
销售费用	891	
管理费用	1 082	
财务费用	418	
加：公允价值变动收益（损失以"－"号填列）	0	
投资收益（损失以"－"号填列）	875	
其中：对联营企业和合营企业的投资收益		
资产减值损失	0	略
二、营业利润（亏损以"－"号填别）	1 478	
加：营业外收入	651	
减：营业外支出	349	
三、利润总额（亏损总额以"－"号填列）	1 780	
减：所得税费用	445	
四、净利润（净亏损以"－"号填列）	1 335	
五、每股收益	略	
（一）基本每股收益	略	
（二）稀释每股收益	略	

本章小结

1. 财务报表主要包括资产负债表、利润表、现金流量表、所有者权益变动表和附注五个部分。按编报期间的不同，财务报表可以分为中期财务报表和年度财务报表。按编报主体的不同，财务报表可以分为个别财务报表和合并财务报表。

2. 财务报表编制的基本要求：以持续经营为基础编制；按正确的会计基础编制；至少按年编制财务报表；项目列报遵守重要性原则；保持各个会计期间财务报表项目列报的一致性；各项目之间的金额不得相互抵消；至少应当提供所有列报项目上一个可比会计期间的比较数据；应当在财务报表的显著位置披露编报企业的名称等重要信息。

3. 资产负债表的列示要求：分类别列报；资产和负债按流动性列报；列报相关的合计、总计项目。

4. 资产负债表的编制方法："期末余额"栏可根据一个总账账户的期末余额直接填列，如短期借款；根据几个总账账户的期末余额计算填列，如货币资金；根据有关明细账户的余额计算填列，如应付账款；根据总账账户和明细账户的余额分析计算填列，如长期借款；根据有关科目余额减去其备抵科目余额后的净额填列，如固定资产；综合运用上述填列方法分析填列，如存货。"年初余额"栏通常根据上年末有关项目的期末余额填列，且与上年末资产负债表"期末余额"栏一致。

5. 利润表列示的基本要求：对费用按照功能分类；应当单独列示反映收入、费用项目的信息。

6. 利润表编制的基本方法："本期金额"栏根据"营业收入""营业成本""税金及附加""销售费用""管理费用""财务费用""资产减值损失""公允价值变动损益""投资收益""营业外收入""营业外支出""所得税费用"等科目的发生额分析填列。"上期金额"栏应根据上年该期利润表"本期金额"栏内所列数字填列。

7. 资产负债表的作用：表明企业拥有或控制的资源及其分布情况；表明企业未来需要用多少资产或劳务清偿债务以及清偿时间；反映所有者所拥有的权益，据以判断资本保值、增值的情况以及对负债的保障程度。

8. 利润表的作用主要有：反映一定会计期间收入的实现情况；反映一定会计期间的费用耗费情况；反映企业经济活动成果的实现情况，据以判断资本保值、增值等情况。

巩固练习

一、单项选择题

1. 填制资产负债表"存货"项目的主要依据不包括（　　）。
   A. 原材料　　　　B. 生产成本　　　C. 工程物资　　　D. 存货跌价准备

2. "预收账款"科目所属明细科目期末有借方余额，应在资产负债表（　　）项目内填列。
   A. 预付账款　　　B. 应付账款　　　C. 应收账款　　　D. 预收账款

3. 利润表的基本要素包括（　　）。
   A. 资产、负债及所有者权益　　　　B. 资产、负债及收入
   C. 收入、费用及利润　　　　　　　D. 负债、费用及收入

4. 下列财务报表中，属于静态报表的是（　　）。
   A. 资产负债表　　　　　　　　　　B. 利润表

C. 现金流量表　　　　　　　　　　D. 所有者权益变动表
5. 在资产负债表中，下列排列顺序正确的是（　　）。
A. 货币资金、应收账款、预付账款、存货
B. 货币资金、预付账款、应收账款、存货
C. 货币资金、应收账款、存货、预付账款
D. 预付账款、货币资金、应收账款、存货
6. 在利润表中，从利润总额减去（　　），得出净利润。
A. 应交税费　　　B. 利润分配数　　　C. 销售费用　　　D. 所得税费用
7. "利润表"中"本期金额"栏各项目数字是根据损益类账户的（　　）填列的。
A. 期初余额　　　　　　　　　　　B. 期末余额
C. 本期发生额合计数　　　　　　　D. 累计发生额合计数
8. 企业会计制度规定，我国的资产负债表采用（　　）。
A. 账户式结构　　B. 报告式结构　　C. 多步式结构　　D. 单步式结构
9. 资产负债表反映企业（　　）。
A. 某一时期的经营成果　　　　　　B. 某一时期的财务状况
C. 某一时点的经营成果　　　　　　D. 某一时点的财务状况
10. 我国的会计期间中，不属于会计中期的是（　　）。
A. 月度　　　　　B. 季度　　　　　C. 年度　　　　　D. 半年度
11. 资产负债表的作用是（　　）。
A. 反映企业某一时期的经营成果
B. 反映企业某一时期的财务状况
C. 反映企业某一特定日期的经营成果
D. 反映企业某一特定日期的财务状况
12. 资产负债表中，根据有关总账期末余额直接填列的项目是（　　）。
A. 短期借款　　　B. 应收账款　　　C. 货币资金　　　D. 存货
13. 编制利润表主要是根据（　　）。
A. 资产、负债及所有者权益各账户的本期发生额
B. 资产、负债及所有者权益各账户的期末余额
C. 损益类各账户的期末余额
D. 损益类账户的本期发生额
14. 某企业本年利润表各项目发生额如下："营业收入"为 68 万元，"营业成本"为 32 万元，"管理费用"为 10 万元，"销售费用" 2 万元，"财务费用" 3 万元，"营业外收入" 5 万元，则企业的利润总额为（　　）万元。
A. 36　　　　　　B. 22　　　　　　C. 26　　　　　　D. 68
15. 资产负债表左方的资产项目排列标准是（　　）。
A. 重要性原则，即重要项目排在前面，次要项目排在后面
B. 债务清偿的先后顺序，即短期债务排在前面，长期债务排在后面
C. 流动性大小，即流动性大的排在前面，流动性小的排在后面
D. 金额的大小，即金额小的排在前面，金额大的排在后面
16. 某企业期末流动资产余额 2 388 692 元，非流动资产余额 5 361 000 元，流动负债余额 1 937 917 元，非流动负债余额 1 067 900 元，该企业期末所有者权益为（　　）。

A. 5 811 775　　　B. 4 743 875　　　C. 6 681 792　　　D. 2 355 183

17. 某日，大华公司的负债为7455万元、非流动资产合计为4899万元、所有者权益合计为3000万元，则当日该公司的流动资产合计应当为（　　）。

A. 2 556万元　　　B. 4 455万元　　　C. 1 899万元　　　D. 5 556万元

18. 某企业"预收账款"明细账期末余额情况如下："预收账款——A企业"贷方余额为250 000元，"预收账款——B企业"借方余额为35 500元，"预收账款——C企业"贷方余额为470 000元。假如该企业"应收账款"明细账均为借方余额。则根据以上数据计算的反映在资产负债表中的"预收款项"项目的金额为（　　）。

A. 285 500元　　　B. 684 500元　　　C. 720 000元　　　D. 250 000元

19. 下列会计报表中，不属于企业对外提供的财务报表的是（　　）。

A. 资产负债表　　B. 利润表　　　C. 现金流量表　　D. 生产费用明细表

20. 财务报表中各项目数字的直接来源是（　　）。

A. 原始凭证　　　B. 日记账　　　C. 记账凭证　　　D. 账簿记录

二、多项选择题

1. 下列账户中，可能影响资产负债表中"应付账款"项目金额的有（　　）。

A. 应收账款　　　B. 预收账款　　　C. 应付账款　　　D. 预付账款

2. 资产负债表中可以根据有关明细账的期末余额计算填列的项目是（　　）。

A. 应收账款　　B. 交易性金融资产　C. 应付账款　　D. 存货

3. 财务报表可以提供企业（　　）的信息。

A. 人员状况　　　B. 财务状况　　　C. 现金流量　　　D. 经营成果

4. 利润表的格式有（　　）。

A. 账户式　　　　B. 报告式　　　　C. 单步式　　　　D. 多步式

5. 利润表中"营业成本"项目填列的依据有（　　）。

A. "营业外支出"账户发生额　　　B. "主营业务成本"账户发生额
C. "其他业务成本"账户发生额　　　D. "税金及附加"账户发生额

6. 下列项目中，影响营业利润的有（　　）。

A. 营业收入　　　B. 管理费用　　　C. 营业外收入　　　D. 税金及附加

7. 利润表的特点是（　　）。

A. 根据损益账户的本期发生额编制　　B. 根据相关账户的期末余额编制
C. 属于静态报表　　　　　　　　　　D. 属于动态报表

8. 某企业12月31日固定资产账户余额为3 000万元，累计折旧账户余额为900万元，固定资产减值准备账户余额为100万元，工程物资账户余额为200万元，则该企业当年12月31日资产负债表中"固定资产"项目的金额不可能为（　　）。

A. 2 000万元　　　B. 2 900万元　　　C. 2 100万元　　　D. 2 200万元

9. 下列属于利润表提供的信息有（　　）。

A. 实现的营业收入　　　　　　B. 发生的营业成本
C. 营业利润　　　　　　　　　D. 企业本期实现的利润或发生的亏损总额

10. 下列各项中，属于影响利润总额计算的有（　　）。

A. 营业收入　　　B. 营业外支出　　　C. 营业外收入　　　D. 投资收益

三、判断题

1. 流动负债是指将在1年以内（含1年）或者超过1年的一个营业周期内偿还的债务。（　）
2. 资产负债表中"工程物资"属于"存货"类项目，属于流动资产类。（　）
3. 资产负债表中的"流动资产"各项目是按照资产的流动性由弱到强排列的。（　）
4. 向不同会计资料使用者提供财务报表，其编制依据应当一致。（　）
5. 非流动负债项目通常包括长期借款、应付债券和其他应付款等。（　）
6. 利润表反映了企业在一定时期内发生的全部收入和费用情况。（　）
7. 资产负债表中的项目既可能来自于总账的期末余额，也可能来自于明细账的期末余额。（　）
8. 利润表中的"税金及附加"项目，反映企业日常经营活动应负担的消费税、城市维护建设税、所得税等税金和教育费附加。（　）
9. 会计报表附注是企业内部使用的文件，不需要向外报出。（　）
10. 企业编制资产负债表时，发现应收账款为30万元，应付账款为10万元。为简便起见，可以将二者相互抵消，登记应收账款20万元，而将应付账款登记为0元。（　）
11. 资产负债表中的"长期借款"项目应根据"长期借款"账户的余额直接填列。（　）
12. 所得税费用不会影响营业利润。（　）
13. 利润表中"本期金额"栏的数字，应根据各损益类账户本期余额填列。（　）
14. 会计报表对重要的经济业务应当单独反映。（　）
15. 会计报表应当清晰明了，意味着应在报表中排除复杂的事项。（　）

四、计算分析题

1. 根据下列资料填制利润表中的"本月数"和"本年累计数"栏，见表10-9和表10-10。

表10-9　损益类账户发生额　　　　　　　　　　　　　　　单位：元

损益类账户	20××年12月发生额	20××年1—11月累计发生额
主营业务收入	200 000	3 000 685
主营业务成本	100 000	1 858 000
税金及附加	10 000	315 000
其他业务收入	20 000	200 000
其他业务成本	15 000	150 000
管理费用	2 000	311 000
财务费用	1 000	200 000
销售费用	1 230	135 000
投资收益	5 600	500 000
营业外收入	4 500	
营业外支出	3 300	50 000
所得税税率	25%	25%

表 10-10　利润表（简表）

20××年12月　　　　　　　　　　　　　　　　　　　　　单位：元

项目	本月数	本年累计数
一、营业收入		
减：营业成本		
税金及附加		
管理费用		
财务费用		
销售费用		
加：投资收益		
二、营业利润		
加：营业外收入		
减：营业外支出		
三、利润总额		
减：所得税费用		
四、净利润		

2. 请根据某企业6月份下列经济业务编制会计分录（暂不考虑增值税），并编制利润表，见表10-11。

（1）销售A产品750件，单价80元，货款尚未收回。

（2）销售B产品1 000件，单价150元，货款已存入银行。

（3）预收C产品货款30 000元存入银行。

（4）结转已销A、B产品实际成本，A产品成本45 000元，B产品成本120 000元。

（5）用银行存款支付广告费3 000元。

（6）用现金支付管理人员工资8 000元。

（7）用现金支付专设销售机构的人员工资5 000元。

（8）以银行存款支付本月负担的银行借款利息1 200元。

（9）银行存款支付由本月负担的办公用房租金800元。

（10）用银行存款支付罚款支出1 800元。

（11）收到罚款收入现金300元。

（12）结转本期主营业务收入和营业外收入。

（13）结转本期主营业务成本、销售费用、管理费用、财务费用和营业外支出。

（14）计算并结转所得税8 415元。

（15）计算应付投资者利润5 125.50元。

表 10-11　利润表

20××年6月　　　　　　　　　　　　　　　　单位：元

项目	行次	本月数
一、营业收入		
减：营业成本		
税金及附加		
管理费用		
财务费用		
销售费用		
加：投资收益		
二、营业利润		
加：营业外收入		
减：营业外支出		
三、利润总额		
减：所得税费用		
四、净利润		

第十一章
会计工作组织与规范体系

 教学目标

1. 知识传授目标

了解会计人员的职业道德，了解会计法对会计工作管理体制的规定；熟悉会计机构、会计人员的设置、会计人员的职权和会计法律规范。

2. 能力培养目标

学生在熟悉会计工作组织的基本内容上能科学地规划、组织会计工作；在实际工作中灵活运用会计规范协调处理会计核算过程中的问题；学法、知法、懂法、守法，提高学生对财务工作的警惕性。

3. 价值塑造目标

引导学生树立爱岗敬业的职业精神和职业道德；培养学生对会计职业的敬畏感；增强学生诚实守信的道德价值和会计价值；引导学生建立原则意识、法治意识；鼓励其践行社会主义核心价值观。

 思维导图

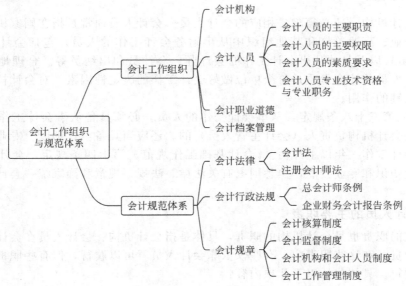

第一节　会计工作组织

会计工作是指运用一系列会计专门方法，对会计事项进行处理的活动。它是一项复杂、细致的综合性经济管理活动，因此科学地组织会计工作具有重要的意义。科学地组织会计工作就是要求企业、行政事业单位设置合理的会计机构、配备适当的会计人员，以及建立和执行各项会计制度，以确保完成会计工作任务，满足经济管理要求。

一、会计机构

会计机构是指各企业、行政事业单位内部直接从事和组织领导会计工作的职能部门。建立和健全会计机构，是加强会计工作、保证会计工作顺利进行的重要条件。

企事业单位会计机构的设置，必须符合社会经济对会计工作所提出的各项要求，并与国家的会计管理体制相适应。同时，根据设置的会计机构，制定出符合国家管理规定，适合本单位具体情况的内部会计管理制度，以最大限度地发挥会计机构以及每个会计人员在经济管理过程中的应有作用。

《会计法》第三十六条规定："各单位应当根据会计业务的需要，设置会计机构，或者在有关机构中设置会计人员并指定会计主管人员；不具备设置条件的，应当委托经批准设立从事会计代理记账业务的中介机构代理记账。"

各企事业单位是否设置会计机构，因各单位情况不同而由各单位根据自己的会计业务需要决定。通常实行独立核算的大中型企业、实行企业化管理的事业单位，以及财务收支数额较大、会计业务较多的机关团体和其他组织，都要设置由本单位领导人直接领导的财务会计机构，并配备必要的会计人员。而财务收支数额不大、单位形式比较简单、会计核算不太复杂的单位，如一些业务规模小、业务量少的企业，以及业务比较少的机构、团体和事业单位，可以不设置专门的会计机构。在不与法律、法规相违背的情况下，是否设置会计机构，如何设置会计机构，如何称呼，均由各单位自主决定。

二、会计人员

设置了会计机构，还必须配备相应的会计人员。会计人员通常是指在国家机关、社会团体、公司、企业、事业单位和其他组织中从事财务会计工作的人员，包括会计机构负责人（会计主管人员）以及具体从事会计工作的会计师、会计员和出纳员等。合理地配备会计人员，提高会计人员的综合素质是每个单位做好会计工作的决定性因素，对会计核算管理系统的运行起着关键的作用。

《会计法》第三十八条规定，从事会计工作的人员，必须具备从事会计工作所需要的专业能力。担任会计机构负责人（会计主管人员）的，还应当具备会计师以上专业技术职务资格或者从事会计工作三年以上经历。《会计基础工作规范》第十四条规定，会计人员应当具备必要的专业知识和专业技能，熟悉国家有关法律、法规、规章和国家统一会计制度，遵守职业道德。

（一）会计人员的主要职责

会计人员的职责也是会计机构的职责，具体是指会计机构、会计人员在会计工作中需要共同履行的职责。在这些职责中，有些仅依靠会计人员就可以履行，但有些职责必须通过会计机构才能履行。具体包括以下几项内容：

1. 进行会计核算

会计人员应按照会计制度的规定，认真办理会计核算业务，及时、准确、完整地记录、计算、反映财务收支和经济活动情况，具体包括：认真填制和审核原始凭证；编制记账凭证；登记会计账簿；正确计算各项收入、支出、成本、费用、财务成果；按期结算、核对账目；进行财产清查；在保证账证相符、账账相符、账实相符的基础上，按照手续完备、数字真实、内容完整的要求编制和上报会计报告。

2. 实行会计监督

会计人员要通过会计工作，对各项经济业务和会计手续的合法性、合理性、有效性及预算执行情况等进行监督。对于不真实、不合法的原始凭证不予受理；对账簿记录与实物款项不符的问题，应按有关规定进行处理或及时向本单位领导人报告；对违反国家统一规定的财政制度、财务规定的收支不予办理。同时，会计机构和会计人员还必须依照法律和国家有关规定，接受财政、审计、税务机关的监督，主动积极地配合有关部门对本单位会计工作的检查和审计，如实提供资料并反映有关情况。

3. 编制业务计划及财务预算，并考核、分析其执行情况

会计人员应根据会计资料并结合市场经济，积极参与制订业务计划、财务计划和预算，运用会计信息和会计特有的方法，比较、分析各项计划的合理性和效益性，为制订科学合理的计划并顺利实施打下基础。会计机构和人员还要定期检查和分析本单位的财务状况、经营过程及其结果，以及预算的执行情况。查明完成或未完成计划、预算的原因，提出改进的建议和措施，以此不断提高本单位的经营管理水平，提高经济效益。

4. 制定本单位办理会计事务的具体办法

会计人员要根据国家的有关会计法规、准则及其他相关规定，结合本单位具体情况，制定本单位办理会计事务的具体办法。如会计工作组织和管理体系的制定；财物领用、报销的审批制度；内部会计核算手续、程序、方法的有关规定；内部稽核制度、财产清查制度以及会计档案的保管制度等。

另外，凡是和财务收支、经营成果有关的生产、技术、劳动人事、经营管理等各方面的制度，财会部门都应当积极参与制定，并从加强财会管理的角度制定各种相关条款。

（二）会计人员的主要权限

为了保障会计人员顺利地履行其职责，《会计法》及其他相关法规赋予了会计人员以下的工作权限：

（1）会计人员有权要求本单位各有关部门及相关人员认真执行国家、上级主管部门等批准的计划和预算。如果有违反上述规定的，会计人员有权拒绝付款、拒绝报销和拒绝执行。对于属于会计人员职权范围内的违规行为，在自己的职权范围内予以纠正，超出其职权范围的应及时向有关部门及领导汇报，请求依法处理。

（2）会计人员有权参与本单位编制计划和预算、制定定额、签订合同、参加有关的生产经营管理会议，并以会计人员特有的专业地位就有关财务收支和经济效益等方面提出自己的建议和意见。

（3）会计人员有权监督、检查本单位内部各部门的财务收支，资金使用和财产保管、收发、计量、检验等情况，各部门应该大力支持和协助会计人员的工作。会计人员在正常工作过程中的职权是法律赋予的，任何人不得侵犯。《会计法》第四十六条规定：单位负责人对依法履行职责、抵制违反本法规定行为的会计人员以降级、撤职、调离工作岗位、解聘或者开除等方式实行打击报复，构成犯罪的，依法追究刑事责任；尚不构成犯罪的，由其所在单

位或者有关单位依法给予行政处分。对受打击报复的会计人员，应当恢复其名誉和原有职务、级别。这从法律上保护并鼓励了会计人员为维护国家利益，坚持原则，履行自己的职责，行使自己的权利。

（三）会计人员的素质要求

1. 会计人员的政治素质要求

（1）热爱祖国，热爱本职工作。在日常工作中顾全大局，自觉地维护国家利益、社会利益、整体利益和长远利益。

（2）实事求是，如实反映。会计人员在工作中应如实反映生产经营活动，不弄虚作假，不歪曲事实，对所有会计核算资料必须做到数字正确可靠、内容真实完整。

（3）严守法纪，坚持原则。对各项财务收支活动都要进行严格审查，贯彻执行国家有关方针、政策、法令、制度，抵制一切违法乱纪、破坏制度的行为。

（4）廉洁奉公，以身作则。不以权谋私，不营私舞弊，不占、不贪，不行贿、受贿。

2. 会计人员的业务素质要求

为完成会计工作的任务，会计人员必须熟悉会计专业理论和业务技能，并掌握有关经济管理知识和生产技术知识，这是做好会计工作的必要前提。会计人员应具备的专业知识具体包括以下几个方面：

（1）财会知识。会计人员要做好本职工作，首先必须掌握下列财会知识：会计及相关的经济法律、法规和规章等政策方面的知识，如《会计法》《企业会计准则》《会计基础工作规范》《总会计师条例》《会计档案管理办法》、本行业的会计制度以及诸如公司法规、税收法规、金融法规知识等；财务会计基本原理，如记账程序、记账规则、会计基础理论、财务会计分析等；必要的现代财务会计管理知识，如管理会计、会计制度设计、会计电算化的应用，以及其他财务会计现代管理方法等。

（2）相关的经济管理知识。会计工作是经济管理工作的重要组成部分，会计业务涉及经济活动的各个领域，会计人员要参与单位的经济管理，必须具备与经济学相关学科的知识和生产技术知识，如财务管理学、财政学、金融学、审计学、统计学、市场管理学、运筹学、管理决策学，以及现代经济管理方法等。

（3）其他方面的知识。会计人员要完全胜任会计工作，还必须掌握其他一些知识。如为正确地反映自己的意见，就必须具备一定的写作水平；要想胜任涉外会计工作，就必须具有一定的外语水平等。

（四）会计人员专业技术资格与专业职务

会计专业技术资格是指担任会计专业职务的任职资格，分为初级资格、中级资格和高级资格。获得会计专业技术资格须参加由财政部和人事部共同组织的全国统一考试，高级会计资格还需在考试合格并通过专业评审鉴定后方可获得。

会计专业职务是区分会计人员业务技能的技术等级，分为高级会计师、会计师、助理会计师和会计员四种，高级会计师为高级职务，会计师为中级职务，助理会计师与会计员为初级职务。这四种专业职务的任职条件如下：

1. 会计员的基本条件

初步掌握财务会计知识和技能，熟悉并能够执行有关会计法规和财务会计制度，能担负一个岗位的财务会计工作。

2. 助理会计师的基本条件

掌握一般的财务会计基础理论和专业知识，熟悉并正确执行有关的财经方针、政策和财务会计法规、制度，能担负一个方面或某个重要岗位的财务会计工作。

3. 会计师的基本条件

较系统地掌握财务会计基础理论和专业知识，掌握并能正确贯彻执行有关的财经方针、政策和财务法规、制度，具有一定的财务工作经验，能担负一个单位或管理一个地区、一个部门、一个系统某个方面的财务会计工作；掌握一门外语。

4. 高级会计师的基本条件

较系统地掌握经济、财务会计理论和专业知识，具有较高的政策水平和丰富的财会工作经验，能担负一个地区、一个部门或一个系统的财务会计管理工作；较熟练地掌握一门外语。

为了确保会计人员的业务素质，从 1992 年 8 月起，我国开始实行会计人员专业职务任职资格考试，也称会计专业技术资格考试（会计职称考试），以专业知识水平测试成绩作为确定会计人员专业职务任职资格的主要依据。

注册会计师，是指经国家批准、依法独立执行会计查账验证业务和会计咨询业务的人员。注册会计师并不直接从事会计工作，而是对企业、事业单位的会计工作提供咨询、鉴证，其工作机构称为会计师事务所。根据《中华人民共和国注册会计师法》（以下简称《注册会计师法》）的规定，具有高等专科以上学校毕业学历或者具有会计及相关专业中级以上技术职称的人员，经全国统一考试合格，并从事审计业务工作两年以上的，向省、自治区、直辖市注册会计师协会申请注册，才能从事注册会计师工作。

三、会计职业道德

会计职业道德规范是一般社会道德规范在会计职业行为活动中的具体体现，由会计职业活动的具体内容、方式、所涉及的权责利关系等决定。对内而言，它构成引导、制约、调节会计行为的道德准则；对外而言，它代表着整个会计职业界对社会所承担的道德责任和义务。因此，会计职业道德规范是会计人员在会计工作中所应自觉遵守的、与会计职业活动相适应的行为规范，也是会计人员在会计工作中形成的正确处理会计事务和调整会计人员职权和职责之间关系的行为规范。

根据我国会计工作和会计人员的实际情况，结合国际上对会计职业道德的一般要求，我国会计人员职业道德的内容可以概括为爱岗敬业、诚实守信、廉洁自律、客观公正、坚持准则、提高技能、强化服务。

（一）爱岗敬业

爱岗敬业包含"爱岗"和"敬业"两方面的要求。爱岗就是热爱自己的工作岗位，热爱本职工作。爱岗是对人们工作态度的一种普遍要求，即职业工作者以正确的态度对待各种职业劳动，努力培养自己对所从事的工作的幸福感、荣誉感。敬业就是用一种严肃的态度对待自己的工作，勤勤恳恳、兢兢业业、忠于职守、尽职尽责。会计职业道德中的爱岗敬业，要求会计人员充分认识到会计工作在国民经济中的地位和作用，以从事会计工作为荣，尊重会计工作，具有献身于会计工作的决心。

（二）诚实守信

首先，诚实守信要求会计人员言行一致、表里如一、光明正大，如实反映和披露单位经济业务事项，工作踏踏实实，不弄虚作假，不欺上瞒下。其次，诚实守信要求会计人员在执业中始终保持应有的谨慎态度，维护职业信誉及客户和社会公众的合法权益。最后，保密守信，不为利益所诱惑。在市场经济中，秘密可以带来经济利益，而会计人员因职业特点经常接触到单位和客户的一些秘密。因而，会计人员应依法保守单位秘密，这也是诚实守信的具体体现。

（三）廉洁自律

在会计职业中，廉洁要求会计从业人员公私分明、不贪不占、遵纪守法，经得起金钱、权力的考验，不贪污挪用、不监守自盗。保持廉洁主要靠会计人员自身的觉悟、良知和道德水准，而不是受制于外在的力量。自律要求会计人员按照一定的标准作为、具体行为或言行的参照物，进行自我约束、自我控制，使具体的行为或言论达到至善至美。

（四）客观公正

在会计职业中，客观公正是会计人员必须具备的行为品德，是会计职业道德规范的灵魂。客观要求会计人员在处理经济业务时必须以实际发生的交易或事项为依据，如实反映企业的财务状况、经营成果和现金流量情况。公正要求会计准则不偏不倚、一视同仁，会计人员在履行会计职能时，摒弃单位、个人私利，不偏不倚地对待有关利益各方。

（五）坚持准则

坚持准则，要求会计人员在处理业务过程中，严格按照会计法律制度办事，不为主观或他人意志左右。这里所指的"准则"不仅指会计准则，而且包括会计法律、会计行政法规、国家统一的会计制度以及与会计工作相关的法律制度。会计人员应当熟悉和掌握准则的具体内容，并在会计核算中认真执行，对经济业务进行确认、计量、记录和报告的全过程应符合会计准则的要求，为政府、企业、单位和其他相关当事人提供真实、完整的会计信息。

（六）提高技能

提高技能的基本要求是：首先，增强提高专业技能的自觉性和紧迫感。会计人员要适应时代发展的步伐，就要有危机感、紧迫感，要有不断提高专业技能的自觉性。只有具备专业胜任能力，才能适应会计工作以及会计职业道德的要求。其次，勤学苦练、刻苦钻研。现代会计是集高科技、高知识于一体的事业，会计理论不断创新，新的会计学科分支不断出现，如跨国公司会计、国际税收会计、金融工具及衍生工具会计、知识产权会计以及会计信息化和网络化的发展，都要求会计人员去不断地学习与探索。

（七）强化服务

强化服务的基本要求是：首先，树立服务意识。会计人员要树立服务意识，不论是为经济主体服务，还是为社会公众服务，都要摆正自己的工作位置。其次，提高服务质量。提高服务质量，并非无原则地满足服务主体的需要，而是在坚持原则、坚持会计准则的基础上尽量满足用户或服务主体的需要。最后，努力维护和提升会计职业的良好社会形象。会计人员服务的态度直接关系到会计行业的声誉和全行业运作的效率，会计人员服务态度好、质量高，做到讲文明、讲礼貌、讲诚信、讲质量，坚持准则，严格执法，服务周到，就能提高会计职业的信誉，维护和提升会计职业的良好社会形象，增强会计职业的生命力；反之，就会影响会计职业的声誉，甚至直接影响到全行业的生存和发展。

四、会计档案管理

会计档案是指单位在进行会计核算等过程中接收或形成的、记录和反映单位经济业务事项的、具有保存价值的文字、图表等各种形式的会计资料，包括通过计算机等电子设备形成、传输和存储的电子会计档案。为了加强会计档案的科学管理，统一全国会计档案管理制度，有效保护和利用会计档案，财政部、国家档案局于 2015 年修订并发布了《会计档案管理办法》，自 2016 年 1 月 1 日起执行。该办法共三十一条，统一规定了会计档案管理的基本内容和要求。

（一）总体要求

《会计档案管理办法》第四条规定，财政部和国家档案局主管全国会计档案工作，共同制定全国统一的会计档案工作制度，对全国会计档案工作实行监督和指导。县级以上地方人民政府财政部门和档案行政管理部门管理本行政区域内的会计档案工作，并对本行政区域内会计档案工作实行监督和指导。

（二）具体要求

1. 立卷

各单位的会计机构或会计人员所属机构按照归档范围和归档要求，负责定期将应当归档的会计资料整理立卷，编制会计档案保管清册。

2. 保管

各单位当年形成的会计档案，在会计年度终了后，可由单位会计管理机构临时保管一年，再移交单位档案管理机构保管。因工作需要确需推迟移交的，应当经单位档案管理机构同意。

单位会计管理机构临时保管会计档案最长不超过 3 年。临时保管期间，会计档案的保管应当符合国家档案管理的有关规定，且出纳人员不得兼管会计档案。

会计档案的保管期限分为永久、定期两类。定期保管期限一般分为 10 年和 30 年。会计档案的保管期限，从会计年度终了后的第一天算起。

企业会计档案的具体保管期限见表 11-1。

表 11-1　企业会计档案具体保管期限表

序号	档案名称	保管期限	备注
一	会计凭证		
1	原始凭证	30 年	
2	记账凭证	30 年	
二	会计账簿		
3	总账	30 年	
4	明细账	30 年	
5	日记账	30 年	
6	固定资产卡片		固定资产报废清理后保管 5 年
7	其他辅助性账簿	30 年	
三	财务会计报告		
8	月度、季度、半年度财务会计报告	10 年	
9	年度财务会计报告	永久	
四	其他会计资料		

续表

序号	档案名称	保管期限	备注
10	银行存款余额调节表	10年	
11	银行对账单	10年	
12	纳税申报表	10年	
13	会计档案移交清册	30年	
14	会计档案保管清册	永久	
15	会计档案销毁清册	永久	
16	会计档案鉴定意见书	永久	

3. 移交

各单位会计管理机构在办理会计档案移交时，应当编制会计档案移交清册，并按照国家档案管理的有关规定办理移交手续。

纸质会计档案移交时应当保持原卷的封装。电子会计档案移交时应当将电子会计档案及其原数据一并移交，且文件格式应当符合国家档案管理的有关规定。特殊格式的电子会计档案应当与其读取平台一并移交。

单位之间移交会计档案时，移交双方应当办理会计档案移交手续。移交会计档案的单位，应当编制会计档案移交清册。

4. 查阅

各单位应当严格按照相关制度规定利用会计档案，在进行会计档案查阅、复制、借出时履行登记手续，严禁篡改和损坏。

单位保存的会计档案一般不得对外借出。确因工作需要且根据国家有关规定必须借出的，应当严格按照规定办理相关手续。会计档案借用单位应当妥善保管和利用借入的会计档案，确保借入会计档案的安全完整，并在规定时间内归还。

5. 鉴定

各单位应当定期对已到保管期限的会计档案进行鉴定，并形成会计档案鉴定意见书。经鉴定，仍需继续保存的会计档案，应当重新划定保管期限；对保管期满，确无保存价值的会计档案，可以销毁。

会计档案鉴定工作应当由单位档案管理机构负责牵头，组织本单位会计、审计、纪检监察等机构或相关人员共同完成鉴定工作。

6. 销毁

会计档案保管期满，经鉴定可以销毁。销毁会计档案应当按照以下程序办理：

（1）本单位档案管理机构需要编制会计档案销毁清册，列明拟销毁会计档案的名称、卷号、册数、起止年度、档案编号、应保管期限、已保管期限和销毁时间等内容。

（2）单位负责人、档案管理机构负责人、会计管理机构负责人、档案管理机构经办人、会计管理机构经办人在会计档案销毁清册上签署意见。

（3）单位档案管理机构负责组织会计档案销毁工作，并与会计管理机构共同派员监销。监销人在会计档案销毁前，应当按照会计档案销毁清册所列内容进行清点核对；在会计档案销毁后，应当在会计档案销毁清册上签名或盖章。

电子会计档案的销毁还应当符合国家有关电子档案的规定，并由单位档案管理机构、会计管理机构和信息系统管理机构共同派员监销。

保管期满但未结清的债权债务会计凭证和涉及其他未了事项的会计凭证不得销毁，纸质会计档案应当单独抽出立卷，电子会计档案单独转存，保管到未了事项完结为止。

会计档案保管人员调动工作，应按照规定办理正式的交接手续。

第二节 会计规范体系

会计，特别是财务会计所提供的会计信息，不仅对于会计信息使用者的决策，而且对于调整利益关系、维护社会经济秩序具有重要的影响。会计信息的公共产品特性及其产生的经济后果，必然要求会计工作按照一定的规范来进行。

会计规范就是以会计为对象的明文规定或约定俗成的标准，是从事会计职业或进行会计工作所需依据的一种行为标准。由此可见，凡是对会计进行制约、限制和引导的规范都应作为会计规范体系的组成部分。会计规范体系主要包括会计法律、会计行政法规和会计规章。

一、会计法律

会计法律是指由全国人民代表大会及其常务委员会经过一定的法律程序制定的有关会计工作的法律。它是会计法律制度的最高层次，是制定其他会计法规的依据，也是指导会计工作的最高准则，是会计机构、会计工作、会计人员的根本大法。我国目前有两部会计法律，分别是《会计法》和《注册会计师法》。

（一）会计法

《会计法》是为了规范会计行为，保证会计资料真实、完整，加强经济管理和财务管理，提高经济效益，维护社会主义市场经济秩序而制定的法律。2017年11月4日，第十二届全国人民代表大会常务委员会第三十次会议通过对《会计法》作出修改的决定，该决定自2017年11月5日起施行。

该法共七章五十二条：第一章，总则；第二章，会计核算；第三章，公司、企业会计核算的特别规定；第四章，会计监督；第五章，会计机构和会计人员；第六章，法律责任；第七章，附则。

（二）注册会计师法

《注册会计师法》是为了发挥注册会计师在社会经济活动中的鉴证和服务作用，加强对注册会计师的管理，维护社会公共利益和投资者的合法权益，促进社会主义市场经济的健康发展而制定的法律。该法律由第八届全国人民代表大会常务委员会第四次会议于1993年10月31日通过，自1994年1月1日起施行。

该法共七章四十六条：第一章，总则；第二章，考试和注册；第三章，业务范围和规则；第四章，会计师事务所；第五章，注册会计师协会；第六章，法律责任；第七章，附则。

二、会计行政法规

会计行政法规是指由国务院制定并发布，或者国务院有关部门拟定并经过国务院批准发布，调整经济生活中某些方面会计关系的法律规范。其权威性和法律效力仅次于由全国人民代表大会及其常务委员会制定的法律，是一种重要的法律形式。会计行政法规通常以条例办法、规定等具体名称出现。

会计行政法规制定的依据是《会计法》，会计行政法规的效力仅次于会计基本法，如《总会计师条例》和《企业财务会计报告条例》。

（一）总会计师条例

《总会计师条例》主要是对单位总会计师的职责、权限、任免、奖惩等一系列的规定。总会计师，是组织领导本单位的财务管理、成本管理、预算管理、会计核算和会计监督等方面的工作，参与本单位重要经济问题分析和决策的单位行政领导人员。总会计师协助单位主要行政领导人员工作，直接对单位主要行政领导人负责。所以总会计师不是一种专业技术职务，也不是会计机构的负责人或会计主管人员，而是一种行政职务。

《总会计师条例》是国务院于1990年12月31日发布的，并自发布之日起施行。它共分五章二十三条：第一章，总则；第二章，总会计师的职责；第三章，总会计师的权限；第四章，任免与奖惩；第五章，附则。

（二）企业财务会计报告条例

《企业财务会计报告条例》主要规定了企业财务会计报告的构成、编制和对外提供的要求、法律责任等条文。它是对《会计法》中有关财务会计报告的规定的细化。是国务院于2000年6月21日发布的，自2001年1月1日起施行。其共分六章四十六条：第一章，总则；第二章，财务会计报告的构成；第三章，财务会计报告的编制；第四章，财务会计报告的对外提供；第五章，法律责任；第六章，附则。

三、会计规章

会计规章包括两种，即会计部门规章和会计地方政府规章。

会计部门规章是指由主管全国会计工作的行政部门（即财政部），根据法律和国务院的行政法规、决定、命令，在本部门的权限范围内制定的、调整会计工作中某些方面内容的规范性文件。国务院其他部门根据其职责权限制定的会计方面的规范性文件也属于会计规章，但必须报财政部审核或者备案。会计部门规章的效力低于宪法、法律和行政法规。

会计地方政府规章是指由省、自治区、直辖市以及较大城市的人民政府根据法律、行政法规和本省、自治区、直辖市的地方性法规制定的适用于本地区的会计地方政府规章，会计地方政府规章的效力低于宪法、法律、行政法规和地方性会计法规。

会计部门规章具体内容包括：会计核算制度、会计监督制度、会计机构和会计人员制度、会计工作管理制度等。

（一）会计核算制度

1. 会计准则

会计准则是对会计实践活动的规律性总结，是进行会计工作的标准和指导思想，是一个包括普遍性指导意义和具体指导会计业务处理意义在内的具有一定层次结构的会计规范。会计准则包括企业会计准则和非企业会计准则两个方面。

（1）企业会计准则

企业会计准则是规范企业会计确认、计量、报告的会计准则。现行的企业会计准则包括适用于小企业的《小企业会计准则》和适用于小企业以外其他企业的《企业会计准则》。企业会计准则包括基本准则、具体准则和应用指南三个层次。

基本准则包括总则、会计信息质量要求、财务会计报表要素、会计计量、财务会计报告等十一章内容。

具体准则是在基本准则的指导下,处理会计具体业务标准的规范。其具体内容可分为一般业务准则、特殊行业和特殊业务准则、财务会计报告准则三大类。一般业务准则是规范普遍适用的一般经济业务的确认、计量要求,如存货、固定资产、无形资产、职工薪酬、所得税等。特殊行业和特殊业务准则是对特殊行业的特定业务的会计问题做出的处理规范,如生物资产、金融资产转移、套期保值、原保险合同、合并会计报表等。财务会计报告准则主要规范各类企业通用的报告类准则,如财务报表列报、现金流量表、合并财务报表、中期财务报告、分部报告等。

应用指南从不同角度对企业具体准则进行强化,解决实务操作,包括具体准则解释部分、会计科目和财务报表部分。

(2) 非企业会计准则

非企业会计准则是企业之外的其他单位适用的会计准则,主要包括《事业单位会计准则》,它对于国家机构的会计准则以及预算会计和会计制度起到了一定的规范作用。该准则于2012年12月5日经财政部部务会议修订通过,2012年12月6日发布,共九章四十九条,自2013年1月1日起施行,同时废止1997年5月28日财政部发布的《事业单位会计准则(试行)》。

2. 会计制度

(1) 企业会计制度

企业会计制度是关于企业会计核算的制度规范。关于企业会计制度的演变,我国经历了一个漫长的历史时期。我国历来重视会计制度建设,近年来,企业会计制度的改革与发展也折射出我国会计经济环境的变化对会计改革的影响。

(2) 非企业会计制度

非企业会计制度是指除企业以外的其他单位适用的会计制度,主要包括《事业单位会计制度》(于2012年进行了修订,自2013年1月1日起施行,同时废止1997年7月17日发布的《事业单位会计制度》)、《行政单位会计制度》(于2013年12月18日由财政部印发,自2014年1月1日起施行,共十章四十六条,同时废止1998年2月6日财政部印发的《行政单位会计制度》)、《财政总预算会计制度》(1997年6月25日发布,自1998年1月1日起执行)等。

除上述会计准则和会计制度之外,财政部还根据会计实务的需要,对会计准则和会计制度中没有规定或者虽有规定但已经不能适应新情况的会计问题,作出暂行规定或补充规定。它们也属于国家统一的会计核算制度的范畴。

(二) 会计监督制度

作为会计两大基本职能之一的会计监督,在我国会计规范体系中占有重要的地位。在会计规范体系的第一层次《会计法》中,专门有一章来规定"会计监督"。在这一章中,第二十七条明确规定"各单位应当建立、健全本单位内部会计监督制度。"其他各条分别就会计监督的基本要求、内容、方式、责任等做了规定。

财政部根据《会计法》的规定,制定了《会计基础工作规范》。在规范中,要求各单位的会计机构、会计人员对本单位的经济活动进行会计监督。

(三) 会计机构和会计人员制度

现行的国家统一的会计机构和会计人员管理制度主要是指《会计人员继续教育规定》。为了规范会计专业技术人员继续教育,保障会计专业技术人员合法权益,不断提高会计专业技术人员素质，财政部根据《会计法》和《专业技术人员继续教育规定》（人力资源社会保障部令第 25 号），制定了该规定，并于 2018 年发布，自 2018 年 7 月 1 日起施行，同时废止 2013 年 8 月 27 日印发的《会计人员继续教育规定》（财会〔2013〕18 号）。

（四）会计工作管理制度

现行的国家统一的会计管理制度主要包括《会计档案管理办法》和《企业会计信息化工作规范》。

1. 会计档案管理办法

为了加强会计档案管理，有效保护和利用会计档案，根据《会计法》《中华人民共和国档案法》等有关法律的规定，在原《会计档案管理办法》（征求意见稿）的基础上，财政部、国家档案局于 2015 年 12 月 11 日修订通过了《会计档案管理办法》，自 2016 年 1 月 1 日起施行。《会计档案管理办法》共三十一条，主要就会计档案的概念、内容与种类，会计档案管理的基本要求，会计档案的归档、保管、销毁、移交，会计档案的保管期限等作了明确规定。

2. 企业会计信息化工作规范

为推动企业会计信息化，节约社会资源，提高会计软件和相关服务质量，规范信息化环境下的会计工作，根据《会计法》和《财政部关于全面推进我国会计信息化工作的指导意见》的要求，财政部于 2013 年 12 月 6 日以财会〔2013〕20 号发布了《企业会计信息化工作规范》，自 2014 年 1 月 6 日起施行，共五章四十九条，同时废止 1994 年 6 月 30 日发布的《会计电算化管理办法》和 1996 年 6 月 10 日发布的《会计电算化工作规范》。

本章小结

1. 会计工作组织就是要根据会计工作的特点，设置会计机构，配备会计工作人员，以保证合理、有效地进行会计工作。会计工作组织的主要内容包括：会计机构的设置、会计人员的配备和会计档案的保管等。

2. 会计规范体系是指国家权力机关或者其他授权机构制定的，用于指导和约束会计核算实务、规范会计基础工作、规定会计主体和相关人员会计责任等规范性文件的总和。主要包括会计法律、会计行政法规和会计规章。

3. 通过本章的学习，要理解把各种会计核算方法付诸实施需要的条件，以便在实践中合理安排会计核算的组织工作。

第十二章 智能会计

 教学目标

1. 知识传授目标

了解"大智移云物"等数字技术背景下智能会计的发展现状；了解财务共享中心的特点和运作机制；理解影响会计从业人员的信息技术以及智能会计信息系统的运用场景。

2. 能力培养目标

通过学习人机协作下传统会计岗位的重构，关注信息化、智能化融合背景下的会计发展趋势；有的放矢地提升自己、转变能力、变更思维，提升学生竞争力，为新的财务变革和机遇作好准备。

3. 价值塑造目标

引导学生树立与时俱进、发展创新的学习观和价值观，培养学生保持终身学习的习惯；引导学生关注"业财融合""人机结合"的社会趋势，鼓励学生树立正确的就业观，成为商业和财务、计算机和财务结合的复合型人才。

 思维导图

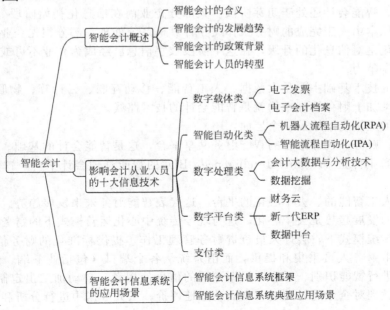

第一节 智能会计概述

一、智能会计的含义

在数字化和智能化的时代背景下,企业的生产要素、商业模式,都发生了巨大的改变。企业迫切寻求数字化转型,激烈的市场竞争刺激着企业挖掘数据背后的价值,实现敏捷性经营和实时化决策;数字化商业环境要求企业每天要处理海量的内外部数据,如何对这些业务数据进行分析、筛选、分类汇总转变成会计信息,给传统的财务人员提出了巨大的挑战。随着计算机信息技术、物联网技术和人工智能技术的发展,数字技术引发的技术革命改变了信息识别、取得、检索和储存的方式。智能会计应运而生。

数字经济的发展是智能会计出现的前提条件,数字技术是智能会计发展的物质基础。智能会计是和传统会计相对应的概念。在定义方面,学术界尚未给出权威性的定义,通常认为智能会计,是通过人和计算机系统的协作,进行企业的业务、财务、税务一体化的管理活动;是利用大数据和人工智能等数字技术对企业内外部数据信息进行自动化、智能化的识别、挖掘和提取,提供决策者有用的财务信息的系统工具。

智能会计突破了传统会计内涵范畴,传统会计的会计对象是所反映监督的内容,是社会生产过程中的资金及资金运动。而智能会计的会计对象是对业务数据的挖掘和应用,发现数据潜在关系,对会计报告进行智能处理。

智能会计能做到全流程自动核算、立体动态反应。会计的确认、计量、记录、报告成为一个连续动态的反映过程。因此智能会计的职能包括了动态反应、全过程监督、企业内外部信息资源整合、价值再创造。

二、智能会计的发展趋势

企业的会计实践可以分为手工、信息化和智能化三个阶段,其中信息化的初始发展阶段即电算化,高级发展阶段即数字化。从信息化到智能化的发展,都是企业智能会计的实践过程。从实践看,智能会计还处于萌芽阶段。大部分企业尚在信息化初始阶段(电算化),这个阶段是指将原本由人工完成的财务工作交于计算机系统处理。部分领先企业已经进入数字化阶段,数字化是对信息化的升级,在这个阶段数字信息已经成为企业不可或缺的资产,形成了企业核心竞争力。

智能会计的技术基础主要是大数据、人工智能、移动互联、云计算、物联网和区块链。这些技术的交叉加上财务管理重构就是智能会计的技术路线。

智能会计的应用场景涵盖三个层面:

(1)业务、财务、税务融合的智能财务共享平台,这是智能会计的基础。

(2)基于商业智能(BusinessIntelligence,BI)的智能管理会计平台,这是智能会计的核心。

(3)基于人工智能的、去中心化的平台,这代表智能财务未来发展趋势。

智能会计的发展趋势是去中心化,这与现今传统中心化运营模式下的财务管理有着本质上的区别。在传统模式下,会计人员负责财务管理工作,提供标准化的财务信息。在将来,会计信息不再由财务人员采集和提供,而由系统从各个端口(包括业务端、供应链端、政府、银行等)进行智能识别、抓取,根据不同的信息使用者,自动加工出定制化财务信息。智能会计能够做到对企业随时随地、全面动态地评价;从大数据中进行分析和预测,发现新的商业机会，创造新的价值。

美国会计学教授乔治·索特于1966年提出了事项法会计。和传统价值法会计相比，事项法能够更精准地满足不同使用者对会计信息"个性化"需求。但是在当时技术条件下，计量困难。随着智能会计的出现，事项法会计可能成为会计理论发展的一个趋势。智能会计发展阶段对比见表12-1。

表12-1 智能会计发展阶段对比

阶段	处理对象	组织变革	技术基础
电算化	会计数据	管理环节自动化	计算机、数据库等
数字化	信息和数据	流程再造	互联网、SAAS、数据仓库等
智能化	知识、信息和数据	财务管理模式全变革	知识图谱、RPA、人工智能等

三、智能会计的政策背景

在20世纪90年代，美国学术界就开始研究智能财务，涉及专家系统、机器学习等诸多技术在财务领域的应用问题。2016年3月10日，德勤宣布与KiraSystems联手，在会计、审计、税务工作中引入人工智能；同年3月毕马威宣布引入IBMWatson认知技术。会计智能化的未来冲击着人们的想象，也将对传统会计理论、实务、教育和管理带来巨大的颠覆和变革。

2020年以来，中共中央明确提出加快5G网络、互联网数据中心（IDC）、人工智能（AI）等新型基础设施建设进度。2020年3月19日，工业和信息化部办公厅印发《中小企业数字化赋能专项行动方案》的通知。2020年4月，国家再次强调要抓住产业数字化、数字产业化赋予的机遇。

为科学规划"十四五"时期会计信息化工作，指导国家机关、企业、事业单位、社会团体和其他组织应用会计数据标准，推进会计数字化转型，支撑会计职能拓展，推动会计信息化工作向更高水平迈进，财政部制定财政部制定印发《会计信息化发展规划（2021—2025年）》。该规划提出，"十四五"时期，我国会计信息化工作的总体目标是：服务我国经济社会发展大局和财政管理工作全局，以信息化支撑会计职能拓展为主线，以标准化为基础，以数字化为突破口，引导和规范我国会计信息化数据标准、管理制度、信息系统、人才建设等持续健康发展，积极推动会计数字化转型，构建符合新时代要求的国家会计信息化发展体系。

该规划明确了9个方面的主要任务：

（1）加快建立会计数据标准体系，推动会计数据治理能力建设。

（2）制定会计信息化工作规范和软件功能规范，进一步完善配套制度机制。

（3）深入推动单位业财融合和会计职能拓展，加快推进单位会计工作数字化转型。

（4）加强函证数字化和注册会计师审计报告防伪等系统建设，积极推进审计工作数字化转型。

（5）优化整合各类会计管理服务平台，切实推动会计管理工作数字化转型。

（6）加速会计数据要素流通和利用，有效发挥会计信息在服务资源配置和宏观经济管理中的作用。

（7）探索建立共享平台和协同机制，推动会计监管信息的互通共享。

（8）健全安全管理制度和安全技术标准，加强会计信息安全和跨境会计信息监管。

(9) 加强会计信息化人才培养，繁荣会计信息化理论研究。

四、智能会计人员的转型

智能会计的发展必然改变传统会计的工作流程和工作模式，对会计从业人员也提出了新的要求。在基层业务端可能出现"无人会计，人人财务"的现象。业务即财务，财务即业务。业务人员完成基础数据的通过 OCR 光学字符识别（Optical Character Recognition）技术录入与上传，程序性的、重复性的核算工作由财务机器人替代，基于财务云、财务共享平台完成业务数据和财务数据的核对。大量基层会计人员释放出来以后，减少了会计岗位，改变财务会计工作的结构和内容，提高了会计行业准入门槛。会计从传统数据核算人员变成全能管理角色。在智能会计背景下，会计岗位会出现以下需求：

1. 企业仍需要财务岗位去处理非标准化的工作

在未来近十年，低成本的人工智能替代的是标准化、重复性的工作，这些工作的特点是交易量大、交易频次高。如果要实现全面自动化，需要银行全面开放下端接口给企业，需企业之间打通信息壁垒，这都会涉及信息安全问题。要处理企业非标准化业务，必须完成企业财务系统的个别定制，需要高成本的开发费用和维护费用。因此，对大量企业而言，非标准化工作依然需要人工处理。

2. "人机协同"的财务共享服务中心，人的作用还不可替代

在现在技术条件下，财务机器人尚未做到完全智能化和自动化。在财务共享中心，人机协同下需要大量的财务人员完成对计算机的协同工作。

(1) 财务共享中心的核算岗位，主要由传统会计岗位的转化而来，负责专项业务的处理工作。

(2) 与业务部门融合管理岗位，实现财务与业务工作对接，业务数据的处理分析。

(3) 财务决策分析岗位，从宏观层面开展各类信息的综合分析，供企业集团决策参考。

在财务共享中心模式下，会计从业人员将转型为业务合作、数据科学家和高级别财务领导。

3. 跨界技术的复合型财务人才大量需求

企业引入财务机器人、云财务等数字技术，不仅要配备系统运行使用人员，也需要系统设计维护人员，根据系统情况，进行程序升级和问题解决，保障系统安全运行。根据工作积累经验，发现并解决系统漏洞，加强网络安全建设，保护企业重要的财务数据。

为了更好地匹配企业真实状况，要求相关人员在会计的基础上，在智能财务机器人工作流程中提出建设性改进建议，具备系统功能个性化设计能力，适应财务工作需求。会计专业知识是大部分财务机器人开发者所缺失的，因此既有财务专业知识又能进行系统开发和维护的复合型人才将成为必然需求。

4. 解读财务报告并向决策层提供分析和建议的会计人员很难被人工智能取代

会计的输出是"提供决策有用信息"，这意味着会计信息必须支持决策，引入经济参数，结合企业运营管理目标和智能系统辅助，对各类数据进行分析、建模，获得有用的价值信息，为企业决策提供保障，这都需要有强大数据处理能力的高级财务工作者。

会计是一项管理活动，管理是理性和感性综合的艺术。部门和部门预算怎么分配、沟通、谈判，这都是机器解决不了的问题。有效的内部控制、财务预算、税务筹划、筹资融资、投资项目规划，仍然需要高级财会人员进行把控。

5. 会计理论、会计政策的研究者和制定者

智能会计尚处在萌芽阶段，需要大量实务和理论的探索者和研究者。财务机器人工作规

则的制定，机器人管理平台法则的制定，智能会计技术路线的探索，智能会计理论的更新，全社会型数字壁垒打通及政策研究，都需要大量的人员投入研究。

第二节　影响会计从业人员的十大信息技术

面对数字技术带来的挑战，需要相关人员成为技术大变革时代有所作为的中国会计从业人员。多年来上海国家会计学院协同用友、金蝶、浪潮集团等会计信息技术先行者，在中国会计学会会计信息化专业委员会的指导下，完成"影响中国会计从业人员的十大信息技术"的评选活动。这些财会信息技术代表了中国智能会计实践的最高水平。

2021年会计行业内公认的十大信息技术按照受欢迎程度分别是：财务云、电子发票、会计大数据分析与处理技术、电子会计档案、机器人流程自动化（RPA）、新一代 ERP、移动支付、数据中台、数据挖掘、智能流程自动化（IPA）。这十项技术可以分为五大类别，分别是数字载体类、智能自动化类、数字处理类、数字平台类及支付类。

一、数字载体类

（一）电子发票

电子发票是指在购销商品、提供或者接受服务以及从事其他经营活动中，开具、收取的以电子方式存储的收付款凭证。电子发票由国家税务总局发放，其法律效力、基本用途和税务局监管的纸质发票相同，采取电子签章实现发票签名、电子盖章，实现电子发票唯一性、不可抵赖性、防篡改；通过数字媒体形式传送与保存发票内容，可通过网络、移动通信等方式传送给接收方。电子发票可在国家税务总局全国增值税发票查验平台上进行真伪查验，可以通过扫描电子发票上端二维码进行识别。电子发票开票流程如图12-1所示。

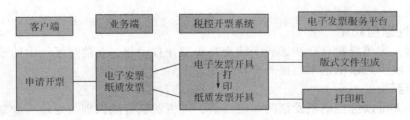

图 12-1　电子发票开票流程

（二）电子会计档案

2015年12月11日，财政部、国家档案局令第79号发布修订后的《会计档案管理办法》，将电子数据纳入会计档案范围，可仅以电子形式归档保存，强调了电子会计档案的原生性，对档案管理的具体要求及举措提出了明确的规范。2020年国家对于《中华人民共和国档案法》进行修订，新增档案信息化建设和监督检查。财政部、国家档案局发布《关于规范电子会计凭证报销入账归档的通知》（〔2020〕6号），标志着电子会计凭证的整个流程发展进入了快车道。

电子档案的核心为数据采集、整理归档、存储管理和查阅管理四个部分。通过接口或者其他方式，先把需要归档的数据采集过来；按照归档的规则对需要归档的文件进行整理上架；将档案资料存储于系统中，再加上一些流程管理及权限管理，保障整个资料的安全性；

档案形成后，方便内部及外部的利用，从而实现会计电子档案生成、调阅、查看、归档、销毁的全生命周期管理，逐步实现会计资料的全面电子化归档和管理。电子档案库工作流程如图 12-2 所示。

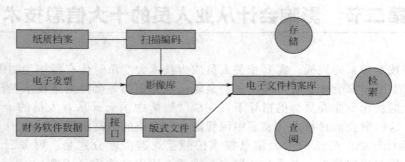

图 12-2　电子档案库工作流程

二、智能自动化类

(一) 机器人流程自动化(RPA)

机器人流程自动化（Robotic Process Automation，RPA）即财务机器人，主要通过模拟增强人类与计算机的交互过程，实现工作流程自动化。经统计发现，传统会计工作大部分都是标准化的工作，重复性很高。而 RPA 就是通过流程设计，把人与数字、数字与数字的工作进行标准化，让计算机执行。

财务机器可实现工作自动化主要体现在：

1. 财务自动化

大量高度重复、简单、繁琐的工作可以通过 RPA 去完成；有逻辑的工作内容，通过让 RPA 智能分析和学习各类业务的特征，当类似业务或者科目再发生时，自动触发业务模板生成各类结果。

2. 账单处理自动化

对账机器人按照规则自动从银行下载交易明细并自动与企业信息系统中的收款单、付款单核对，大大减少对账出错率，提升工作效率。

3. 税务自动化

税务机器人可以进行销项发票的一键开票、进项发票智能识别与处理、专票签收与在线认证、税务智能申报等工作。

4. 报表统计自动化

报表机器人可根据系统设置的报表编报方式，按设置要求自动批量编制报表、计算报表、上报报表和汇总报表。

5. 人力资源管理自动化

通过 RPA 机器人自主登录 HR 系统，自动下载奖金发放表单，并且自动审核表单以及提交业务人员，修改后，进行表单提交，减少原先需要的大量人力以及时间。

6. 发票查验自动化

通过 RPA 机器人自主登录增值税发票查验平台，轮番查询增值税发票，自动判断发票真伪，减少以往查验发票需要的大量人力以及时间，极大地提高工作效率。

7. 审单自动化

报销单提交后，机器人根据单据类型自动提取检查方案，并根据检查方案比对相应的检查项。

8. 月结自动化

在机器人月结工作台设置月结任务，设定月结规则，机器人执行月结任务，进行月结检查，财务机器人自动生成月结报告并发送到对应岗位。

财务机器人的核心是流程化，即把常规会计工作进行固定的流程设计，让机器人执行。其优点是工作时间长、出错率低、没有地域限制（共享服务中心）、作业轨迹可控、全流程完美记录。

（二）智能流程自动化（IPA）

麦肯锡提出，IPA包括五项核心技术：机器人流程自动化（RPA）、智能工作流（Smart Workflow）、机器学习（Machine Learning）、自然语言生成（Natural-language Generation，NLG）、认知智能体（Cognitive Agents）。

RPA与AI（人工智能）相结合，等同于智能流程自动化（Intelligent Process Automation，IPA），IPA就是将基本流程重新设计与机器人流程自动化和机器学习相结合。如果把RPA当作双手，则AI就是大脑。IPA就是把AI作为大脑去指挥RPA完成工作，RPA是IPA的基础。

RPA处理的是标准工作和结构化的数据，当遇到非标准化工作和非结构化数据（所有格式的办公文档、文本、图片、XML、HTML、各类报表、图像、音频、视频信息等）时，就需要人工智能去进行判断，进行流程设计和信息识别。

IPA可完成智能审批、智能合规、智能信贷流程、智能风控等一系列工作。

三、数字处理类

（一）会计大数据与分析技术

大数据（Big Data），或称巨量资料，需要新处理模式才能具有更强的决策力、洞察发现力和流程优化能力的海量、高增长率和多样化的信息资产。在维克托·迈尔·舍恩伯格及肯尼斯·库克耶编写的《大数据时代》中，大数据指不用随机分析法（抽样调查），而采用所有数据进行分析处理。大数据具有5V特点（IBM提出）：Volume（大量）、Velocity（高速）、Variety（多样）、Value（低价值密度）、Veracity（真实性）。

大数据分析即对巨大规模的数据进行分析。随着时代发展，数据类型越来越多，企业的产品、供应链、营销、组织协同包括决策会带来各种各样数据。会计大数据分析技术是指能帮助会计人员开辟新的、未曾触及的数据洞察和分析渠道，从财务数据以及大量非财务信息中提取相关要点、找出规律，帮助企业做商业决策、全面设计，风险管理，确定企业绩效的一种方法。

当会计大数据分析技术出现并开始运用的时候，意味着商业智能已经出现，数据已经能给企业带来效益，帮助企业创造财富。

（二）数据挖掘

数据挖掘就是从大量不完全的、模糊的数据中挖掘出有趣的模式和有价值的信息的过程。在大数据分析技术中，数据挖掘技术是其核心算法。数据挖掘利用机器学习、统计学和数据库交叉的方法在较大的数据集中发现模式。企业在海量的内外部商业数据中，进行数据挖掘，建立模型，发现未知的规律，给企业创造价值。

数据挖掘技术让从基础岗位中释放的会计人员转为数据分析师和算法工程师，未来企业的财务部门将变成数据分析部门。

四、数字平台类

(一) 财务云

财务云即云计算基础上的财务管理重构,此概念在2011年由中兴集团最早提出。财务云的应用者主要是企业集团,是在集团内部财务共享服务模式的基础上,接受多端接入模式,实现核算、资金、报账、决策在全集团内协同应用。

财务云的核心是共享,建立的前提是企业拥有财务共享平台和大数据处理中心。

财务共享中心(Financial Shared Serviced Center,FSSC)是将不同地区的实体会计业务拿到一个共享服务中心来记账和报告,保证会计记录和报告的规范性,这样避免了各地重复建设和效率高低的弊端,降低了运作成本,实现了财务的标准化、专业化和流程化。

财务云帮助企业的业务和财务广泛连接,大规模的利益相关者进行数据交换。数据包括企业自身情况、供应链情况、行业竞争情况、宏观经济情况等,企业营业过程中的数据通过财务云转化为信息,可视化地提供给利益相关者相关信息。

财务云概念的提出,意味着财务无处不在,能为任何一个利益相关者(Anyone),在任何时间(Anytime)、任何地点(Anywhere),通过任何工具(Anydevice)提供财务服务和建议(Anything),即5A服务。财务云演示图如图12-3所示。

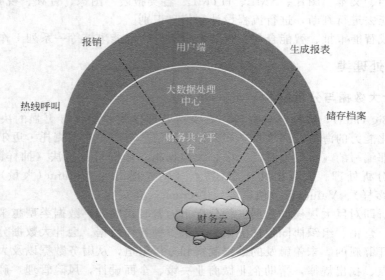

图 12-3 财务云演示图

(二) 新一代 ERP

企业资源计划(Enterprise Resource Planning,ERP)是指建立在信息技术基础上,以系统化的管理思想,为企业员工及决策层提供决策手段的管理平台。

不同于传统ERP,新一代ERP整合了企业外部的资源,更加符合现代供应链管理的理念,注重对企业外部资源如供应商、客户和营运商的协调管理。它和电子商务、客户关系管理、供应链管理等其他企业应用系统进行整合,系统和系统之间统一标准、统一协议、统一软件,互相传递信息。新一代ERP以物料为基础,物料清单(Bill of Material,BOM)为核心,物资需求计划(Material Requirement Planning,MRP)为大脑,订单引领,精益生产、数据驱动、协同制造。

(三) 数据中台

数据中台概念最早由阿里巴巴集团提出，中台概念对应着前台和后台。前台即各种和用户直接交互的业务，后台不直接面对用户，而是面对营运人员配置管理系统，比如销售管理、物流管理、财务管理等。前台需要快速响应客户需求，后台是相对稳定的企业管理资源。在数字经济时代，面对快速变化的前台需求，调配相对固定的企业资源，就需要一个中台进行缓冲。中台有业务中台、技术中台和数据中台。

业务创新的速度、对数据提出的需求的变化，是非常快速的。数据中台的出现，弥补了由于开发速度不匹配，出现的响应力跟不上的问题。数据中台通过数据技术，对海量数据进行采集、计算、加工、存储，统一标准、协议和口径，对企业的数据资产进行管理。数据中台为各个项目、各种数据进行采集和分析，各业务线数据打通、数据共享，协同运用。通过连通业务系统汇集、筛选、转换业务数据，又自动生成财务数据，并传输到财务总账系统，进而生成财务凭证和报表。数据中台演示图如图 12-4 所示。

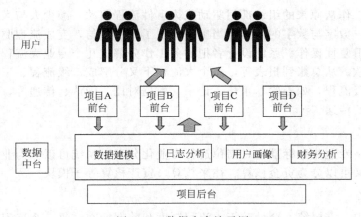

图 12-4 数据中台演示图

五、支付类

移动支付是指使用普通或智能手机完成支付或者确认支付。根据实现方式的不同，可以将移动支付分为两种：一是通过短信、WAP 等远程控制完成支付，比如淘宝购物；二是通过近距离非接触技术完成支付，主要的近距离通信技术有 RFID、NFC、蓝牙、IEEE 802.11 协议等，如地铁刷二维码、面对面付款等。

通过移动支付打通业务流程，提升业财一体化的能力。移动支付使企业获得不同类型数据，形成数据资产，其应用场景广阔，可以打通业务数据，赋能数据。

第三节 智能会计信息系统的应用场景

一、智能会计信息系统框架

智能会计在实践中的应用是个系统工程，以智能会计信息系统为中心，各项技术交叉应用、叠加更新，扩展着智能会计的外延。

以财务共享中心为代表的智能会计信息系统改变了企业的财务组织架构。在原有组织架构下，各地分公司根据各地业务配备相对应的财务部门，做相似的、重复性的工作，效率低、成本高、风险不可控。在财务共享中心模式下把凝聚在各地的财务人员身上的财务运用能力积聚起来，重新进行架构，由事件出发，流程驱动，资源共享，实时响应。

在智能会计信息系统中，输入的是数据，输出的是有效信息。智能会计信息系统的特点是数字化、流程化、专业化、标准化和模块化。

（一）数字化

智能会计系统的起点必然要求输入端数字化。数字化要求输入端是统一的结构性数据，在这样背景下，出现了电子发票、电子会计档案。光学字符识别（Optical Character Recognition，OCR）系统，通过扫描拍照，借助计算机相关技术将图像转化为文本。自然语言处理（Natural Language Processing，NLP）技术，通过计算机和人的语言交互系统，把人的各项语音指令转化为结构性数据。

（二）流程化

流程化是指工作从原来的组织部门驱动成为事件流程驱动，减少人与人打交道，变成工序与工序的衔接、数字与数字的衔接。当工作减少了人的参与，变成流程驱动以后，工作就成为了标准化、重复性操作。系统设计者把财务工作分解成几个专业大流程，如从财务到付款、从订单到收款、从总账到报表等，每个大流程下又分解成二级流程、三级流程等，末端流程可以是上百级流程，如查验、审核、记录、数据对比、确认、传递等，所有的工作变成流程端到流程端的传递。

（三）专业化

流程化前提是专业化和标准化，岗位进行专业化分工。系统可以分为业务、核算、管理模块，核算模块又可以分为资金核算、往来核算、资产核算等子模块。

（四）标准化

在整个系统中，需要统一会计政策、流程制度和数据标准。每一个流程节点形成标准化的操作手册，按照这个手册，任何一个生手都可以完成正确的工作。流程化下财务机器人（RPA）就成为一种必然。

数字中台技术就是数据采集和数据加工的数字化基础设施。标准化数据的要求使数据中台成为一种需求，它实现了财务系统和业务系统的全面连接，对业务数据进行收集、加工、清洗成为统一标准的数字运用到各个模块和场景中去。

（五）模块化

智能会计信息系统的模块化是指该系统并不是一个单独的系统。在系统中它有内部的业务模块、财务模块、管理模块，也实时链接外部的供应链系统、银行系统、税务系统、各种外部企业云，接收外部数据的输入。它通过数据中台模块，运用大数据分析和数据挖掘技术，为企业决策层提供管理意见和建议。智能会计信息系统是多技术混合、多个子系统模块的耦合并用。现阶段智能会计的应用框架如图12-5所示。

二、智能会计信息系统典型应用场景

应用场景是产品设计领域的概念，是指用户在特定的场景和相关的技术支持下，产生使用产品的行为，从而满足自身需求。智能会计信息系统在日常工作中已出现以下典型应用场景：

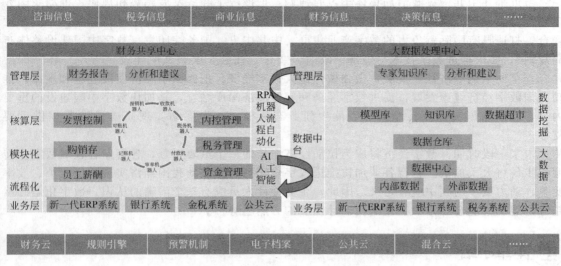

图 12-5　现阶段智能会计的应用框架

1. 报销流程中的智能会计信息系统的应用

当业务员要出差时，用语音交互功能在智能手机的 APP 应用端下达指令，系统自动生成出差审批单，财务机器人根据出差流程进行审单。出差过程中，系统自动接入外部云——携程等订票系统，采购服务、发票生成，数据传回云财务共享中心，财务机器人进行凭证制单和审核，自动报销和入账。

2. 发票处理中的智能会计信息系统的应用

财务共享中心和国税局进行数据连接和交换，当业务发生时，业务端进项税、销项税电子发票自动传输进双方系统。纸质发票通过 OCR 技术交于发票机器人进行查验，通过人工智能技术机器人自动完成发票采集、发票查验、发票认证和纳税申报工作。

在发票数据的基础上，人工智能中的知识图谱可以自动生成发票分析、超期预警，画出客户商业画像，进行供应商风险评级，给出决策建议。

3. 资产管理中的智能会计信息系统的应用

资产和唯一的二维码一一对应，在采购物料、设备安装、资产运营、资产退出的全生命周期，实现一码到底。在资产采购阶段，通过"商务采购平台"，标准化管理，采购需求在同一个平台上完成，流程公开，逐步记录，实现采购物资和服务的全部标准化、数字化。当资产采购完成后赋码，一物一码，二维码和会计科目进行关系映射、自动核算、自动转资。

4. 管理会计中智能会计信息系统的应用

在企业管理过程中，企业决策者需要各个渠道的销售收入结构、各地销售收入对比等信息，需要有个"微信式对话"的可视化平台，可运用人机交互技术，把企业决策者的语音关键词转化为结构性数据的关键词，进行映射连接。通过机器学习技术、数据中台提供给企业决策者需要的相关数据，根据不同企业决策层不同偏好，可提供不同的可视化呈现效果。

通过 AI 算法，可以塑造人与数据的关系，系统可以自动定位每位企业决策者关注的指标。大量数据进入系统后，通过数据挖掘技术进行建模，提供智能预警，把相关数据和分析报告自动传递到相关人员手中，实现从人找数到数找人的转变。

习近平在中共中央政治局集体学习时强调：把握数字经济发展趋势和规律，推动我国数字经济健康发展。党的二十大报告指出，加快发展数字经济，促进数字经济和实体经济深度融合，打造具有国际竞争力的数字产业集群。中共中央、国务院印发《数字中国建设整体布局规划》，要求推进数字技术与经济、政治、文化、社会、生态文明建设"五位一体"深度融合，全面赋能经济社会发展，做强做优做大数字经济。把握数字经济发展趋势和规律，推动我国数字经济健康发展，促进数字经济和实体经济深度融合，是加快数字中国建设的重要内容，将赋能传统产业转型升级，催生新业态新模式，为推动实现高质量发展提供重要支撑。

未来一段时期，数字经济将成为拉动经济增长的一个重要引擎，各行业各领域数字化转型的步伐将大大加快。各行各业加快推进数字化转型，是推动我国经济实现质量变革、效率变革、动力变革的题中应有之义。因此，企业会计人员应有一个清晰的认识：数字化是必然趋势，建设智能会计是数字化时代会计发展的必然趋势。

本章小结

1. 智能会计重塑企业组织和流程，重新构建了企业的财务管理模式，是"人机"协同共生的新型管理模式，是高度融合的综合信息管理平台，是会计转型的终极目标。

2. 智能会计融合了多种信息技术，使风险预警、市场变化预测、决策方案这些需要大量数据筛选、复杂逻辑计算、实时业务追踪的信息，通过机器学习、数据挖掘、数据中台、知识图谱等智能化应用，可以实时可视化地呈现给决策者，提升财务对企业的业务、管理、决策的全方位支持。

附录
思政引领

从"十四五"规划看会计改革与发展

合抱之木，生于毫末；九层之台，起于累土。

"十四五"时期，是我国由全面建成小康社会向基本实现社会主义现代化迈进的关键时期。会计作为宏观经济管理和市场资源配置的基础性工作，与经济发展紧密相连；经济越发展，会计越重要。2021年11月29日，财政部发布的《会计改革与发展"十四五"规划纲要》提出，"十四五"时期会计改革与发展的总体目标是：主动适应我国经济社会发展客观需要，会计审计标准体系建设得到持续加强，会计审计业发展取得显著成效，会计人员素质得到全面提升，会计法治化、数字化进程取得实质性成果，会计基础性服务功能得到充分发挥，以实现更高质量、更加公平、更可持续的发展，更好服务我国经济社会发展大局和财政管理工作全局。

在当前我国经济深入融合全球经济以及经济高质量发展的进程中，会计改革与发展即将步入"十四五"时期以变革融合、提质增效为特征的新阶段，持续加强会计高质量发展成为新时代下的必经之路。

以开放思维同世界深度互动、向世界深度开放，追踪国际会计发展动向，学习先进，求同存异，保持与国际会计的持续趋同，并积极表达我国的观点和关切，讲好中国会计故事，发出中国会计声音，主动引领国际财务的发展方向。

以创新思维主动应对新经济、新业态、新模式的影响，加强与人工智能、移动互联网、云计算等新经济、新技术的深度融合，形成有价值的研究成果，为会计改革及相关政策制定提供有力支撑。

以联动思维立足我国实际，紧跟时代发展趋势，密切跟踪当前经济社会中的热点问题；以切实解决会计实务问题为主导，提高实务指导的针对性、可操作性，为实务提供更加及时、准确、权威、便捷的指导，坚持理论与实践的统一协调发展。

以共享思维坚持共商共建，广开言路，持续加强政府平台、学术界、实务界、监管部门、行业协会等的联系，完善部门间沟通协调机制，实现信息共享与沟通、分工协作、同向发力，实现会计行业行稳致远、蓬勃发展。

以可持续发展思维注重会计行业高质量、平衡式、协调式发展，实现高质量的会计标准建设、会计审计质量建设、人才队伍建设、法治建设，以及数字化建设。

"秉纲而目自张，执本而末自从"。新时期下会计改革与发展必须立足行业、着眼长远、服务全局，以开放、创新、联动、共享、可持续发展等理念，融入新时代，开创新突破，以实现更高质量、更加公平、更可持续的发展，实现会计工作为全面建设社会主义现代化国家发挥更加积极的作用。

科技创新，赋能财务数字化

当今社会，科技文明快速发展，互联网技术、数字技术大行其道，无纸化办公已经逐渐成为新的办公潮流，会计行业当然也不能例外。作为一个与数据打交道的行业，财务人员不仅需要花费大量的时间整理会计凭证，而且每天因数据产生的大量文件难以存储。随着互联网技术的应用，财务共享机制得到推广，原有的会计档案管理体制显然已不能满足企业的需求。

据统计，全球500强企业中，90%以上已经实施或计划实施财务共享服务，其中国内企业已有62家完成财务共享中心建设，约占48%。随着企业信息化水平和精细化管理程度的提升，会计档案存储数量激增，企业对会计档案管理的成本效率以及安全性提出更高要求，而在财务共享中心建设过程中，建设档案管理中心亦是关键的一环，实现合同、对账单、发票等会计档案的集中归档。

1. 档案电子化：时也，势也

《电子商务"十三五"发展规划》要求，"十三五"期间"要加快企业电子档案管理制度及平台建设，推进电子档案管理，发挥电子会计档案对电子商务的促进和保障作用"；同时，财政部印发的《会计档案管理办法》，将电子会计档案纳入会计档案范围。突发疫情期间，优化和拓展"非接触式"电子凭证的必要性更为凸显。信息化时代，电子档案管理势在必行，2020年以来我国相关政策频出。

1月8日：《国家税务总局关于增值税发票综合服务平台等事项的公告》；

2月27日：《国家税务总局关于开展2020年"便民办税春风行动"的意见》；

3月23日：财政部会计司《关于规范电子会计凭证报销入账归档的通知》。

2. 档案系统体系：财务"云"端化

云计算、云共享等技术愈发成熟，加速企业会计管理信息化的进程中，如何在"无纸化时代"独领风骚？财务云档案管理系统的出现，恰是市场大浪淘沙后的一粒"金子"。

财务云档案管理系统灵活对接企业前端业务系统，实现财务档案与业务环节拉通，档案自动采集，且电子档与实物档保持信息一致。除了作为独立系统的解决方案，还可以与财务共享中心结合，形成综合解决方案，互补增强。

涵盖全流程资源。电子会计档案管理涵盖的业务范围完整，档案种类全面，诸如凭证类、发票类、合同类、回单类、证照类、报告类、收据类……

管理全生命周期。制定完善的财务档案管理制度，采用流程化方式对会计电子档案实施统一、规范、自动化管理。管理流程覆盖会计档案整个生命周期，主要包括档案收集、装订、保管、调档（借阅、转移、变更等）、统计、销毁等关键环节。

库位管理精细、高效。灵活根据档案库配置库位，呈现详细的库位信息，支持打印册号，并通过扫码枪批量扫描已移交档案册，以进行快速录信息，批量入库上架。

权责清晰、安全可控。系统内置审批流程配置可根据具体业务自定义流程、审批权限等，归还、接收自动待办提醒，且支持与个人信用管理模块结合，可配置相应的奖惩措施；同时通过查询档案或档案册详情，了解详细变更记录，保障调档过程可溯。

另外，针对用户、部门及岗位进行严密的权限控制，合理分配档案管理、浏览、阅读、编辑、下载、删除、打印等操作权限，避免管理漏洞，杜绝信息泄露，强化安全性。

扫码盘点、自动生成报告。企业发起盘点计划后，根据盘点条件统计并自动生成盘点清单；盘点过程扫码录入，自动生成差异单和盘点报告。

销毁流程严谨、规范。当档案到了保管期限，系统自动发送提醒档案管理员，并自动进入待销毁阶段。当管理员批量选择待销毁档案后形成清单，待审批通过后，线上无法查阅已废弃电子档案，线下纸质档案下架，规范管理销毁操作。

通过财务云档案管理系统，会计和审计人员根据少量信息查询，就能全部调研、显现整个业务链所产生的所有档案，不仅解决了传统会计凭证打印和归档过程中低效、大量的难点，还极大地改善了审计查档和调档的便利性。

谢霖与银行簿记的故事

谢霖，我国会计师制度的创始人，我国第一位会计师，创办民国四大会计师事务所之一的正则会计师事务所等，对我国会计事业的贡献很多，其中最突出的贡献是对我国银行业进行的会计改革。

1. 理论贡献

1907年，谢霖与孟森合著《银行簿记学》，在日本东京出版，中、日两国发行。该书是继清末蔡锡勇所著《连环账谱》之后，国人用中文介绍西方借贷复式记账法的第二部会计著作，将会计方法介绍与会计理论阐述相融合，兼容了西欧及日本学者的研究成果，对国人认识西方借贷复式记账法具有重大的启蒙作用。

（1）《银行簿记学》是我国第一部银行专业簿记著作。蔡锡勇所著《连环账谱》，是一部普通簿记学，可针对大多数行业，具有广泛适用性。《银行簿记学》则针对于行业特征，是专门运用于银行业的专业簿记学。

（2）《银行簿记学》是我国银行业实行新式会计改良的重要理论著作。谢霖先后组织中国银行、交通银行的会计改革，都是以《银行簿记学》中的借贷复式记账法为理论基础进行的。

（3）《银行簿记学》是我国银行业实行新式会计改良、培训新式会计人员的重要教材。为了推进新式簿记，培训新式会计人才，谢霖先生专门从旧式银行体系山西票号、安徽钱庄中挑选出数十人，进行银行簿记的培训，就是以《银行簿记学》为主要教材进行培训的。

综上所述，我国银行业的会计改革，其理论基础便是《银行簿记学》，或以其为基础，运用西方借贷复式记账法的理论进行的。

2. 实务贡献

（1）主持中国银行的会计改革。1912年，谢霖出任中国银行首任总会计，组织会计方法的改革。民国三年，《会计法》（此处的《会计法》特指1914年公布的《会计法》，与前文《中华人民共和国会计法》的简称区别）实施，中国银行全行组织改良后，谢霖仍为总司账，主管全行的会计事务与主持改良会计的工作。这一成功经验，为我国引进借贷复式簿记，推进中国会计改良提供了一个典型的范例，对后来掀起的改良中国会计运动有着直接的影响。

（2）主持交通银行的会计改革。1917年，谢霖先生被交通银行总裁聘请为总秘书，主持改良交通银行的会计，由于有中国银行会计改良经验，所以实施起来收效很快，一方面是修订改良会计制度，另一方面是全面以新式簿记方法取代旧式方法，两方面一结合，短短几个月之内，便见成效。

（3）直接影响和带动其他银行的会计改革。1915年，浙江兴业银行也开始了会计改良，采用借贷复式簿记，其会计水平日益提高。继中国银行、交通银行与浙江兴业银行之后，当时又有盐业银行、中国实业银行、金城银行、新华储蓄银行、中华汇业银行、四明银行等多家银行先后改中式簿记为新式银行簿记。1925年，全国银行公会联合会在北京举行会议，会上规定了银行界的统一会计科目，使银行界在统一会计制度方面走在其他各行业的前列。

通过对中国银行、交通银行的会计改革,谢霖实施的方法、措施及其对后世会计的影响主要包括以下几个方面:

(1) 开启了新式账簿组织体系,建立了适合反映银行经济活动规律的会计科目体系,让会计记录及反映的职能更清晰明了,更便于查阅、核算与管理。

(2) 引进了记账凭证(传票),使原始凭证与记账凭证有了明确的分工,从根本上改变了中国几千年来的凭证运用现状,将中国的会计管理工作向前推进了一步。

(3) 运用借贷分录法,让"借""贷"这对记账符号最早在银行簿记中被国人所接受,成功运用借贷复式记账取代单式记账,使借、贷、余三栏式的账簿格式与借贷分录的处理方法,以及收、支、转三类传票的运用协调一致。

(4) 针对银行业特征,改复式记账凭证为单一科目的记账凭证,制票以科目为标准,每一科目制作一张传票,在银行业使用较为方便,这是后世银行业一般都采用单式传票的基本原因。

3. 教育贡献

谢霖在开办正则会计师事务所、举办会计实业、改革旧的会计制度、引进传播新式借贷复式记账理论的同时,还致力于会计教育事业,培养了一大批会计及经济管理专门人才,特别是培训了一大批改革后的新式银行所急需的会计人才。

谢霖在开办正则会计师事务所之后不久,便在事务所内附设正则会计补习学校,以此为基础,宣传借贷复式簿记方法和理论。他在中国银行、交通银行任职期间,将两行总行及各分行的会计人员分批调京,让他们在正则会计补习学校学习新的会计理论和会计方法,培养了一大批新式会计人才,他们通过理论学习之后,在各自的工作岗位上,通过实践迅速与理论相结合,快速成长为各银行借贷复式簿记的骨干力量。

除了对我国银行业会计改革的贡献之外,在会计理论方面,谢霖先生独著及与人合作撰述教材、专著、会计制度等共 30 多部,独撰及与他人合作撰写会计学术论文及公文 30 多篇;在会计实务方面,创立注册会计师制度,开办我国第一个会计师事务所,与杨汝梅、钱应清等发起成立中国经济学会,改良中式簿记等;在会计教育方面,先后在全国多所大学担任教授、系主任,讲授新会计、复式会计、银行簿记、银行会计和铁路会计等课程,参与创办光华大学,为改善我国旧式会计教育现状,推进新式会计教育事业的发展,做出了卓越的贡献。

会计的可为与有为

会计作为一门学科,可为事项太多了:将其从二级学科升级为一级学科,分别从广度和深度拓展分子学科、交叉学科,让其理论体系更丰富,让其能更好地和经济事项相结合,更好地为经济发展服务……

会计作为一门职业,可为事项照样很多:开展会计职业道德教育、提炼与推广会计精神、大力弘扬与表彰会计先进与典型、对会计违纪违法事项进行处罚与惩戒,完善会计法律法规体系……

会计作为一个职业人的称呼,可为事项更多:对上要为领导决策提供依据,对下为做好核算打好基础;对内要融入供产销等业务事项,对外要融洽与银行税务商户的关系;宏观上要做好预算与绩效考核,微观上要合法合规事事审核……总之,会计人可为事项很多,不仅三头六臂、眼观四路、耳听八方,更要七窍玲珑,应付自如。

尽管会计有如此多的可为事项,但也还有众多不可为的事项。

会计作为一个职业人,坚守会计职业道德底线,不可为的事项有:不越会计雷池,不踩会计红线，不利用会计职务之便为个人谋求私利，不做假账……

和医生、律师一样，会计这门职业是最受人尊敬的职业之一，为了维护其尊严与神圣，违法违纪的事项，肯定是不可为，不能为的。

会计这门学科，也有不可为或办不到的事项，所以才有统计、审计等与之相关的学科与会计学科既交叉又平行，同生共长同繁荣。

会计既有可为，也有不可为，那么，会计如何在这个大有可为的行业，真正做到有为呢？

经济越发展，会计越重要。会计作为一门学科，在经济发展过程中所发挥的重要作用，所形成的重大贡献，早已让世人看到会计的大有可为。

会计这门学科，要想在经济发展过程中发挥更重要的作用，做到更有为，就必须与时俱进，以创新经济、知识经济、共享经济和数字经济为主要体现方式的新经济呼唤着新会计的到来。新会计需要和其他学科交相互融合，创新会计学科研究的方式方法，更好地为经济发展服务。

会计这门职业，曾经因其有为，而受到了世人的尊敬。例如英国会计师查尔斯开创的注册会计师独立查账，使得注册会计师被尊称为经济警察。当今世界经济，早已相交互融，会计职业在走出去的过程中，正好可以抓住机遇，大显身手，将可为变成有为。

当今，会计职业人要想在经济发展的大潮中勇立潮头，争当弄潮儿，就要有敢于创新，敢于担当的精神，勇于实践，才能将可为变为有为。

（1）党的二十大报告指出，弘扬诚信文化，健全诚信建设长效机制。会计人员坚持诚实守信，弘扬诚信文化，保证会计信息的真实完整，为经济高质量发展奠定会计信息基础，是会计行业积极践行党的二十大精神、主动为经济高质量发展提供有力支撑的具体表现。

（2）具有工匠的创新精神才能让财务工作更与时俱进，创造更高的工作价值。这需要青年学生们脚踏实地，不断提高自身专业技能，勤学善思，做到基础技能牢固掌握，前沿知识广泛吸收、深刻理解，执业中严守职业道德准则，善用会计专业工具，在工作的精益求精中实现职业尊严感和成就感。

（3）党的二十大报告指出，全面推进乡村振兴。当前阶段，农村会计管理体制对人才的需求旺盛，新时代青年财会人员应积极投身乡村振兴建设，增强农村活力，推动乡村振兴，为实现中华民族伟大复兴的中国梦贡献青春力量。

参 考 文 献

[1] 王爱国，韩跃. 智能会计概论 [M]. 北京：高等教育出版社，2021.
[2] 陈国辉，迟旭升. 基础会计 [M]. 7版. 大连：东北财经大学出版社，2021.
[3] 中华人民共和国财政部. 企业会计准则——应用指南（2021年版）[M]. 上海：立信会计出版社，2021.
[4] 财政部会计司编写组. 企业会计准则汇编2021 [M]. 北京：经济科学出版社，2021.
[5] 中国注册会计师协会. 会计 [M]. 北京：中国财政经济出版社，2021.
[6] 中华人民共和国财政部. 企业会计准则（2021年版）. 上海：立信会计出版社，2021.
[7] 企业会计准则编审委员会. 企业会计准则详解与实务（2021年版）. 北京：人民邮电出版社，2021.
[8] 中华人民共和国财政部. 企业会计准则（合订本）[M]. 北京：经济科学出版社，2020.
[9] 陈国辉，陈文铭. 基础会计 [M]. 5版. 北京：清华大学出版社，2020.
[10] 秦欣梅. 基础会计 [M]. 3版. 大连：东北财经大学出版社，2020.
[11] 财政部会计资格评价中心. 中级会计实务 [M]. 北京：经济科学出版社，2020.
[12] 财政部会计资格评价中心. 初级会计实务 [M]. 北京：经济科学出版社，2020.
[13] 陈艳利. 会计学基础 [M]. 3版. 北京：高等教育出版社，2020.
[14] 中华人民共和国财政部. 关于修订印发2019年度一般企业财务报表格式的通知 [EB/OL]. (2019-04-30) [2020-03-03]. http://www.mof.gov.cn/mofhome/kjs/zhengwuxinxi/zhengcefabu/201905/t20190510_3254992.html.
[15] 中华人民共和国财政部. 会计档案管理办法 [EB/OL]. (2015-12-11) [2016-01-01]. http://tfs.mof.gov.cn/caizhengbuling/201512/t20151214_1613338.htm.